文化经济学

厉以宁 著

2020年·北京

图书在版编目(CIP)数据

文化经济学/厉以宁著.—北京:商务印书馆,2018
(2020.4重印)
ISBN 978-7-100-15803-9

Ⅰ.①文… Ⅱ.①厉… Ⅲ.①文化经济学-研究
Ⅳ.①G05

中国版本图书馆CIP数据核字(2018)第022718号

权利保留,侵权必究。

文化经济学

厉以宁 著

商 务 印 书 馆 出 版
(北京王府井大街36号 邮政编码100710)
商 务 印 书 馆 发 行
北 京 通 州 皇 家 印 刷 厂 印 刷
ISBN 978-7-100-15803-9

2018年5月第1版　　　开本880×1230　1/32
2020年4月北京第4次印刷　印张12 7/8
定价:60.00元

目 录

导论 …………………………………………………………… 1
第一章 文化经济学的一些基本概念 ……………………………… 5
　第一节 从文化产品的特殊性质谈起 ……………………………… 5
　　一、文化产品 ……………………………………………………… 5
　　二、两个"交易"过程 …………………………………………… 7
　　三、无论是一个"交易"过程还是两个"交易"过程，
　　　　文化产品的特殊性质都不会消失 ………………………… 10
　第二节 文化产品使用价值的社会评价 ………………………… 15
　　一、商品使用价值的社会评价 ………………………………… 15
　　二、文化产品使用价值与一般商品使用价值的区别 ………… 18
　　三、如何评价和看待文化产品的使用价值？ ………………… 20
　第三节 文化产品生产的经济效益 ……………………………… 23
　　一、文化产品创作者投入的成本 ……………………………… 23
　　二、资源配置效率和文化产品生产单位的资源配置调整 …… 26
　　三、第三种效率概念的提出：X效率和文化产品的生产状况 … 28
　　四、文化产品的溢价问题 ……………………………………… 32
　第四节 文化产品生产的社会效益 ……………………………… 34
　　一、文化产品生产的社会效益的判断和测定 ………………… 34
　　二、社会经济发展的阶段性以及是否需要对文化产品生产

有阶段性的要求 ·············· 36
三、腐蚀人们心灵的因素很多,能简单地归咎于文化
产品的负面社会效益吗? ·············· 38

第二章 文化产业 ·············· 40
第一节 什么是"文化产业"? ·············· 40
一、文化产业的经营主体 ·············· 40
二、文化产业和文化事业 ·············· 43
三、文化产业能不能是中性的产业? ·············· 45
第二节 文化产业的国际走势和我们应当采取的
发展战略 ·············· 46
一、文化产业的国际走势之一:高新技术化 ·············· 46
二、文化产业的国际走势之二:规模经济化 ·············· 48
三、文化产业的国际走势之三:结构调整和资产重组 ·············· 49
四、文化产业的国际走势之四:垄断化 ·············· 51
五、我们对文化产业应当采取的发展战略 ·············· 52
第三节 文化产业在经济增长中的作用 ·············· 54
一、文化产业和经济增长的新动力 ·············· 54
二、文化产业和居民收入上升过程中的社会购买力 ·············· 57
三、文化产业和社会就业的增长 ·············· 58
四、文化产业和相关产业的互动互赢 ·············· 60
五、文化产业的发展和 GDP 的新内容 ·············· 61
第四节 文化产业在社会发展中的作用 ·············· 64
一、文化产业和群众性的创意、创新、创业 ·············· 64
二、文化产业和城镇化的新阶段 ·············· 65

三、文化产业和社会养老保障 ·················· 72
　　四、文化产业和绿色经济 ······················ 74
　　五、文化产业和社会和谐红利的涌现 ············ 76

第三章　文化启蒙和文化创新 ·················· 80
第一节　中国新文化的产生和发展：历史的回顾 ·········· 80
　　一、新文化运动一百周年 ······················ 80
　　二、新文化运动的背景 ························ 81
　　三、新文化运动的实际领导人 ·················· 85
　　四、北京大学成为新文化运动的中心 ············ 88
　　五、文化启蒙的意义 ·························· 90
　　六、文化创新的意义 ·························· 91
第二节　中国新文化运动的历史地位 ·············· 94
　　一、新文化运动的新阶段 ······················ 94
　　二、"五四运动"的由来及其伟大意义 ············ 95
　　三、西学东渐 ································ 97
　　四、社会变革的继续探索 ······················ 101
　　五、新文化运动和中国共产党的建立 ············ 104
第三节　文化启蒙有待继续，文化创新有待深入 ········ 106
　　一、新文化运动只是暂时告一段落，它仍继续进行 ···· 106
　　二、文化启蒙远未完成 ························ 108
　　三、文化创新潮流是不可阻挡的 ················ 109
　　四、21世纪中国的新文化靠人民群众继续创新 ······ 113
　　五、为什么在文化经济学中必须增添文化启蒙和文化
　　　　创新的内容？ ···························· 119

第四章 文化调节 ············ 122

第一节 三种调节出现的顺序 ············ 122
一、经济学的使命：研究资源有效配置 ············ 122
二、市场调节 ············ 125
三、政府调节 ············ 128
四、道德力量调节 ············ 133

第二节 关于第三种调节的进一步论述 ············ 136
一、边远地区的实际情况 ············ 136
二、社会大动乱时期的实际情形 ············ 137
三、非交易领域内的调节 ············ 138
四、三种调节不一定是彼此冲突的，它们更可能是互补的 ······ 141
五、以西欧中世纪城市的管理和行会组织为例 ············ 144

第三节 效率的两个基础 ············ 148
一、效率的物质技术基础 ············ 148
二、效率的道德基础 ············ 149
三、超常规效率 ············ 152
四、道德力量调节归根到底是一种文化调节 ············ 155

第五章 文化包容 ············ 159

第一节 世界的多样性和文化的多元性 ············ 159
一、世界的多样性 ············ 159
二、文化的多元性 ············ 162
三、一种文化是不是会并入另一种文化？ ············ 165
四、中国古代文化融合的基础 ············ 167

第二节 文化包容的内涵 ············ 173

一、通婚是文化包容的一个重要标志 ·············· 173

　　二、谋生之道 ·············· 175

　　三、置产的可能性 ·············· 176

　　四、仕途 ·············· 177

第三节　文化包容的意义 ·············· 178

　　一、文化包容是文化融合的前提 ·············· 178

　　二、以佛教的中国化为例说明文化包容范围的扩大 ·············· 181

　　三、怎样看待中国历史上打击寺院势力的举措？ ·············· 183

　　四、民生政策是关键 ·············· 185

　　五、宗教冲突和民族隔阂的化解 ·············· 187

　　六、城镇化在文化包容方面的促进作用 ·············· 191

第六章　文化自信 ·············· 196

第一节　文化自信的意义 ·············· 196

　　一、什么是文化自信？ ·············· 196

　　二、要旗帜鲜明地反对历史虚无主义和民族虚无主义 ·············· 198

　　三、认同和文化自信 ·············· 199

第二节　对人力资本概念的全面了解 ·············· 203

　　一、人力资本概述 ·············· 203

　　二、人力资本的累积就是文化的累积 ·············· 206

　　三、再论文化自信和人力资本的关系 ·············· 208

第三节　培育年轻一代的创新精神 ·············· 210

　　一、从效率标准和道德标准的统一谈起 ·············· 210

　　二、伟大的实践：让数以千百万计的农民成为创业者

　　　　和创新者 ·············· 212

三、农民是一种职业,而不是一种身份 …………………… 216
第四节　新型的企业家群体 …………………………………… 220
一、企业家的定义 ………………………………………… 220
二、企业家的社会责任感 ………………………………… 222
三、关于第三次分配的讨论 ……………………………… 223
四、第三次分配的社会经济意义 ………………………… 225
五、第三次分配的增长是可以预期的 …………………… 228
六、企业文化和企业自信 ………………………………… 229

第七章　文化制衡 …………………………………………… 234
第一节　道德制衡和文化制衡是同义语 …………………… 234
一、道德制衡的含义 ……………………………………… 234
二、道德制衡的作用 ……………………………………… 236
三、为什么道德制衡就是文化制衡? …………………… 238
第二节　"经济人假设"和"社会人假设" ………………… 240
一、"经济人假设"的含义 ……………………………… 240
二、"社会人假设"的含义 ……………………………… 241
三、"经济人假设"和"社会人假设"的长期并存 …… 244
四、关于家族企业"两本账"的分析 …………………… 246
五、"经济人假设"和"社会人假设"并存情况下的文化制衡 … 249
第三节　小业主思想和社会经济的均衡 …………………… 252
一、社会的亢进因素和抑制因素 ………………………… 252
二、小业主思想的作用 …………………………………… 254
三、企业家精神的作用 …………………………………… 257
四、对微观经济单位的活力的再认识 …………………… 259

第四节 文化制衡的持久性 …… 264
一、不同年龄的人对文化的认识差距 …… 264
二、不同职业的人对文化的认识差距 …… 268
三、对文化制衡持久性的进一步认识 …… 273

第八章 文化和管理的最高境界 …… 275
第一节 共同命运观的提出 …… 275
一、共同命运观的含义 …… 275
二、超越利益的考虑 …… 277
三、起点公平性和结果公平性 …… 281
四、市场经济条件下缩小城乡收入差距的对策 …… 283

第二节 管理的三个原则 …… 288
一、强制原则及其效应 …… 288
二、激励原则及其效应 …… 289
三、适应原则及其效应 …… 291
四、管理的最高境界 …… 293

第三节 管理和人 …… 297
一、人不是为了生产，生产是为了人 …… 297
二、关于人们生活的单调化 …… 299
三、生活质量提高和国民经济各部门的协调发展 …… 301
四、从文化的角度来考察居民生活质量的提高 …… 303
五、对"幸福"的进一步认识 …… 305
六、经济学应该是社会启蒙和社会设计的科学 …… 307
七、重温管理学的使命 …… 310

第九章 文化和经济持续发展 ····· 313

第一节 生产要素的重新组合 ····· 313
一、再论经济持续发展的动力 ····· 313
二、怎样实现生产要素的重新组合？ ····· 315
三、供给侧结构性改革和资源配置 ····· 317
四、对人与人之间关系的再认识 ····· 319

第二节 现实原则和宏观经济持续发展 ····· 321
一、政府行为的非理想化 ····· 321
二、多目标问题的提出 ····· 323
三、社会经济二元结构和制度结构分析 ····· 326
四、关于"中等收入陷阱"的讨论 ····· 328

第三节 经济研究中的社会心理分析 ····· 333
一、社会心理分析的意义 ····· 333
二、"社会承受力"的限界 ····· 335
三、个人偏好和共同行为准则 ····· 338
四、如何看待个人行为和"社会规范"之间的差距？ ····· 341

第四节 再论文化在经济持续发展中的作用 ····· 344
一、文化和市场竞争 ····· 344
二、文化和政府管理 ····· 347
三、让文化成为生产要素的组成部分 ····· 350
四、中国跨越"中等收入陷阱"的信心 ····· 352

第十章 文化传承和文化共享 ····· 355

第一节 文化传承 ····· 355
一、从韦伯的理论谈起 ····· 355

二、文化的演进和文化的传承 ·············· 357
　　三、文化资源的发掘和保护 ·············· 360
　　四、潜在需求和潜在供给向现实需求和现实供给的转化 ····· 362
第二节　共享是一种文化 ·················· 365
　　一、共享的含义 ·················· 365
　　二、收入分配差距合理性的讨论 ············ 367
　　三、社会不安定的累积过程和文化共享 ········· 369
　　四、休闲娱乐同样是文化共享的组成部分 ········ 372
第三节　家族企业的继承问题 ················ 374
　　一、家族企业的继承制 ··············· 374
　　二、家族企业的管理人或经理人的选择 ········· 378
　　三、人力资本奉献和利润共享制度 ··········· 381
第四节　共享作为一个目标将持续存在 ············ 384
　　一、文化共享的目标 ················ 384
　　二、试论"社会的安全阀" ·············· 386
　　三、试论道德重整 ················· 390
　　四、试论社会信任重建 ··············· 392

后记 ························· 395

附录　厉以宁有关文化与经济之间关系的著作目录 ········ 397

导 论

我在北京大学经济系毕业(1955年)后,留校任经济系的资料员,具体担任当时主讲外国经济史课程的周炳琳教授的助手,帮助他翻译国外经济史杂志上的论文和整理研究资料。我对文化问题的研究也是从这时开始的。那几年,我经常到周炳琳教授的家里。他住在燕东园教师宿舍内,有空我就向他汇报自己在资料整理过程中的心得体会。周炳琳教授很健谈。他认为经济史实际上属于广义的文化史范围内。比如说,中世纪的西欧庄园史同文化史是不能分割的,庄园作为一个经济单位,从土地的分封,到庄园的形成、基督教信仰的普及,以及农奴的身份等,都是一种文化现象。离开文化的研究,很难深入研究当时的庄园经济。又如,稍后贸易的开展、集市的形成、城市的兴起、城市中的行会组织、商人的聚集,也无一不同当时的文化有关。周炳琳教授还提到,文艺复兴绝不仅仅是文化史的现象,文艺复兴反映的是人权意识的产生和发展,同时也是社会制度变革的准备。周炳琳教授的这些教导使我的思路扩展了。从那时起,我一直把文化史、经济史、经济思想史结合在一起,在自己的读书笔记中把心得体会记录下来。这些都在我2003年于商务印书馆出版的《资本主义的起源:比较经济史研究》一书中做了论述。

在这里,我还应当提到陈振汉教授对我的教导。陈振汉教授是著名的中国经济史专家。在我作为大学生的学习期间,他为我们讲授"中国近代经济史"课程。他并不是就经济史讲经济史,而是把近代中国经济思想的逐步演变作为课程内容的重要部分来讲授。至今对我们这些学生有深刻影响的是下述章节。一是鸦片战争前夕中国的盲目自大,认为中国地大物博,无求于任何国家,中国出口的茶叶、丝绸、瓷器等商品是洋人非依赖不可的。结论是:中国太闭塞了,太不了解19世纪初期的世界形势正在迅速变化。二是19世纪后期的洋务运动给中国带来的影响。中国终于购置了国外生产出来的机器设备,建立了近代工厂,中国还购买了大炮、枪械和军舰。但中日甲午战争使中国惨败,割地赔款。为什么洋务运动没有成效呢?是中国的制度未改,仅仅购买机器管什么用?三是19世纪末年发生了义和团事件。义和团杀洋人,焚烧教堂,结果酿成了八国联军事件。这一切只能告诉人们,无论是鸦片战争、中日甲午战争,还是八国联军侵略中国,表面上是政治事件,实际上都同清朝中叶起中国的文化缺陷密切相关。专制体制下中国的闭塞、落后可谓冰冻三尺,非一日之寒。体制不改革,落后必然挨打,割地赔款、丧失主权,但都无法更新自强,因为专制主义的腐朽体制并非少数仁人志士所能改变的。每当陈振汉教授在课堂上讲到鸦片战争和中日甲午战争的失败,讲到义和团事件被镇压时,总离不开他对中国近代经济史的下述看法:要认真学习文化史,而不能单纯地学习经济史。不了解近一百多年的文化史,就无法了解中国近代经济史的历史真相。

　　周炳琳教授对外国经济史的看法和陈振汉教授对中国近代经济史的看法,对于大学刚毕业,从事经济史资料整理的我来说,确实产生了重要的影响,使我懂得一个道理,不能只从经济史的角度来看待经济史,而必须把经济史研究同文化史的研究紧密结合在一起,也就是把经济史放在文化史的大环境、大氛围中来考察经济的演变。两位老师的叮嘱使我终身受益。我在2003年以后出版的《希腊古代经济史》、《罗马-拜占庭经济史》、《资本主义的起源》、《工业化和制度调整》(以上四部经济史著作都由商务印书馆出版)等著作中,都是把文化史和经济史结合在一起加以研究和分析的。读过上述几本书的学生们,可能会有如下的想法:"厉老师把这些著作整理出版时已经七十岁以上了,他把文化史同经济史放在一起研究,使这些研究具有特色。"

了解了我的学术思想形成过程,可以这么说:尽管文化史并不是我的所长,但毕竟有助于视野的开阔,有助于把经济史上的一些重大问题看得更深刻些。

在我尝试着把文化史同经济史结合起来研究时,我也涉足于文化经济学领域,在为本科生、研究生讲课时,我曾多次开设与文化经济学有关的专题讲座,特别是在给 EMBA 和 MBA 班授课时,我一再涉及与文化经济学有关的专题,包括超越市场和超越政府的道德力量调节问题,包括公平与效率的定义和相互作用问题、"经济人假设"和"社会人假设"问题、社会和谐红利是最大的红利问题,等等。我认为只有把这些与文化经济学有关的问题讲清楚了,经济史上的若干有待于澄清的问题才能得到比较符合实际的论断,周炳琳和陈振汉两位老师当年对我的嘱咐才能更好地落实于经济史的研究中。

1990年年初,有两位年轻人从湖北一个县城来到北京大学找到了我,他们是黄德泽、王会新两位同志。他们自称在基层文化领域工作,撰写了一部名为《文化经济学概论》的书稿,想请我为他们写个序言。我本想以"我并非专门研究文化经济学的"为借口,谢绝他们,但又想,这两位是从基层来的,他们的情况使我很难拒绝。我说,我实在太忙,没有时间细读你们的著作,但不妨听你们把这部书稿的要点讲一讲。他们就详细向我讲述了书稿的内容。我说:"既然如此,我就答应写序吧。"他们千谢万谢,就回去了。

我感到他们所写的是一部大众读物,值得我写序。序写成后,刊载在《经济文化》杂志1990年第4期上,题目是《文化经济学的探索》。1996年,生活·读书·新知三联书店出版了我的文集《经济·文化与发展》,我把这篇《文化经济学的探索》收进去了。2005年,经济科学出版社出版了《厉以宁论文精选集》,又选进了这篇《文化经济学的探索》。现在看来,这篇文章真的成了我研究文化和文化经济学的最初代表作了。

这也是一种缘分吧!

第一章 文化经济学的一些基本概念

第一节 从文化产品的特殊性质谈起

一、文化产品

在研究文化经济学时,首先应当了解究竟什么是文化产品。文化产品又被广泛地称作文化艺术品。文化经济学所要考察的,不是文化产品或文化艺术品的生产过程本身,比如说,一位小说家创作了一部小说,一位作曲家创作了一首歌曲,或他创作了一部歌剧,一位画家创作了一幅画,或他临摹了一幅古人的名画,等等。他们是在什么环境中创作的或临摹的,他们在创作或临摹中花费了多少时间,花费了多少劳动,这些并不在文化经济学的考察范围内。这里也不涉及这些文化艺术品在投入市场时市场的评价如何,是否通过经纪人同市场发生交易行为。文化经济学所要考察的,首先是被推入市场的文化产品的性质。这才是研究者和政府有关管理部门所关注之处。

比如说,在推出文化产品的过程中,是不是涉及剽窃、冒名、抄袭之类侵犯知识产权的现象。这显然是一个法律问题。但文化经济学在研究和考察文化产品市场时,不能忽略知识产权的保护问题。又如,古墓的发掘和墓内陪葬物品是否被盗窃或偷运到国外,这同样是一个法律问题,文化经济学研究者同样不能回避文物保护问题。

然而这些问题还未涉及另一个重要的领域,即文化产品的社会效益。对文化产品,一定要分析它们的社会效益,这是文化产品不同于其他行业产品的一个标志。生产其他产品的行业,并不是没有社会效益的问题。如果这些行业生产的产品造成对使用者的健康、安全和清洁卫生的损害,使用者有权控告产品的生产者和销售者,使后者赔偿损失,并禁止其继续生产和销售。文化产品的社会效益的评价可能其影响比某些产品生产所带来的损失大得多。这是在讨论文化产品社会效益时必须重视的问题。

文化产品大体上可以分为两大类:一类是用物化形态表现出来,如音像制品、美术作品、书刊等,也包括瓷器、陶器、刺绣、服饰等物质形态的工艺品;另一类则是精神服务产品,也就是文化艺术部门和单位提供的服务,如歌舞演出、演唱会、演剧、评书、相声等。这些精神服务产品,可能由某个剧团所演出,也可能由某个演出者所演出,还可能由临时组成的演出队伍所演出,或摄成电影、电视剧而播映。文化艺术品的生产有特点,其特点反映于它们往往具有个体性和创造性,其对社会的影响也可能通过演出或摄成电影、电视剧而一再扩散开来。这正是文化产品的特点。

在分析文化产品的特殊性质时,或者说,在评价文化产品的社会效益时,不能不把文化产品列入单独一类进行讨论。

但文化产品的特殊性不仅限于文化产品作为物化形态的传

播（如书籍的出版、演剧或歌曲制成音像制品的发行等）或有时以精神服务方式面对观众（如演唱会、舞蹈演出、戏剧演出等），而且还在于两个"交易"过程的存在。

下面，让我们转入文化产品供给与需求的两个"交易"过程的分析。

二、两个"交易"过程

可以先从一个简单的"交易"过程谈起。有一位作家或剧作家，他在家中花几年时间写成了一部小说或一部话剧剧本，准备交给某个出版社出版。这时，该作家或剧作家准备交给出版社的，是一部小说书稿或一部话剧剧本书稿。他的作品（小说书稿或话剧剧本书稿）还只是文化产品的初级阶段，需要被出版社、杂志社或剧团的编辑、导演们接受、承认。只有在书稿被他们接受、承认后，出版社才会出版，剧本才被排练。

另一个"交易"过程是指，在出版社、杂志社出售作家的书籍或剧本，或剧场演出剧作家所写的剧本时，这时所出现的"交易"，从供给和需求两个方面来考察，就是出版社、杂志社或演出剧本的剧场都以文化产品的供给者的面貌出现，创作者虽然也被列为供给者之一，但创作者本人实际上只是这些书籍或已上演的话剧剧本的供给方中的一员。这里的供给者不同于第一次"交易"时，带着书稿去寻找出版社、杂志社或剧本演出方时的供给者。在第一次"交易"过程中，文化产品的书稿作者只是单个创作者或若干个创作者，需求方则是决定是否接受书稿的出版社、杂志社，或剧场，或投资人，或导演等。第二次"交易"时，出版社、杂志社、剧场等是供给方，而需求方则是广大购书者或到剧场看演出的广大观众,他们作为文化产品的需求者,是以购买书籍的货币支出或观看演出前购买入场门票的货币支出作为代价的。

由此可以清楚地看到,文化产品市场上无疑存在着两个"交易"过程:一是创作者同出版社、杂志社、剧场之间的"交易行为",创作者是唯一的供给方,而出版社、杂志社、剧场等则是需求方;二是出版社、杂志社、剧场等作为供给方,而购买书籍、杂志的读者,以及到剧场去观看话剧演出的人,他们是需求方。如果是书籍杂志的零售商,那么他们也可以被称为需求方之一。

以经济学的角度分析,在前一个"交易"过程中,文化产品并不是一般意义上的商品,而是特殊意义上的商品,因为创作者提供的是书稿或话剧剧本,这既不同于物质资料生产过程中的原材料交易,也不同于现代加工企业对市场上的原材料的收购,或加工企业对家庭手工业者或农副产品生产者的商品收购。创作者提供的书稿或话剧剧本,是创作者创作的成果,是他们创作的结晶,它们还有待于出版社、杂志社和剧团导演对书籍或剧本的审读,以及文字上的加工。这不能不认为是文化产品的特殊性之一。

再以劳务的提供来说,文化产品的创作者所提供的劳务同样地要比一般的劳务部门或劳务供给者提供的劳务复杂得多。不妨举三个例子。

例一。过去在一个小集镇上,常看到舞刀弄枪的,玩杂耍的,或耍猴的,他们走南闯北,靠卖艺为生,周围围着一些观众。表演了一会儿,就有一个人拿着盘子向观众收钱。这是一种最简单的文化产品交易,表演者是文化产品的供给方,观众是文化产品需求方,供求双方的界限是清晰的,交易过程是明确的。观众中有人出钱,有人却开溜了,并无强制规定要交多少钱。这里也不存在契约关系、赊账关系。收完钱后,又开始演出。如果有些地方存在着江湖黑势力,对演出者勒索,那是另外一回事。

例二。在某些地方,存在着一些卖画的商店,或称作"画廊"。有些会画头像的人坐在门口等待客户上门。有的客户认为这样的画像不错,就请店中的画师为自己画一幅头像,双方谈好价钱,客户坐好,画师就动笔了。画成后,一手交钱,一手交货。"交易"过程就结束了。这也是一种常见的文化产品的"交易"过程,但这是既有供方又有需方的简单的文化产品交易。

例三。在一些村镇或街巷中,有一些复制古今名画的作坊型的画廊或名画复制工场。我曾到过这些地方参观。那里有这样的复制程序,即采取流水作业。一张名画被划为若干部分,绘画者们有分工,每人负责画一部分,画完后就移交给下一位绘画者。一个一个接着画,"名画"很快就完成了。于是就可以出售。由于名画真迹无从购到,而且价格非常昂贵,所以这种流水作业式制造出来的复制品销路不错。有的店铺竟由此迅速致富。但不管怎么说,这毕竟已经成为旅游点上的一绝。原因很简单,一来有对名画复制的需求(旅游者是主要购买方),二来又有复制名画的供给方,雇来的绘画工人,从事流水作业。这个例子也表明,文化产品交易中简单的形式是不必存在"两个'交易'过程"的。当然,这并不排斥文化产品交易中"两个'交易'过程"的普遍存在。

三、无论是一个"交易"过程还是两个"交易"过程，文化产品的特殊性质都不会消失

现在，让我们回到文化产品的特殊性质这个问题上来。

前面在讨论文化产品和有关文化产品的"两个'交易'过程"时，已经涉及文化产品的特殊性质了。为了把文化产品的特殊性质说得更清晰些，我们准备把文化产品的特殊性质归结为三点，即文化产品的社会评价的滞后性、文化产品的社会评价的标准何在以及文化产品的社会评价标准是永恒的，还是可变的？如果文化产品社会评价的标准是可变的，那么它是怎样变化的？这三个问题，现分别论述于下。

（一）文化产品的社会评价的滞后性

一部文化产品，包括一部小说、一个剧本、一幅图画甚至一部歌剧，当它由某个创作者（或若干个创作者）创作出来以后，只要它仍然保存于自己的家中或办公室内，没有交到某个出版社、杂志社或剧团，没有向公众公布，那么还算不上有什么社会评价问题，因为到这时为止，它依旧是创作者的书稿。即使创作者已经把自己创作的书稿交给了出版社、杂志社或剧团，但只要出版社、杂志社或剧团尚未出版问世或剧团尚未排练，或剧团已经排练但尚未正式演出，那么还不能称这一书稿或剧本已经成为正式的文化产品。界定一部小说书稿或一部剧本书稿已经成为文化产品时，要以出版社已经出版，或杂志社已经刊登，或剧本已经向观众演出为准。这与该小说书稿或剧本书稿是否一次"交易"就完成还是经过两次"交易"过程才完成无关。一次"交易"过程（即创作者不通过出版社、杂志社而自费印刷，向观众出售）

或两次"交易"过程(即创作者先把书稿交给出版社、杂志社、剧团,由后者向读者销售,或由剧团向公众演出),只是文化产品的"交易"中的特点,而不涉及对文化产品的社会评价问题。这是需要弄清楚的。

然而,无论文化产品是以一次"交易"方式完成还是通过"两个'交易'过程"才完成,作为文化产品都不可避免地存在社会评价问题。这是文化产品所特有的。而且,值得注意的是,文化产品的社会评价往往具有滞后性,这更反映了文化产品的特殊性质。

这里提到的文化产品社会评价的滞后性是指:有些文化产品(例如一部小说,或一场戏剧演出,或一幅人物画)在传播过程中,究竟应当怎样评价,有的可能迅速做出评价,有的却需要隔一段时间才能做出评价,甚至会有反复。比如说,一部小说或一场话剧,除非是明显宣传政治反动、淫秽色情、凶杀暴力的,很快会被人们识破,认为这样的文化产品是有害的,是不利于社会伦理道德的传播的,是对青少年有极其不利的影响的,然而也有一些小说、剧本,其传播和演出的社会评价却难以一下子就判断清楚,观众和评论者众说纷纭,这也是常见的现象。这种情况下,间隔一段再进行社会评价,似乎更有利于社会对这些小说和剧本进行科学的、客观的评价。

如果涉及人物评价问题,可能会有反复。或者是由于历史资料中有些尚未公布,或者是由于政治环境发生了变化,或者是由于研究的深化,使研究者对某一位人物有了新的评价,从而也使读者对某部有争议的小说或剧本有了新的认识,使小说或剧本的社会评价改变了。这也是曾经发生过的事情。

总之,在考察某个具体的文化产品时,既不能对它们的社会评论置之不理,不闻不问,又不能轻信读者或观众中的某些评论,认为这些评论是确实可信的,也不能简单地以说好说坏的声音谁多谁少为准。已经发现,有些文化产品曾被吹捧得如何如何"好",而另一些文化产品则被批评得如此不堪。对此应当深入剖析,看看这里是不是有人操纵"舆论",有人贿赂评论者,甚至有人依仗权势,制造"好评"。总之,对于评论者的评论,要心中有数。一定要懂得文化产品的社会评价往往是滞后的。

(二)文化产品的社会评价的标准何在?

这是涉及文化产品社会评价如何进行的重要工作,而它本身又是一个难题,因为文化产品的社会评价的着眼点有很大差异。评价标准掌握不好,评价不仅不准确,甚至还会引发其他一系列问题。

比如说,对古人怎样评价,就十分艰难。古代的某些政治人物、变革的参与者或疆土的开拓者等,他们各有各的所处环境,他们各有各的是非功过,他们还可能最终被处刑、抄家,以至于被杀。如果在创作出来的小说中或剧本中,对某些人褒贬不当,或生硬地套上一些"帽子",那么留给读者或观众的,是什么后果呢?那就会很有争议。还可以举一个例子,有些近代政界人物,一生的是非功过是很难评说的,因为各人所处的环境不同,说这些近代政治人物是爱国志士还是丧权辱国的奸臣,也很难单凭民间流传的事迹做出判断,围绕这些近代政治人物而写成的小说或剧本,究竟如何处理,可能比评论古代历史人物更加困难,因为社会评价的标准究竟何在,谁也掌握不好。

文化产品与历史书籍不同。历史书籍对某个古代人物或近代政界人物的叙述,必须忠于历史,否则就很难称为历史书籍。但文化产品,比如把古代人物或近代政界人物写成小说中的人物,或剧本中的人物,就会出现分歧。大体上会有下述三种写法:

一是忠实于历史;

二是非主要的情节方面可以有所夸张或渲染,但主要情节仍是符合历史的;

三是在主要情节方面有若干不真实的内容,从而给人们以不忠于历史的话柄。

三种写法中,第一种写法的结果可能是:写出的接近于历史,可以被称为是学术著作的写作,而不被看成是小说或历史剧本。

第三种写法的结果可能被认为是"胡编乱造",即徒有历史小说之名而无历史之实。

第二种写法的结果才有可能被认为是历史小说。但争论依然存在,而且也会争辩不休。

由此看来,文化产品的社会评价标准的确定的确是一个难题。这里实际上涉及两个悬而未决的问题。一是从古到今,是不是存在永恒不变的文化产品社会评价标准,是不是可以用某种伦理观念或某种共同信守的原则作为评价标准?那就是说,如果古人采取的标准以后一直存在,能否奉为经典?二是可以把古人用来评价文化产品的价值观用来评价后来的文化产品,因为诸如孝悌忠信之类的价值观经过这么多年的流传已被人们普遍认同了,接受了。但真的如此吗?未必这样。就以"孝悌忠信"这四个字来说,孝、悌、信这三个字在社会上流传下去,被人们接受,是没有什么问题的。然而,什么是"忠"?对谁"忠"?却是问题所在。改朝换代的事情太多了,忠于新朝还是忠于旧朝?这就涉及民族大义之类的问题,也涉及旧朝君主统治和新朝君主统治的政绩评价。可见,这是一个社会评价的标准难以三言两语说清楚的问题。

(三)文化产品的社会评价标准是永恒的,还是可变的?如果文化产品社会评价的标准是可变的,那么它是怎样变化的?

这又是反映文化产品特殊性质的一个至今未能得到一致看法的难题。问题是这样产生的:古人有古人的生活环境和当时的风俗习惯,他们认为这种风俗习惯是可以接受的,于是就奉为道德准则了,而且一代一代传承下去。但这是不是合于后代的生活环境呢?很难说,于是过了若干年,前人的风俗习惯也就逐渐改变了。

这里可以举一个例子。19世纪时,达尔文在南美洲的火地岛上考察印第安部落的生存环境、生活习俗时,进入一个印第安人的村落。他看到村里的居民全是年轻夫妇和他们的孩子,没有看到老人,便问道:村里的老人到哪里去了?村子的年轻人回答说,老人在山上住。于是达尔文就上了山,在山上看到的全是老人。达尔文问他们:你们没有儿子女儿?回答是:不但有儿女,我们还有孙子呢!那么你们为什么不同儿女孙子一起住,却到山上来住呢?老人们是这样回答的:岛上耕地少,经常发生饥荒,同儿女孙子住在一起,粮食不够吃;为了节省粮食,所以老人就上山居住了。在当地,这已经形成一种惯例了。老人在山上居住,任其自生自灭,这已经成为风俗习惯,没有什么值得诧异的。

从这里可以认识到,在火地岛上的印第安人村落内,并不回避"让老人离家上山去住,任其自生自灭"的风俗习惯。这种习俗是民间自发形成的。后来,这种习俗究竟还存在否?似乎慢慢改变了,但在达尔文到火地岛考察时,它是确实存在过的。

古老的风俗习惯会改变。什么时候改变?为什么改变?都可以供后人研究。为了孩子能在饥馑的环境中生存下来,于是形成了"弃老人,保孩子"的风俗习惯,能简单地责怪火地岛上的印第安人,说这是"大恶"吗?也许在那个时代的火地岛印第安人村落中,认为让老人上山,把粮食留给孩子吃,是"大善"的行为。

也许居住在火地岛山上的印第安老人会说:"我们幼年时,我们的爷爷辈、奶奶辈,因为粮食缺乏,他们也上山了,以便能让我们活下来。所以我们老年时,让我们到山上住,这有什么值得诧异的呢?"

以上我们列举了有关文化产品的社会评价的三个难题。它们可能会引起进一步的争议。但不管怎样,我们仍会在这些难题上继续探讨。我们得到的一个重要启示是,古人的评价可以再讨论,今人对古人的社会评价可以供参考,但我们既不能一味以古人的评价为标准,也难以简单地以今人的评价标准代替古人的评价标准。

第二节 文化产品使用价值的社会评价

一、商品使用价值的社会评价

上一节我们讨论了文化产品的生产过程及其与一般商品不同的特殊性质。在这一节,我们将着重分析文化产品使用价值的社会评价。为了叙述的方便,我们仍需要从一般商品的使用价值谈起。

要知道,在谈到商品的使用价值时,通常是不涉及伦理学问题的。这是因为,既然商品已被生产者生产出来,并投入了市场,那么该商品必然具有使用价值,这样才能被需求者买走。如果该商品无使用价值,那么不管其价格多低,也不会有人购买。如果需求者认为并不是自己所需要的,那么他仍有可能购买,为的是转卖,而且购买后再转卖,他一定会获得价差,也就是盈利。盈利的存在,就是购买该商品的意图。从这个角度看,买是为了转卖,这就是购买者的动机。这里同样不涉及伦理学问题。

然而,商品与商品不同。伦理学问题的出现可能有四种不同情况:

第一种情况,购买人所购买的是可以作为燃料的劣质煤,或含有可导致空气污染,或导致附近居民呼吸道不畅,甚至引发严重呼吸道疾病的气体。这样一来,商品使用价值中的伦理学问题就产生了。在追究环境污染的责任时,谁污染,谁赔偿,谁受处罚,责任是清楚的。

第二种情况,购买人所购买的是供孩子们玩的玩具,而制造这种玩具的生产者,即玩具制造商,由于设计不精确,或工艺粗糙,或材料不佳,如一辆供幼童骑着玩的小自行车,出现了断裂、散架等情况,以致幼童摔伤,或刹车不灵等情况,出了事故。这时,受伤的幼童不得不到医院受诊,医治。商品使用价值中的伦理学问题也就产生了。在追究事故责任时,不可避免地会追究制造商的产品质量低劣的责任,制造商除了应承担给受伤的儿童医治的医药费用而外,还必须被勒令从市场上追回所生产和销售的质量低劣的玩具，严重的甚至被查封停产。

第三种情况，鸦片、吗啡作为商品，如果仅限于在医院中供医生使用，由于它们作为止痛剂，可以根据医生的处方，有一定的使用价值，满足医生治疗的需求，但鸦片、吗啡本身是毒品，也有可能被吸毒者所购买服用。这就出现了商品使用价值方面的伦理学问题。如果对鸦片、吗啡之类的商品不实行严格的管理制度，它们完全有可能成为毒害社会、毒害人们的毒品，成为社会的祸害。这就是社会上和医疗机构必须对鸦片、吗啡等毒品实行严格的管制，处罚违法的使用者、生产者和销售者的理由。而且，即使是医疗机构在严格管制鸦片、吗啡使用的情况下，也应当慎之又慎，不做任何违法违规的事情。

第四种情况，爆炸物（炸药之类）作为商品，如果仅用于采矿、修路或拆掉陈旧的建筑物，当然是容许的，但严格管制使用范围始终必不可少。一个重要的问题是：炸药之类的商品如果管理松懈，任其流入市场，听任卖方和买方进行交易，对社会的危害极大，使人们的生命财产受到严重的威胁。这同样表明爆炸物之类的商品的使用价值涉及伦理学问题。也就是说，任何作为商品的爆炸物的使用价值都有两面性，即管制得好，使用得好，有利于矿产的开采，有利于道路的通畅，也有利于旧建筑物的拆毁，而管制措施不严格，流入不法分子手中，就有可能造成人们生命财产的损失，甚至造成严重破坏，使社会不安定。放松对爆炸物的管制，后果是难以衡量的。

以上四种情况告诉我们：即使对于一般的商品，同样存在对该种商品的使用价值的社会评价问题，因为这涉及环境保护问题（如使用劣质燃料而造成环境污染危害），消费者身体安全健康问题(如儿童玩具的粗制滥造而使玩具使用者安全和健康受到损害),危害使用者的身体健康和生命安全、败坏社会风气(如鸦片、吗啡的管理松懈,毒品充斥于市场),危害一般居民的生命财产和造成社会不安定(如对爆炸物的管理松懈,甚至流入坏人手中,威胁人们的生命等)。

下面,让我们转入对文化产品的使用价值的分析。

二、文化产品使用价值与一般商品使用价值的区别

本书一开始就已经指出,文化产品不同于其他产品之处在于:文化产品有自己的特点,即它们有特殊的社会效益,于是评价文化产品时,对文化产品的使用价值要另行探讨,不同于一般商品的使用价值。

为了把文化产品使用价值说得更清楚些,让我们从物质形式的文化产品和精神服务形式的文化产品同其他行业生产的商品在使用价值方面的区别着手分析。

第一,其他行业的生产者、制造商所提供给市场的商品的质量是有保质期的,越新越好,也越受购买者的欢迎。人们对这些商品的需求,既与这些商品的使用价值有关,也与生产日期的远近有关,因为生产日期越早,这些商品的使用价值越有可能减退了。而文化产品则不同。文化产品的使用价值可能生产越早越被购买者重视,也就是越早生产出来,其使用价值越高。一部小说、一幅图画或一幅书法作品,年代越早,一般越受到顾客的青睐。如果小说的作者、图画或书法作品的创作者已经去世了,那么他们留下的作品很有可能更受到购买者的追逐。

第二,与其他行业向市场提供的商品不同之处还在于:在社

会评价时,文化产品的评价标准是很难掌握的。关于这一点,本书在前面已经谈到了,凡是涉及历史人物,包括近代政界人物的,无论是小说还是剧本,也无论是书法还是绘画,有的争议很大,有的反复多次,评价仍未统一。而其他行业的商品却没有这样一些难以判断的问题。

第三,更重要的区别在于:文化产品提供给市场以后,小说、剧本有读者,剧本的演出有观众,歌曲有欣赏者或学唱者,图画的展览不仅有欣赏者,而且还有临摹者。于是就会引发如下的问题:一部小说、剧本,或一场歌曲演唱会或剧本的演出,它们宣传的是什么内容?观众或读者的反应如何?其影响又如何?评论很可能是各种各样的。但有的小说、剧本、歌曲、演出给读者或观众留下的印象很深,久久难忘,有的则只有短暂的印象,过一阵就忘却了;有的不仅印象深刻,而且人物还给读者、观众以潜移默化的影响,书里的人物或剧中的人物成为读者、观众学习的榜样。正面人物如此,反面人物也会如此。这些后果岂是可以随时消除的?好的人物形象引起人物效法,当然没有什么异议,但坏的典型也同样会引起一些人的仿效,这难道不引起人们的警惕吗?这就是文化产品的影响的力量。

第四,与其他行业的商品使用价值相比,文化产品的使用价值还有一个明显的特点,这就是:其他行业所生产的商品,如果在使用时有严格的管制措施,有周到、完备的批准生产和批准销售程序,那么这样的商品就其使用价值而言,仍是能满足某些需求者的愿望的。比如猎枪、爆炸物、氰化物、麻醉药品等。然而文化产品却不同。例如,宣传政治反动、淫秽色情、凶杀暴力的书籍、电影、录像带,甚至儿童读物等,当它们被制作出来并在市场上销售后,对儿童和未成年人的毒害是难以衡量的。由此涉及下面的问题:诸如猎枪、爆炸物、氰化物、麻醉药品等商品,尽管流入不法之徒手中时会给社会带来危害,但只要管制措施严格,使用者一切按程序、按规定来使用这些商品,使用中的危险性是可以防止的。而文化产品则不同,文化产品中那些宣传政治反动、淫秽色情、凶杀暴力的书籍、电影、录像带一旦流入市场并被观众、读者们收藏起来,小范围地偷偷放映、偷偷观看,这会给社会带来多大的恶果,谁能说得清楚。

从这里可以看清楚,文化产品中的有害著作和影视的问题不仅仅在于谁在使用它们,或怎样使用它们,甚至可以认为,它们作为文化产品的使用价值本身就是值得怀疑的。它们本来就不该被生产出来,而它们一旦被生产出来,就会产生有害的社会影响。对这些文化产品中的糟粕来说,很难认为有所谓"正当使用"的问题,也不存在所谓"严格管制下的生产和销售"的问题。

三、如何评价和看待文化产品的使用价值?

在明确了文化产品的使用价值同其他行业的产品使用价值的上述区别以后,我们可以专门就文化产品的使用价值问题做进一步的分析。首先应当一再强调的,是文化产品使用价值应纳入规范经济学的范围。

经济学研究可以分为两大类:一类是规范经济学研究,另一类是实证经济学研究。文化经济学在更大的程度上属于规范经济学研究范围,而其他行业中的大多数则基本上属于实证经济学的研究范围。

经济学的规范研究,或称规范经济学,它对经济的活动及其后果进行评价。它研究"应该是什么"或"不应该是什么"的问题。经济学的实证研究,或称实证经济学,它说明经济是怎样运行的,以及经济为什么这样运行。它研究"是什么"或"不是什么"的问题。经济学的实证研究和经济学的规范研究,是经济学研究中的彼此有联系但又有区别的两种研究方法,它们各有特点,各有适用范围,不能只肯定其中一种研究方法、研究内容而否定另一种研究方法、研究内容,否则就是片面的。可以根据所要讨论的具体的课题使用这种方法或那种方法,对某些课题则可以同时兼用两种研究方法,即既采用规范研究方法,又采用实证研究方法。

进一步说,对经济活动及其后果的评价,是经济学的规范研究的任务,或主要是经济学的规范研究的任务。既然是规范经济学的任务,那就必须对某一经济活动的本身及其造成的后果的是非善恶做出判断,并明确地阐述"哪些是应该的"、"值得的",哪些是"不应该的"、"不值得的"。通常我们所说的"经济学的伦理原则",正是指对经济活动(包括国家或政府的经济活动、企业的经济活动、个人的经济活动)的是非善恶做出判断的依据。在一定的社会中,人们总是从一定立场或利益出发来评价经济活动的,这样,对经济活动的是非善恶的评价显然不会一样。实证经济学研究解决不了经济活动是非善恶的判断,这要依赖经济的规范研究,即规范经济学研究,才能对经济活动的是非善恶做出评价。而且,规范经济学对经济活动是非善恶的判断,从来不是根据研究者个人的感情或愿望来决定的,否则经济学的伦理原则就不是科学,而只能是一种臆测。

文化经济学作为一门学科,它是研究文化和经济之间的关系的。其中,既包括文化对经济的影响,也包括经济对文化的影响,还包括经济和文化的共同影响、交叉影响之下社会所发生的变化。从这个角度来看,文化经济学首先是一门规范经济学的学科,因为文化经济学强调的是"哪些应该做"、"哪些值得做"、"哪些不应该做"、"哪些不值得做"。文化产品的提供如果置规范于不顾,社会受损害,读者和观众也都受损害,而且这些损害会导致社会的核心价值观念解体,从而对社会的前景发生负面的影响,甚至影响下一代、再下一代……

前面,我们在讨论文化产品社会评价的必要性和困难时,以及在分析文化产品使用价值时,都已经说过文化产品的规范和伦理原则。实际上,本书已经说明文化经济学主要是重在规范研究的学科。与文化经济学有相似之处的,还有以下学科:

(一)教育经济学:教育经济学研究中既有规范研究的领域,即"应该做什么"、"值得做什么",也有实证研究的领域,即"是什么"、"不是什么"。但相形之下,规范研究是实证研究的前提。

(二)卫生经济学:其性质与教育经济学、文化经济学是类似的。实证研究领域固然是独立的研究领域,但如果脱离了规范研究,有可能走弯路。

(三)环境经济学:环境经济学中最重要的问题是规范研究涉及的问题,如果不把"应该做什么"、"值得做什么"弄清楚,方向不明,任务不明,同样会走弯路。

类似的例子还可以举出不少,这里就不再一一细述了。总之,既然文化产品的使用价值如前面已经指出的不同于其他许多行业的产品,因此我们需要重申的是:从规范经济学的方面来考察文化产品的使用价值,就能引起人们对文化产品是非善恶的关注。

第三节　文化产品生产的经济效益

一、文化产品创作者投入的成本

下面,让我们转而探讨另一方面的问题,即文化产品生产的经济效益。

本书对文化产品是有定义的。这是指,本书一开始就已说明,作品只有创作者创作出来以后,进入市场,被购买者买走,或公开演出,被观众购票观看和欣赏的条件下,才成为文化产品。假定某个人创作了一篇小说的书稿或一部剧本的书稿,并且交到了出版社或杂志社,但尚未出版,尚未被读者买走,也不成为文化产品,从而不存在经济效益。

然而,该篇小说书稿或该部剧本书稿在出版社出版之前,或在杂志社刊出之前,是否已经存在社会效益,那就是另外一回事了。比如说,该篇小说书稿或该部剧本书稿,在作者交给出版社或杂志社之前,在作者本人的家中或办公室内,已经让一些人先看了,他们或者同意书稿中的观点或评价,或者同意作者的呼吁,或者不同意作者的写作倾向,认为太悲观了,或太偏执了。更有甚者,在作者家中或办公室内,当一些人看到该篇小说书稿或该部剧本书稿后,不但拍手叫好,而且肯定作者的政治倾向,认为偏激得还不够等。这样,即使作者的书稿尚未交给出版社或杂志社,但作者书稿的社会效益(不管是正效益还是负效益)

已经产生,而不能被否认。这就是文化产品的经济效益和社会效益的不同之处。

换言之,文化产品的经济效益和它们的社会效益是可以分割开来的。经济效益同刊出该文化产品的出版社或杂志社直接有关。如果按照本书前面所提到的"两个'交易'过程"的方式来分析的话,那么可以说,在第一个"交易"过程中,是出版社同创作者之间的"交易",创作者把书稿交给出版社审查,这时创作者本人和出版社都没有经济效益可言。只有进入第二个"交易"过程,出版社接受了创作者的书稿,双方签订出版合同,出版社将书稿付印,正式出版,出版社销出该部小说,取得收入,再按合同的规定向创作者付稿酬。至此,创作者本人和出版社才有经济效益可言。这也符合文化产品出版市场的规则。

因此,即便在文化产品正式推入市场,也就是正式同市场上的购书人发生书籍交易之前,创作者本人把书稿交给周围的人阅读、欣赏,但这种传阅并不产生经济效益,至多只能产生一定的社会效益(包括正效益和负效益)而已。

文化产品的经济效益,严格说来产生于出版社把书稿印成书籍在市场售出以后。经济效益的获得者,既包括创作者(他们得到稿酬),也包括出版社(它们得到销售款)。创作者为此消耗的时间、精力和垫支的成本被剔除后,才是净收入。至于时间和精力如何折算为成本的一部分,那是很难算清楚的。"十年写成一部小说",你能算出这十年内创作者在时间和精力的支出方面付出了多少努力?何况,文化产品的创作者们(包括作家、画家、书法家、剧作家、导演和演员在内)所投入的劳动无疑是复杂劳动,而这种劳动的复杂程度却是不容易测算的,也是难以比较的。由此也就很难给这种复杂劳动的投入者规定一个客观标准,很难由此判断某个创作者投入劳动的数量和质量同他们所获得的收入的相符程度。

那么能不能一律采用市场化的方式来制定作家、画家、书法家、剧作家、导演、演员等人的应得报酬多少,才能付酬给他们本人呢?又是一个难题。如果一定采取市场化的付酬方式,那么就会引发文化产品市场的大混乱,因为这里避免不了炒作者,而且一个作家、画家、书法家、剧作家、导演、演员,由谁招聘,谁支付报酬多少,都需要有一种拍卖竞价的机制,这实际上是行不通的。有的创作者会认为这是一种对人身的羞辱,而拒绝参与拍卖式的竞争。

那么,退而求其次呢?比如说,实行双轨制支付报酬。双轨制是指:就职于出版社的高级编辑人员和就职于剧团的创作人员、导演、演员等有正式编制,按一定的文化界的资格评出职称,取得一定级别,从而每个月正常地取得工资,另外根据文化产品的生产状况,另取得一定的奖金或其他名义的津贴,从而形成双轨制。这种双轨制实际上已经实行较久了,大体上还能被有专长的编辑人员、创作人员、剧作者、导演、演员们接受。然而在市场经济条件下仍有一些人认为这样不尽合理,如职称评定的限制较多,职称工资仍然较少,奖金等报酬较低,所以有辞职下海的,也有被其他单位(包括非国有单位)挖走的。但无论如何,双轨制已实行多年了,仍然起着一定的作用。

不管文化产品的生产单位采取何种报酬支付形式,这些单位的经济效益始终取决于成本和收益之差。要维持一个规模较大的文化产品生产单位的正常运转,成本的支出是越来越大的,其中主要有三大项:第一项是给予工作人员(包括高级职称的工作人员)的报酬;第二项是办公用房和设备的折旧费,无论投资人是政府还是企业或个人,都不能不考虑办公用房的租金、设备的购买以及通过折旧收回投资成本问题,也都不能忽略增添新设备的投资;第三项是文化产品生产单位的日常运行经费的支出。所有这些支出汇总起来,要同收入相比,才知道结果是有盈利还是有亏损。亏损如何处理,这又是文化产品生产单位必须关注的大事。

二、资源配置效率和文化产品生产单位的资源配置调整

接下来,我们将转入资源配置问题的研究。这又是一个涉及文化产品生产和销售中不容回避的经济效益问题。

在一般经济学著作中,效率分为两类,即生产效率和资源配置效率。这是从两个不同的角度对效率问题进行研究所得出的有关效率的概念。

生产效率是用来表示生产单位生产状况的指标,它指一个生产单位的投入与产出之比。生产效率的表示方法是:一定量的投入(以现行价格或不变价格表示)能够得到多少数量的产出(以现行价格或不变价格表示)。假定投入增加的百分比小于产出增加的百分比,意味着生产效率的提高;反之,假定投入增加的百分比大于产出增加的百分比,则意味着生产效率的下降。因此,每一个生产单位总是力求以一定量的投入取得尽可能多的产出,或者,总是力求以尽可能少的投入取得一定量的产出。

生产效率对每一个生产单位来说都是有用的、重要的。文化产品的生产单位同样如此。不论是不是在市场竞争的条件

下,文化产品的生产单位总是力求降低成本,减少投入量,以取得同样的产出、同样的经济效益。为什么生产单位要不停地更新技术?是为了提高生产效率。为什么生产单位要不停地培训职工?也是为了提高生产效率。唯有提高生产效率,才能在市场竞争的环境生存、立足、取胜。这是每一个生产单位的发展秘诀。

然而,从20世纪30年代以后,在经济学领域中发现了第二种效率概念,即资源配置效率。资源配置效率是表示经济中对资源利用与配置情况的指标,它是指经济中各个生产单位是否已经充分利用了现有的各种资源,资源是否被闲置不用,资源在多大程度上被闲置,闲置率有多高。资源配置过程中浪费或滥用资源的情况如何,也是涉及资源配置效率的大问题。对社会经济的长期发展来说,资源在一定条件下是一个既定的量,浪费了资源,滥用了资源,可能会形成一定技术条件下的资源短缺,从而会对社会经济发展造成一种制约。

资源配置效率可以用不同的资源配置方式之下的产出量多少来表示。比如说,有A、B、C三种资源配置方式供选择,资源总量为既定。以A方式配置资源,能有N产出。以B方式配置资源,能有N+1产出。以C方式配置资源,则能够有N+2的产出。三种资源配置比较的结果明显可见,在资源总量为既定的条件,资源配置的C方式优于B方式,更优于A方式。

从这里可以了解到,资源配置效率和生产效率都是重要的、不可忽视的。二者之间的区别在于:生产效率被认为更适宜于微观经济领域,资源配置效率被认为更适宜于宏观经济领域。就文化产品生产单位的效率来说,固然也有生产单位内部的资源配置的调整以及如何提高本单位的资源配置效率之类的问题,但着重点一般会更多地放在生产效率的改进方面。相形之下,资源配置效率则在宏观经济领域内会较多受到重视。比如说,国家在文化产品生产的领域内历年来一共投资了若干亿元的资本,形成了多少亿元的固定资产,但资源配置的效率究竟如何,则是可以讨论的。假定在文化产品生产的领域内,从调整资本存量的角度考虑,能把资产盘活、用活,让资本存量有更高的效率,这岂不是可以发挥资本存量更大的潜力吗?岂不是可以换来更大的资源配置效率吗?这是微观经济领域内对生产单位的生产效率提高与否的研究所未能解决的难题。

当然,当我们说生产效率和资源配置效率并重时,丝毫没有贬低某一个效率概念的意思。其实,生产效率和资源配置效率都重要,二者的应用范围却有不同:生产效率着重用于微观经济领域内的分析,资源配置效率着重用于宏观经济领域内的分析。二者可以并存,也可以相互补充、相互配合。

三、第三种效率概念的提出:X 效率和文化产品的生产状况

20 世纪 60—70 年代,以美国经济学家哈维·莱宾斯坦为代表的一些有关效率问题的研究者在实际经济生活中发现了一个问题,这就是:在生产单位投入一定资源之后,在一定的技术水平之下,照理说应该有相应数量的产出,但实际上产出比原来设计的多了,或者少了,而且往往都是减少的,比原来设计的增多的产出并不多见。于是研究者把这种情况用 X 效率一词来表示。X 是一个未知数,X 效率就是原因不明的效率增减现象。实际的产出比原来设计的增多的,称作 X 效率或 X 正效率。实

际的产出比原来设计的减少的,称作 X 负效率或 X 低效率。由于实际经济生活中经常遇到的是产出少于原来设计的情况,所以在研究第三种效率时,研究者通常把 X 负效率或 X 低效率看成是研究的主要问题。

那么,为什么会出现 X 负效率或 X 低效率现象呢? 研究者们提出了三个重要原因,它们是:集体目标和个人目标的不一致;个人和个人之间的不和谐;个人很难摆脱自己的"惰性范围"。他们针对这三个重要原因,分别进行了论述并提出对策。

（一）关于集体目标和个人目标的不一致

这里所说的集体目标,是指一个个企业或生产单位的目标;这里所说的个人目标,是指企业或生产单位中一个个职工的目标。如果集体目标和个人目标不一致,双方很可能处于不融洽、不协调的状态,于是企业或生产单位的效率就会下降。比如说,有的职工喜欢舞蹈,喜欢唱歌,喜欢画画,他们想调到自己有兴趣的工作岗位去工作,而企业或生产单位则认为,这些职工应服从工作分配,下车间劳动。这就会影响这些职工的情绪。

怎么解决这种不协调问题呢? 两个办法。一是"目标分解,求同存异",二是"在业余时间尽可能满足职工们的愿望"。

"目标分解,求同存异"是指:把集体目标进行分解,分成 A、B、C、D……;把职工个人目标分解,分成甲、乙、丙、丁……。求同,就是把 A、B、C、D……与甲、乙、丙、丁……进行比较,其中一定有相同相似之处。例如,企业要求"安全生产",职工个人希望"平平安安";企业要求增加利润,职工个人希望"增加个人收入";企业要求"在社会上有一个好名声",职工普遍认为"在这样的企业中工作感到很自豪";于是,职工目标中有不少内容是同企业目标相同或相似的,"求同"就会让职工与企业协调相处。

那么,怎样"存异"呢?集体目标和职工个人目标中总会有一些是不一致的,这就需要"存异"。也就是指:既要靠企业或生产单位对职工个人进行思想工作,要职工先服从企业或生产单位的工作分配,同时设法"在业余时间尽可能满足职工们的愿望"。比如某些职工喜爱唱歌、舞蹈、画画、书法等,企业或生产单位通过业余时间举办职工画展、摄影展、书法展,或建立职工业余的舞蹈队、歌咏队,以满足职工的个人爱好,发展他们各自所长。这样,集体目标和职工个人目标之间就会逐渐协调了。

(二) 关于职工个人与个人之间的不和谐

在一个企业或生产单位内部,无论职工人数较多还是较少,职工个人之间的不和谐是经常存在的。造成职工之间不和谐的原因很多,但多数都是因工作或生活中的非原则问题而引起。怎么办?根据研究分析,在非原则问题上,最好的办法是"各人后退一步,海阔天空"。职工个人之间的矛盾,要淡化,要学会宽容。这是可行的。

(三) 怎样引导职工个人摆脱自己的"惰性范围"?

据有关研究报道,人们在一定条件下通常有一个"惰性范围"(或称"惰性区域")。在这个"惰性范围"内,人们的努力程度会受到"惰性"的限制,而且人们通常不愿意摆脱这个范围。可以举几个例子。例如,北方冬天清晨,气候严寒,人们往往不愿按时起床,结果,上班迟到,或不吃早餐就跑到单位去上班,从而都会影响效率。又如,晚上有空暇时间,这时只想找几个人一起打牌,既不休息,又不抽空学习,结果上班时间效率下降。这些都是个人惰性的表现。怎么解决诸如此类的问题?"管理三原则"的执行被认为是必要的。①"管理三原则"是指：第一，强制原则。企业或生产单位一定要有规章制度，一定要有纪律。凡是违背了规章制度的职工、不守纪律的职工，该怎么处分就怎么处分，这样，规章制度和纪律的作用才能显示出来。第二，激励原则。仅靠强制原则是不够的，同时要有激励原则与之配合。激励的方式较多，有各种奖金，还有表扬、评选为先进工作者，也包括职务的提升。如果说强制原则只是告诉每一个职工不要越过底线，而激励原则则可以告诉每一个职工，只要他们认真工作，做出成绩，就能得到奖励。这对调动职工的积极性是有用的。第三，适应原则。适应就是"主体和客体相适应，融为一体"的意思。企业或生产单位同职工个人融为一体之后，他们之间的关系就改变了。企业或生产单位把职工看成是"自己人"，教育他们，引领他们，照顾他们，关心他们。职工也就把企业或生产单位看成是自己的家，在工作单位做出成绩不是为了有收入，而是因为这就是"自己的家"。职工会认识到，为什么我们要遵守纪律，是企业或生产单位对我们的关心和提醒：不要突破底线。有了相互适应，职工个人的"惰性"也就渐渐被克服了。

以上所说的就是第三种效率——X 效率和 X 负效率——的由来及其意义。X 效率的存在和发挥作用，以及 X 负效率的降低和消失，在很大程度上同人际关系的改善和职工自觉性增强有关。因此可以认为，生产效率、资源配置效率、X 效率不仅并存，而且各有各的适用领域。

---

① 关于"管理三原则"，本书第八章第二节"管理的三个原则"中将有较详细的论述。

四、文化产品的溢价问题

在讨论文化产品生产的经济效益时,还有必要讨论一下文化产品的溢价问题。

在文化产品市场上,一件文化产品可能由于不同的情况而以溢价成交,甚至以"天价"成交。这里所说的溢价是指高于成本价,甚至高出成本价许多。这里所说的"天价"是指高得出奇的价格,甚至是一般人难以想象的疯狂价格。为什么会出现溢价、"天价"? 经济学书籍中是解释不了这样的问题的。生产成本只能说明最低的售价,否则生产者就赔钱了。文化产品的成交价格是由供方和需方两家讨价还价而达成的。这反映了文化产品的市场可能是一种特殊的市场,否则为什么会不适用于一般的产品交易?

先谈文化产品市场上的供方。文化产品的主要供给者是过去和现在的文化产品的创作人,他们可能是书法家、画家或小说家。进入文化产品市场的是这些创作人。但也有可能是收藏家,他们本人并不创作,但在若干年前购买了某某名家的作品,现在把收藏品投入市场。甚至,这些收藏品是某名家若干年前创作的,一直被现在的供给者的祖辈珍藏,目前的收藏人把它投放到文化产品市场,寻求买主。

文化产品市场的需方也是收藏家或收藏家的代理人。文化产品市场上,珍贵的名画、名书法作品,实际上就是供方(收藏家,或他们的后代,或他们的代理人)和需方(收藏家或他们的代理人)之间的交易。为什么会出现过高的溢价或"天价"呢? 这取决于名画、名书法作品的创作者名气的大小、创作时间与今天的相隔有多久,还有,需方人数的多少(因供方往往只有一家),该作品过去是否交易过,当时的成交价是多少,等等。正是这些因素综合起作用,过高溢价或"天价"就这样形成了。只要是真正的名画、名书法作品,需方出"天价"买下了,并不会感到吃亏,而是会抱着"今后标价将继续上涨"的态度,拥以待售。

文化产品市场上的炒作、喊价,其实不限名画、名书法作品。比如说,古钱币、老邮票、旧家具甚至其他用品,严格说来,它们算不上是文化产品,有名的创作者或名匠师不一定生产或主持生产这些钱币、邮票、家具,但时间久远了,这其中有些流入旧货市场上也被炒家看中,成为炒作对象,并且也炒出高价。这些都是需求大于供给所致。如果没有需求,或需求有限,怎会导致供给方抬价炒作呢?

还有一种说法,即认为文化产品的生产带有垄断性,至少在一定程度上有垄断性,从而文化产品市场可能具有局部垄断市场的性质。这种说法是可信的。一种产品是不是带有垄断性质的产品,要看两个条件:一个条件是,供给有限而需求大得多。经济正常运行期间,对文化产品的供给是一定的,因为有名的创作者人数有限,而对文化产品的需求量要比供给者的供给量大得多,所以文化产品市场的垄断性增大了。反之,在社会动乱或经济不景气时期,有钱购买名画、名书法作品的顾客减少了,而供给可能不变,但也可能减少(因为害怕市场秩序不佳,值钱的字画不拿出来),但总的说来,供给虽受到影响但不如需求受影响大,所以名画、名书法作品的交易量会下降。

另一个条件是:对文化产品的鉴定者也会减少,因为他们在社会动乱和经济不景气的年代里,不愿抛头露面。文化产品市场上缺少可靠的鉴定者,也就很难成交。

但即使文化产品的市场有一定的垄断性,但名贵书画交易的市场总的说来只是间歇地受到冲击,不会就此消沉下去。

第四节 文化产品生产的社会效益

一、文化产品生产的社会效益的判断和测定

文化产品的生产,既有经济效益,也有社会效益,而且,经济效益有正负之分,负经济效益指的是亏损。社会效益同样有正负之分,负社会效益指的是给社会带来损害。

在一定的意义上,某种商品生产以及某一行业的商品生产的长期经济效益与它们的长期社会效益应当是一致的。如果只有经济效益而社会效益是负面的,那么生产单位不能不对负社会效益的存在承担责任,从而长期经济效益也就难以持续下去。同样的道理,如果只有社会效益而经济效益长时间内都是负面的,那么生产单位也必须对经济效益承担责任,从而长期社会效益也难以持续。即使这样的生产单位是国有国营的,长期经济效益为负的情况也难以维持下去。因此,任何企业都应当兼顾长期经济效益和长期社会效益,除非国家对长期有社会效益而没有经济效益的公益性行业有特殊的政策。

经济学界曾经为经济效益与社会效益的统一问题进行过讨论。一种说法是:要以社会经济发展目标的实现为准绳。假定某种商品的生产或者某一行业的商品的生产有助于社会经济发展目标的实现,那么可以认为社会效益较大,那么,该种商品生

产或该行业的商品生产能有经济效益更好,即使一定时期内缺乏经济效益,那也是可以接受的。

从这里可以得到一个启示:从社会经济发展目标的实现的角度看,社会效益实际上比经济效益更加重要,即社会效益的位置比经济效益排在前面,正社会效益和负经济效益并存的情况是可以接受的,但应当对正社会效益的单位给以津贴。反之,如果该种商品生产或该行业的商品生产虽然有经济效益,而社会效益却是负面的,那就无法被人们所接受,因为再多的经济效益,也无法弥补负面社会效益给社会造成的损害。

在这种情况下,从以社会发展目标的实现为准绳的角度看,负面的社会效益对任何行业的商品来说都是"恶",即使有正的经济效益存在,但这弥补不了负面社会效益所造成的损失,所以这仍是"恶"。

在有关商品生产的经济效益和社会效益统一的讨论中,还有一种说法,即以"劳动者的最大利益"作为尺度。

这种评价标准是:社会主义生产目的是尽可能满足社会主义社会成员的物质和文化生活的需要。简单地说,社会主义生产目的就是对社会主义社会成员的关心和培养,即"以人为本",它体现为对人的关心和培养。建设社会主义社会,就是要建设高度物质文明和精神文明相结合的社会主义现代化社会,这是符合我国劳动者的共同愿望,从而是符合劳动者的最大利益的。因此,我们可以用"劳动者的最大利益"作为衡量经济中是非善恶的判断标准。

为什么企业或生产单位既要有经济效益,又要有社会效益,正是从"劳动者的最大利益"这个角度分析而得出的结论。为什么不能只顾经济效益而忽视社会效益,我们甚至发现某些商品生产过程中社会效益竟成为负的时,这正是因为违背了"劳动者的最大利益"这一原则。

无论是从"社会经济发展目标的实现"的角度考察,还是从"实现劳动者的最大利益"的角度考察,道理是一样的,这就是既要有经济效益,又要有社会效益。

文化产品的情况也许比其他行业更为突出。这是前面已经分析过的:其他行业中有不少行业生产出来的产品本身并没有经济学中的伦理原则问题,比如说,家具就是家具,住宅就是住宅,它们只有生产质量合格还是不合格的问题,而不像文化产品那样体现出伦理的、规范的是非判断。

二、社会经济发展的阶段性以及是否需要对文化产品生产有阶段性的要求

社会经济发展显然是分不同阶段的。即使在社会主义制度的建立和发展时期,也可以分为计划经济体制阶段、由计划经济体制向社会主义市场经济体制过渡的阶段以及社会主义市场经济体制阶段。由于社会经济发展分阶段,因此文化产品的生产单位的形式就会有区别,文化产品的评价标准也不尽相同。对文化产品的社会效益的判断也不会是一个标准。这是客观存在,不容回避的。

但现实生活中依然因发展阶段不同而存在评价和判断的分歧。

不妨举几个例子来说明。

一个例子是:在 20 世纪 60 年代初,当农村发生饥荒时,有

的作家在作品中反映了当时农村中曾经有过"包干制"的经营方式,并且收到了较好的结果,至少村里的人不再挨饿了。但这种"包干"的做法是不符合当时的政策的。于是没有隔多久,就刊出批判这种"单干化"倾向的文章。前提就是:农村已经实行人民公社化了,怎么能倒退到个人单干的做法呢？尽管批判"包干制"是错误的,但20世纪60年代的形势却坚决不准"包干"。

另一个例子是:20世纪60年代晚期,一些农民为了增加一些现金收入,多养几只鸡,多生产一些鸡蛋,以便换些零用钱,贴补家用。在农村,这本来是正常的,但当时村中却对这些农民展开了批判,指出这些农民在走资本主义道路。于是农民或者把自己饲养的鸡宰了,或者把鸡卖掉了,保证"一心一意走社会主义道路",不搞资本主义。

再举一个例子:"文化大革命"开始之前曾开展一场批判资产阶级思想的活动,靶子就是《早春二月》、《舞台姐妹》、《兵临城下》等电影。批判文章把这些电影称作"大毒草",认为这是修正主义文艺路线的产物。

我之所以举了上述三个例子,因为当时我在农村劳动和在农村受"再教育",这些批判我都经历过。但当时谁也不敢公开表达自己的看法。当然,"文化大革命"结束后,情况变了,被禁止播放的这些电影又放映了;农民养鸡,出售鸡蛋,被认为是正常现象了;农村承包制(大包干)试行了,推广了。这不正说明文化产品的社会效益值得进一步探讨么？即使在社会主义社会中,不同经济体制之下会有不同的对文化产品的评价标准,不能用计划经济体制下的评价标准来看待改革开放以来的文化产品。

那么,有没有不因经济体制的不同而形成的适应社会主义制度下的文化产品的社会效益的统一标准呢？我想仍然会有的。

比如说爱国主义。人们要忠于祖国，要热爱祖国。在社会主义计划经济体制下或在社会主义市场经济体制下，都需要懂得爱国的必要性。爱国的信念和行为不会因经济体制的变革而被否定。

又如，在社会主义制度下，不管实行的是计划经济体制还是社会主义市场经济体制，为人都应该讲诚信，要把诚信看成是做人的原则，而不能认为在某种经济体制下可以不讲诚信。诚信原则是人人都应当遵守的。

再如，在社会主义制度下，人们应当有互助互爱的精神，有帮助贫困者、残疾人、老来孤独无亲的人、从小失去双亲的孤儿的爱心。这本是中华民族传统的美德，无论在计划经济体制时期还是社会主义市场经济体制时期，都应当成为公认的做人本分，而不能认为在市场经济体制之下就不需要维护互助互爱的精神了。

由此可见，在社会主义社会中，有一些公认的、共同遵守的价值观，文化产品的社会效益的正或负、是或非，就能判断了。

三、腐蚀人们心灵的因素很多，能简单地归咎于文化产品的负面社会效益吗？

在有关文化产品的社会效益的讨论过程中，还遇到这样一个问题，即有人提出，从小影响人们心灵的因素很多，如家庭教育、学前教育、义务教育，还有交友谨慎还是不慎、是否受社会陋习恶习的影响等，其中也可能与观看的文化产品的负面社会效益有一定关系,因此不能简单地把一个青少年甚至成年人的堕落看成是文化产品负面社会效益的影响的后果。比如说,一个偏僻的山村中,大多数人是文盲,不识字,不读书,不听广播,也没有电视电影可看,能说这个山村中青少年甚至成年人的变坏在多大程度上是文化产品负面社会效益影响下的恶果?又如,某个县城,一家有弟兄三人,父母都是上班工作人员,但家教很严,三个儿子都在上中学,其中一个儿子变坏了,被捕了,另外两个儿子却表现很好,学习也努力,相继考入大学。在这种情况下,可以对三个儿子的交友情况、读书情况、娱乐情况做一些比较,也可以认为那个出问题的儿子喜欢看一些坏书,但不能断定他的变坏是受了坏书的影响,因为腐蚀人们心灵的因素太多了。

但上述两个例子并非与文化产品社会效益有正有负,从而负的社会效益对青少年甚至成年人有害这一点相悖。既然腐蚀人们心灵的因素很多,所以如果我们单一把青少年或成年人的堕落归咎于他们读过哪些书籍的恶果,那是太简单了。至多只能认为,读了坏书、看了坏电影可能与某些青少年或成年人的堕落有关,但也许只有一点点关系,青少年堕落在更大程度上同交友不慎有关。否则,为什么那么多人看过这本书或看过同一部电影,最后犯罪的只是某几个人?

无论如何,文化产品的社会效益始终是值得注意的大事。文化产品可以产生正的社会效益,也可能带来负的社会效益。对文化产品的生产单位来说,要有社会责任感,不能只顾赚钱而把有损于青少年健康发展的书籍、录像带等文化产品推向市场。这应当是一致的认识。家长有责任,教师有责任,作家有责任,文化产品的生产单位同样有责任。

第二章 文化产业

前一章阐释了文化经济学的一些基本概念,其中只提到了"文化产品"、"文化产品的生产者或生产单位"以及"文化产品市场",而没有提及"文化产业"。对"文化产业",我把它留在本章中再论述。

第一节 什么是"文化产业"?

一、文化产业的经营主体

文化产业是不久前才出现的一个经济名词。联合国教科文组织所给予的文化产业的定义是:"按照工业标准生产、再生产、储存以及分配文化产品和服务的一系列活动。"这里有三个关键词:

一是按照工业标准"生产、再生产、储存以及分配"文化产品和服务。这里的"分配"显然包括流通和销售。

二是"按照工业标准"生产,实际上把未按工业标准生产的文化产品排除在外了。也就是未把从事文化产品生产和服务的农民计算在内,除非农民建立了工业作坊,或开设了合作社性质的手工工场或工厂,这样才符合"按照工业标准生产"的要求。

三是不仅把文化产品的"生产、再生产、储存以及分配"包括在内，而且还包括了"服务"。也就是说，"文化产业"的产品中，既包括有形的文化产品，也包括无形的文化产品，即服务。

中国国家统计局于2012年7月颁布了《文化及相关产业分类》，其中规定"文化及相关产业"是指为社会公众提供文化产品和文化相关产品的生产活动的集合。这是根据中国目前文化产品的生产和服务情况而进行的分类，社会有关各界认为这一分类基本上符合国情。

国家统计局把文化及相关产业分为以下10个大类：

1. 文化产品的生产；

2. 广播电视电影服务；

3. 文化艺术服务；

4. 文化信息传输服务；

5. 文化创意和设计服务；

6. 文化休闲娱乐服务；

7. 工艺美术品的生产；

8. 文化产品生产的辅助生产；

9. 文化用品的生产；

10. 文化专用设备的生产。

在这10大类之下，又有中类（共50个）和小类（共120个）的细分。

总的说来，这种分类把有形的文化产品生产和无形的文化产品生产基本上都包括进来了。这对于今后发展文化产业和管理文化产业都是有利的。更应强调的是，有了文化产业的分类将会促进我国文化产业的战略设计，使文化产业发挥更大的作用。

但无论文化产业包括了多少个行业（包括大类、中类和小类),有一个问题是必须解决的,这就是文化产业的经营主体必须确定。如果文化产业的经营主体是模糊不清的,产权结构是不明的,那么文化产业的发展、管理和战略的确定也都无从谈起。

这里所指的文化产业的经营主体和文化产品的供给者不是一个概念,因为正如本书第一章已经一再说明的,文化产品的生产通常有两个层次或两个过程。一个过程是创作者创作文化产品,如作家在自己家里或办公室中写出小说,写出剧本,或写下书法作品,或完成一幅图画。他们是创作人。他们可以把作品拿到文化产业的经营主体去进行交易,文化产业的经营主体包括出版社、杂志社、剧团、剧场等。如果创作者和出版社、杂志社、剧团、剧场之间的谈判成功了,合同签字了,文化产业的经营主体便走上前台,它们成为这些文化产品的供给者,它们负责出版,或采用剧本后筹备演出。这样,文化产品的生产就有了两个"交易"过程,即创作人创作,创作完成之后找到文化产业的经营主体,签订合约,然后文化产业的经营主体(出版社、杂志社、剧团、剧场等)忙于将创作人交来的作品进行加工,推向市场,同读者、观众见面,并从读者那里收到书款、从剧院观众那里收到购票款。由此可见文化产业经营主体的重要性,因为只有在较少的情况下才会发生创作人把自己的书稿、书法作品、图画拿到市场上去找购买者(消费者)。

工艺美术品的生产也是文化产业的组成部分。在这个领域内,通常是存在不同产权组合的工艺美术品的生产单位,它们可以是私营企业,可以是国有企业,也可以是合作社形式的企业。但有一点是明确的,即工艺美术品生产单位的制造者、工匠、设计人员、销售服务人员,可以是独立的生产者,也可以是工艺美术品生产单位,即文化产业的经营主体。于是在这种场合也可能有两次"交易"过程。一次"交易"过程是:独立的生产者个人同文化产业经营主体(企业)有交易行为,即独立生产者个人接受文化产业经营主体(企业)的订单,为后者提供经过初步加工的产品,按件收款。然后在文化产业经营主体(企业)中进行深加工,制成工艺美术品,销售给消费者。这就是二次"交易"过程。这种情况下,文化产业经营主体的产权清晰、管理到位、服务周到都是不可忽视的,因为同消费者打交道的是这些文化产业经营主体。

正如前一章已经一再提到的,文化产品的生产有社会效益的正和负之分,正社会效益有利于社会公众,负社会效益有害于社会公众,因此除创作人以外,文化产业的各个经营主体也都应当严守法律、法规和政策,把好社会效益这一关。否则,是不符合文化产业和文化企业的底线的。

二、文化产业和文化事业

文化产业和文化事业是两个不同的概念,不能把二者混为一谈。

文化产业是国民经济中众多产业之一。它以企业的形式组成经营主体。它有一定的投资人,在产权清晰的前提下,组成经营主体,即企业。它雇用工作人员,这些工作人员中有些是股东,有些不是股东而只是工作人员。它有一定的文化产品,包括有形的文化产品和无形的文化产品,即某种文化服务。它有一定的市场来销售自己生产的文化产品和服务(精神产品)并由此取得营业收入。如果有税后盈利的话,那就是它经济效益的体现。

文化事业和文化产业的区别往往在于:文化事业虽然有时也向读者或观众提供文化产品和服务(精神产品),但它是非营利性的,而文化产业则是营利性的。当然,文化产业是不是可以成为营利性的产业,过去较长时间内是有争论的。争论的结果是:为了调动文化产品的生产单位和创作人的积极性,也为了文化产业的发展,让它们为国民经济做出更多的贡献,创作人应当有报酬,文化产业的经营主体可以去营利。社会公众也就接受了这一事实。

文化事业是非营利性的,那么它的经费来自何处?一般有三个经费来源:一是政府从财政经费中支出文化事业的费用;二是社会团体用自己的经费举办文化活动和支持文化事业的发展;三是公益组织、慈善组织通过社会的捐赠,支付文化事业的费用。这三个经费来源都是可行的。而且第三个经费来源,即来自社会的捐赠,并通过公益组织、慈善组织而展开的文化活动,肯定会随着社会经济的发展而越来越多。

文化产业的发展和文化事业的发展应当是平行的。既不应存在只发展文化产业而忽视文化事业的现象,也不应存在只发展文化事业而忽视文化产业的现象。文化产业和文化事业之间有所分工,则是可行的。也就是说,营利性的文化活动,包括文化产品的供给,由文化产业去做;非营利性的文化活动,包括文化产品的供给,由文化事业和文化产业共同去做,各自发挥自己的长处。

文化事业虽然是非营利性的,但它在为社会提供文化产品和服务时,同样会有正负社会效益问题。正的社会效益有助于文化建设,但如果疏于管理,节目不当,不是不可能提供有负面社会效益的文化产品和服务的。因此,文化事业下面的单位在供给文化产品和服务时,不要认为自己是非营利性的就忽视有可能导致负面社会效益的文化产品的存在。

三、文化产业能不能是中性的产业?

在一般的产业中,的确有一些是中性的产业,也就是没有意识形态倾向性的产业。比如说:生产砖瓦的产业,它只看市场的供求状况而生产砖瓦,顾客需要什么样的砖瓦,就生产出什么样的砖瓦,而不问这些砖瓦是用来建筑城市里的房屋还是农村里的房屋,只要质量合格,价格能被订货人(无论是房屋主人还是建筑公司)接受就行了。又如,制造羽绒服的产业,它是为居民御寒而生产的,只要保证产品的质量,样式和色彩适应顾客的爱好,就行了,不管来选购羽绒服的顾客是从事什么职业的,收入高还是低,年龄大还是小。对这样的顾客而言,质量好、样式好、色彩好,买到的就是满意的商品。所以一般的产业,可以称为中性的产业。产品本身没有意识形态方面的倾向性。

文化产业则不同。文化产业不管分成多少大类、中类、小类,都是生产和销售文化产品的。既然文化产业生产和销售的是文化产品和文化服务,鉴于文化产品和文化服务的特殊性质,很难把文化产业列入中性产业之列。

当然,如前所述,文化产业要分成若干类别,而各类文化产业由于自身的业务范围不同,所以只能得出如下的结论:以意识形态的倾向性和影响的大小,有些文化产业的意识形态倾向性较强,而另一些文化产业的意识形态倾向性较弱。

例如,属于文化产业领域内的广播电视电影服务业、文化艺术服务业、文化信息传输服务业、文化创意和设计服务业这些文化产业,意识形态的倾向性显然是较强的。如果说意识形态倾向性较强的文化产业中的生产单位和服务单位放松了管理,就可能给读者、观众和使用这些文化服务的人造成损害。因此,这些文化产业不可能成为中性产业。

又如,文化休闲娱乐服务业也是一个非中性的产业。尽管它以文化休闲娱乐服务来表明自己的特定服务范围,但由于种种原因,也有可能传播不适宜青少年成长或导致一般公众心灵受到损害的信息或图像。所以不能把它称作中性的产业。①

意识形态倾向性较弱的文化产业,如工艺美术品的生产、文化产品生产的辅助生产、文化专用设备的生产,可能同文化产业以外的其他产业有相似之处,但这些产业在整个文化产业中不占重要位置。

因此,总的来说,把文化产业列为非中性的产业,是符合文化产业总体的情况的。如果再考虑到文化产业有营利性,那么文化产业的高层管理更应当多考虑文化产业的社会效益问题。

第二节 文化产业的国际走势和我们应当采取的发展战略

一、文化产业的国际走势之一:高新技术化

自从2008年发生国际金融危机以后,西方发达的工业化国

---

① 关于休闲娱乐产业,本书第十章第二节中将有进一步的讨论。

家相继意识到技术创新的迫切性,把更多的资本投入高新技术领域,意图通过技术创新为停滞的、回暖无力的经济寻找一条新路。这种大规模的技术创新活动对未来国际经济的影响是不可低估的。

高新技术领域的重大创新不仅发生在高端成套装备的制造业、能源结构调整和电信网络技术领域内,而且涉及居民生活的智能化方面。西方发达国家的生产和生活最近 10 年左右所发生的技术进步,大大超过了以往任何一个 10 年。文化产业的变化同样是惊人的。现代高新技术带来的数字化、网络化、智能化趋势,不仅大大受到广大消费者的欢迎,而且增加了文化产业领域内的就业,拓展了文化产业的范围,提高了文化产业的产值。

更重要的是,人们对网络的作用有了崭新的认识,人们通过文化产业的高新技术化既增加了信息,增加了就业机会,甚至改变了过去长期沿用的就业方式,而且通过网络而谋取了职业,靠任务的完成而获得报酬。这种就业方式给人们生活所带来的变化,下一步是很难预料的。

文化产业在西方发达国家的迅速发展,使得过去人们习惯的休闲娱乐方式、养老生活方式、阅读报刊书籍方式、获得信息和知识的方式,甚至交友和交流的方式等,都在发生变化。文化产业成为新时期最时尚的产业之一了。而且文化产业的高新技术化依然处于蓄势待发的阶段,以至于不少刚从大学毕业的青年惊呼要更新知识,否则就跟不上时代了。今后的文化产业再也不像十多年前的文化产业。这就迫使大批年轻人要求再学习,再深造,因为他们感到各行各业对工作人员的素质不断提出新的要求。他们不愿意落后于时代、落后于市场、落后于同辈人。这种紧迫感转化为再学习的动力,既是可喜的现象,也是一种无形的压力。

二、文化产业的国际走势之二:规模经济化

文化产业既然作为一个营利性的产业,那就必然会走向规模经济化。这在国际文化产品市场的竞争中已经显示出来了。国际上,文化产业只有走规模经济、兼并本行业或相关配套行业的企业的道路才能成为文化产业中的领军者。

规模优势是国际市场竞争中公认的优势。一个明显的例子就是近年来在国际市场上出现的一些大型传媒集团,它们的特点就是把报刊出版、广电传媒业、互联网三种媒体的长处和优势集于一身,从而获得了更多的市场份额。

在文化产业的国际市场竞争中,流行着这样的说法:国际上只承认"最优",不承认"次优","最优"就是各方面都占据优势,不仅得到市场,而且代表了未来的走向。"次优"算什么?"次优"迟早会被挤垮,会被埋没,会失去顾客的信任。因此,规模经济化是所有的文化产业的企业都孜孜以求的目标,这是不以某个文化产业的企业家为转移的趋势。

规模经济化作为国际文化产业市场竞争中的一个目标,重在利用不断的技术创新来巩固自己的优势。在文化产业的不同规模的企业中,有一些"小而精"、"小而强"的企业。它们之所以经久不衰、经久不垮,是因为各有一套谋略。不盲目扩张,不追逐浮名虚誉,这样就一直存活下来了。这表明,在追求规模经济化的过程中,要有清醒的头脑,不能只追求扩张,要注意那些"小而精"、"小而强"的企业家在复杂的国际环境和激烈的国际竞争

中仍能站稳脚跟,具有稳扎稳打的业绩和经验。

三、文化产业的国际走势之三:结构调整和资产重组

无论是为了实现高新技术化还是为了实现规模经济化,文化产业的企业都必须实行结构调整,并通过资产重组使结构调整顺利。这既是国际文化产业市场中常见的情况,也是其中有些文化产业中的企业得以成功的经验总结。

根据经济学中有关结构调整的论述可以了解以下三个道理。

第一,经济结构的调整就是各种经济比例关系的调整。其中最重要的就是各个产业之间的比例关系。要知道,各种产业之间存在着相互使用产品、消耗产品的关系。这种关系使得各个产业形成了社会生产和再生产过程的各个上下依存的环节。产业链就是这样形成的。如果所投入的产品是不可替代的,那么产业部门的不平衡就会直接反映为已形成的产业链的断裂,于是必须通过国外的供给才能使问题缓解。如果所投入的产品是可以替代的,那么产业链是否会断裂就取决于可替代的产品的相对价格水平和供给量的多少,这样一来,仍有可能发生产业链的断裂。

第二,产业之间比例不协调有可能是产业之间技术投资不平衡所造成。这是因为,由于投资结构不一致,某些产业技术投资较早,虽然在当初投资时技术是先进的,但经过这么多年,技术设备已经陈旧,但并没有及时再投资,没有更新技术,它们相对于一些较晚采用新技术新设备的产业而言,落后了。产业之间的不协调由此产生。

在市场化的社会中,投资是由企业自身决策的,融资的来源主要来自市场,企业投资方可以根据情况,通过市场融资等途径,及时更新设备,这样,产业之间的比例不协调就会改善,直至消失。然而在计划经济体制下,由于企业技术更新这样的投资行为全依靠国家主管部门做出决策,企业本身无法通过市场融资来更新设备,于是产业之间的比例不协调只好持续下去。中国在较长时间内(包括改革开放以后)正是这种状况。由此可知"市场调节在资源配置中起决定性作用"的基本原则必须通过改革的深化才能实现。这也是国际上的有关产业之所以能通过市场实行结构调整和资产重组的重要原因。

第三,对上述问题还有必要进行产业分工趋势的分析。一般说来,经济增长是经济增长过程中投入的增加与社会劳动生产率普遍提高的结果。社会劳动生产率的提高将使原有的产业结构失去稳定性,使生产要素不断重新组合,使产业分工向新的深度发展。因此,新的部门的兴起和旧的部门的衰落都是不可避免的。对国际上的大企业来说,社会劳动生产率普遍提高、旧部门的衰落和新部门的兴起,正是结构调整和资产重组的最佳时机,只要市场融资渠道通畅,这些国际大企业是绝不会放弃这一时机的。

然而中国长期以来的情况并非如此。即使改革开放以后,中国已经转入由计划经济体制逐步向社会主义市场经济体制转变的轨道,但市场化的进度是十分缓慢的。直到中共十八大以后才加快改革速度,中共十八届三中全会、四中全会、五中全会的决议才把今后中国社会经济的发展途径明确下来,新的发展思路和发展理念才深入人心。可见,部门的结构调整真正的启动是从中共十八大之后才加快的。

计划经济体制的长期存在及其影响不利于结构调整和资产重组,关键在于它延缓了"市场调节在资源配置中起决定性作用"的实现。"壮士断腕"这句话已说了很久了,但为什么迟迟未能成为事实,为什么下不了决心,该关闭的企业未能关闭,该及早补齐的短板未能补齐,国企的混合所有制改革的推进依然不理想? 改革迟缓了,这就使得结构调整和资产重组难以有效实现。

四、文化产业的国际走势之四:垄断化

前面已经论述了当前国际文化产业的三个走势,即高新技术化、规模经济化、结构调整和资源重组。除此以外,当前国际文化产业还有第四个走势,即垄断化。

垄断化,是符合西方发达国家中行业竞争和企业竞争的规律的。在营利性的行业和企业看来,哪一个行业或企业不想使自己处于垄断地位? 没有。换句话说,没有一个行业或企业不想发展为垄断性的集团,只看谁有实力,谁有门路,谁有机遇。这种情况同样适用于文化产业。一些既有实力,又有门路和机遇的国际大型文化产业的企业,近年来往往打破行业界限、区域界限,甚至国别界限,通过并购、资产重组、融资筹资、管理模式更新和营销模式更新,演变为国际上有垄断势力的跨国企业集团,它们的文化产品,如广播、电视、电影、图书、报刊、音像制品、卫星网络、娱乐项目、体育竞赛项目、网上服务等业务,处于优势地位,这种垄断地位不是短时间内形成的,但一旦形成之后就很难被击败。所以垄断化作为当前国际文化产业的一种新走势,

是值得注意的。

国际文化产业的垄断化走势加剧了各国文化产业的发展不平衡。尤其是对发展中国家的文化产业而言,它们所受到的压力更为突出。发展中国家本来起步就晚,文化产业的力量薄弱,而发展前景由于空间日益受到挤压,要想同西方发达国家的国际文化产业集团竞争,是十分困难的。由于发展中国家在文化产业方面资金有限、人才有限、技术不足,再加上消费群体的收入水平低下,所以很难摆脱西方发达国家国际文化产业集团的压抑和欺凌。

发展中国家有什么对策?可行的只有两条路:一是发展中国家的文化产业加强合作,以适应国际文化市场上的竞争;二是发展中国家促进文化产业领域内的科技投资、通信设施的更新和人才的成长,在本国范围内开创新的局面。

五、我们对文化产业应当采取的发展战略

西方发达国家的文化产业有自己的国情。国际文化产业的高新技术化、规模经济化、结构调整和资产重组、垄断化都是在原有的基础上发展起来的。如果没有过去多年奠定的基础,不可能有最近二十年来的文化产业迅猛发展,文化产业的结构也不可能有重大的调整,至于文化产业的人才同样不可能在最近这些年一下子出现迅速增长。

从这里我们可以得出以下三方面的有益启示:

第一,文化产业的发展要有扎实的经济基础。没有制造业的强大基础,能有大量高新技术的设备和零配件的供应吗?没有高新技术带来的数字化、网络化、智能化的趋势,文化产业靠

自身的力量能有这样快的成长吗？这表明，经济实力是综合性的，它依靠着整个经济和技术的进步，才能使文化产业受惠良多，而文化产业的发展也有助于其他行业的进步。文化产业绝不是单靠自己的发明创造就能满足文化产品市场的迅速发展的需要的。

这清楚地告诉我们，要大力发展文化产业，不能只把眼光放在文化产品领域内，而应当关注整个国民经济的协调发展，关注群众购买力的提升，关注其他行业的科技进步和新的动向。文化产业是不可能一枝独放的。

第二，没有发达的市场经济，不可能解决任何一个行业的新建、扩建、资产重组和更上一层楼的问题。融资渠道的通畅、资本市场的体系化以及精通金融和资本市场业务的人才辈出，是任何一个想发展壮大的企业（不仅是文化产品的生产单位）所期待的。现代市场经济中，无论是结构调整、资产重组还是推进高新技术，都离不开融资和借助资本市场的作用。这也应当列为我国加速文化产业发展应具备的条件之一。

当然，融资和利用资本市场都有风险性，在这方面，如果不注意风险的防范，也可能出现一些问题。这是包括文化产业在内的各个行业都需要注意的。

第三，从国际文化产业近年来的迅速发展还可以得出一个启示，这就是需要有一个完善的法治环境。对文化产业来说，任何企业在生产和销售文化产品和服务时必须遵守法律、法规和相关规章制度的规定，不得传播违背有关规定的内容和信息，否则将按规定予以处罚；此外，文化产业必须遵守知识产权法律法规，不得侵犯属于他人的知识产权。如果有法不依、违法不究、执法不严,文化产业和文化产品市场必将受到损害,这是极其不利于文化产业的发展的。

国际文化产业的发展可供我们借鉴,而法治环境的完善无疑是促进文化产业发展的必要条件。在制定我国文化产业的发展战略时,一定要把完善法治环境放在重要的位置。

第三节 文化产业在经济增长中的作用

一、文化产业和经济增长的新动力

在进入21世纪以后,中国经济一直维持着高速增长。指望通过高速增长,使中国成为一个经济大国,这种愿望是无可非议的,但单纯追求GDP(国内生产总值)的增长,使经济沿着一味把数量扩张放在首位的路径,不符合经济发展规律。高速增长带来了五个弊端:

1. 资源大量消耗,得不偿失;

2. 生态遭到破坏,要恢复生态绝非易事;

3. 部分产业产能过剩,造成了停产事实,经济增长率不得不降低;

4. 普遍低效率,例如劳动生产率低下,生产成本上升,质量上不去,产品销不出去;

5. 错过了结构调整和技术创新的最佳时机,影响了中国产品在世界上的竞争力。

要知道,2008年国际金融危机爆发后,西方国家和发展中国家都出现了经济低迷的现象。一些西方发达国家,如美国、德国、日本等,都把重点放在调整产业结构和加紧技术创新方面,因为它们预感到,假定不调整产业结构,不在科学技术上有所创新,是很难走上新时期的领先之路的。而中国在2008年以后,仍一直追求GDP的增长率,继续维持数量扩张型的传统发展方式,结果,中国错过了2008年以来的结构调整和技术创新的最佳时机。

最近几年来,在中共十八大一系列决议的指导下,中国明确了"新常态"下应当怎么做,这就是整个国民经济要从高速增长转为中高速增长,经济发展方式要从过去的粗放式的、数量扩张型的旧方式转变为创新驱动式的、质量和效率型的新发展方式。创新应当成为经济增长的新动力。

在这一转变的过程中,文化产业得到重视是必然的。文化产业从三个方面发挥培育和促进经济增长的作用:

第一,文化产业的发展同国民经济的新型投资推动产业升级、加强基础设施建设密切有关。这里要特别重视网络建设的重要性。尽管近年来我们在网络建设方面已有显著成绩,但发达国家网络技术的进展速度实在太快了,国际上的文化信息传输服务、广播电视电影服务、文化创意和设计服务等文化产业,无一不是同投资增长有关的,所以我们在下一阶段的投资和创新驱动的活动中,一定要把网络建设、各种网络设施的建设、文化专用设备的制造放在重要位置上,以便为文化产业进入国际市场以及为扩大国内的文化产品市场创造条件。这既有利于文化产业发展,又有利于中国文化产业进入国际文化产品市场。

第二,在"新常态"下,一定要重视消费在国民经济发展中的作用日益重要。据国家统计局2015年的年度报告,第三产业的产值到2015年年底已经占据中国GDP的一半以上。这说明,三个产业的顺序已经改变了。一个国家仍处于农业社会阶段时,三个产业的顺序必定是1—2—3或1—3—2。农业社会是人类社会发展第一阶段。以后,从农业社会过渡到工业化社会,这是第二阶段,三个产业的顺序是2—1—3或2—3—1。再往后,如西方不少经济较发达的国家那样,进入第三阶段,即后工业化阶段。这时,三个产业的顺序相应地变成3—2—1或3—1—2。同样的道理,2015年年终中国的第三产业产值已经突破了GDP的50%,意味着中国经济已经开始转入后工业化阶段,尽管还只是开始,却表明从工业化阶段转入后工业化阶段的趋势已经挡不住了。

3—2—1顺序的排列是客观经济规律起作用的结果,不以人的意志为转移。第三产业在GDP中的比重今后仍会继续增大,从越过GDP的50%,到占据GDP的60%,再向70%前进,都是指日可待的事情。在转入后工业化阶段的过程中,结合中国经济发展的情况,我们需要关注的是两件事:

一是中国虽然已经开始进入后工业化阶段,但中国工业化仍在进行之中,即中国的工业化尚未完成。对中国这样一个大国来说,工业化实现的标志应当是高端成套装备制造业居于世界前列,中国离这个标志还有较大的距离,所以我们不能以第三产业产值已超过GDP的一半而满足。应当继续推进工业化,力求早日成为高端成套装备制造业的世界前沿国家之一,这是我们需要继续努力的目标。

二是进入后工业化阶段虽然还只是刚刚开始,但在第三产业持续发展的过程中,一定要大力促进新型消费,要靠消费来拉动经济增长,拓宽公共服务领域,切实改善民生。

发展文化产业既能拉动经济增长,又能扩大新型消费,这方面的潜力是巨大的。对文化产业的作用的估计不足,很可能抑制经济增长的活力和动力。

二、文化产业和居民收入上升过程中的社会购买力

为了适应"新常态",经济增长率从过去的高速增长,转变为中高速增长。按照国际上经济学界的看法,一个国家的经济增长率在6%—7%就被认为是中高速增长。相形之下,8%以上被认为是高速增长,4%—5%则被当作中速增长。在这方面并没有公认的标准说法,大体上如上所述,它是可以被接受的。

但应当认识到,6%—7%的中高速增长也不是轻易就可以实现的。主要是在过去长期高速增长的影响下,一些制造业和采矿业企业出现了产能过剩现象,制造业的产品没有销路,价格下跌,而采矿业的产品也因为积压,价格同样下跌。与此同时,生产成本、流通成本、税费负担却在增长,给制造业企业和采矿业企业都带来巨大压力。在这种形势下,除了继续推进技术创新、管理创新、营销创新,化解经济下行的压力而外,还必须促进居民收入的上升。居民收入上升不仅直接有助于促进消费,而且还有助于促进投资。这对化解经济下行压力是十分有利的。

居民收入水平的上升当前主要取决于四个因素:

一是通过农村的土地确权,广大农民有了财产权,有了财产性收入,这既扩大了投资,也促进了消费;

二是通过农村土地确权后农民财产抵押贷款的渠道比过去

宽畅多了,这将会鼓励农民创业,包括农业产业化的推广,农民创办小微企业,农民改良土壤和水利设施等;

三是农民通过土地流转,或者发展规模经营的家庭农场,或者从事工商业投资和经营,进一步增加收入;

四是通过精准扶贫政策的实施,把扶贫工作搞得更有成效,从而使山区、贫困地区面貌改变,使当地低收入家庭提高购买力。

由此看来,在"新常态"下,只要政策到位,居民收入是可以持续上升的。并且,文化产业在提高居民收入、提高居民购买力方面可以发挥应有的作用。具体地说,与信息的传输直接有关的是通过互联网让农民得到充分的信息。我们在赣南调研时,当地种植橙子的农户告诉我们,过去这里之所以穷困,主要因为橙子难以推销出去,结果烂了不少,又卖不出好价钱。现在情况大变。农户通过互联网发布这里橙子成熟待售的信息,于是收购商纷纷前来采购,农民收入由此增加。农民说:互联网帮了我们大忙,再也不会出现橙子烂在地头而销不出去的情况。

在河北一些县城、集镇和农村,我们在调研中还发现,网络购物发展很快。在县城和集镇上,商店都通过网络采购准备出售的商品。在农村中,农民说:化肥、农药、种子、塑料大棚所需要的搭建材料,现在都通过网络购买,既保证质量合格,又节省成本。这样,农民就不用担心了。这种最近一两年才开展的送货上门的业务,使农民一心一意搞好生产。他们欢迎购物方式的变化。

三、文化产业和社会就业的增长

以前只听说过"海归"这个名词,这是指去海外留学的青年在拿到一定的学位后,回国就业,包括受聘于政府机构、高等院校或企业,所以社会上把这些留学回国工作的人称为"海归"。最近一两年,又听到一个新名词,叫作"城归"。"城归"是指什么人?原来是指进城打工或经营作坊和做小商小贩的农民,外出到沿海城镇或内地城镇闯荡几年之后,有了专长,结交了朋友,积蓄了一些资金,便回乡回本地城镇创业了。在贵州,我们就遇到了这样的"城归",他们人数不在少数,而且有技艺,懂得市场经营。他们成为农村中的一支新生力量。他们掌握了网络技术,而且人缘好,有创业积极性。

在贵州省金沙县、黔西县和毕节市七星关区,我们就看到这样一批回家乡创业的"城归"青年人。地方欢迎他们回来共建美好的家乡。在贵州省黔西县,我们参观了他们创办的小微企业,有制作服装的,有烘烤面包的,还有经营书店的。这一股"城归"创业浪潮,在贵州的建设中日益引起人们的注意。他们制作的服装,价格便宜,式样时髦,因为他们已在外面工作了这么多年,对服装这一行业已经熟悉了。在黔西县,当地人告诉我,黔西城乡居民过去几乎从不食用面包,现在有了烘烤面包的店铺了,面包成为抢手货,一出炉就被居民买走,供不应求。这说明"城归"把外地的饮食习惯带回县城,一切都在变化,并且是悄悄地变化。

各地的干部前一段时间都在为就业问题发愁。他们说,这么多"城归"回来了,怎样解决他们的就业问题呢?其实,这是不用他们担心的,"城归"回来,就业问题由他们自己去解决,因为今天的"城归"已不同于几年前或十几年前外出时的"打工仔"、"打工妹"了。他们经过风雨,见了世面,学习到手艺,而且还懂得经营。他们是经历过市场洗礼的创业的一代,他们自己不愁,何必替他们担心呢?网购之路一开通,光是送货员、快递员就需要多少人?据说全国已有上千万人在从事送货、快递工作,以前谁能预料到?①

文化产业正在迅速发展。从特大型城市、大城市开始,正在无声无息地向中小城市、集镇、新社区、农村推开。许多以前有空白的行业也正在推开。我在一些集镇和农村看到新开张的旧书店和租书店,没想到生意还不错。这是适应当前新社区和农村情况的。有人估计,在农村土地确权以后,也就是当农民有了财产权和财产收入以后,中国的文化产业产品和服务将会出现一个"井喷"阶段,农民们对文化产业产品和服务的需求会猛增,文化产业使中国社会就业问题也将随之改变很多。这些预料是有依据的。让我们安心等待这一天的来到吧!

四、文化产业和相关产业的互动互赢

文化产业不可能孤军独进,文化产业必然和一系列相关产业齐头并进,而且最终形成互动互赢的结果。

举两个例子来说明文化产业同相关产业之间的关系。

一是文化产业中的文化休闲娱乐服务业和地方的旅游景点的道路和交通、旅游食宿、旅游购物设施的建设之间的关系。为了开展文化休闲娱乐服务,地方的旅游景点的道路和交通、旅游者的食宿设施、旅游购物及其设施都需要根据游客人数的多少而新建、扩建,否则便会发生过于拥挤、食宿困难、购物不易、交

---

① 关于农民工回乡创业问题,本书第六章第三节将有详细论述。

通堵塞等现象,这样就会引起游客的抱怨,该地方的旅游业也难以顺利发展了。20世纪80年代初的青岛就发生了这种拥挤不堪的情况,以至于旅客中广为传播下面几句话:"进得去,出不来","有饭馆,无桌椅,蹲在地上啃玉米"等。经验告诉人们:旅游休闲服务是同旅游设施、道路建设、公共交通建设、旅店建设等联系在一起的。离开了这些公共设施的建设,文化休闲娱乐服务很难单独发展起来。

二是文化专用设备的生产同制造业之间的关系十分密切。离开了制造业发展的大环境,文化专用设备的生产即使有很旺盛的需求,也很难提高,更不用说进入国际领先位置了。

国际文化产业集团的高新技术化和规模经济化之所以取得成效,正因为那里有适合于文化产业发展的高端制造业的大环境。国际文化产业集团自身始终十分关心高端制造业,尤其是高端成套装备制造业的成长以及达到的新的国际技术水平。这是因为,随着高端成套装备制造业的技术水平的提高,国际文化产业集团也就有了更广泛的活动空间,这就可以带动国际文化产业集团的结构相应调整,使得文化专用设备的生产跃上新台阶,增加企业的新活力、新市场。国际文化产业集团始终以多目标、多市场为宗旨,它的竞争力始终是建立在横向联合和纵向联合并重的基础之上的。而国际文化产业集团的战略是一贯的,它的实力不仅取决于文化产业集团自身的活力,也取决于相关产业的竞争力以及国际文化产业集团对相关产业的控制力。

五、文化产业的发展和 GDP 的新内容

一个国家的 GDP,正如前面已经一再指出的,由第一产业

的产值、第二产业的产值和第三产业的产值综合而成。三个产业的顺序,由农业社会的1—2—3(或1—3—2),演变为工业化阶段的2—3—1(或2—1—3),最后演变为后工业化阶段的3—2—1(或3—1—2)。各个国家的地理环境不同,工商业发展的条件不同,再加上资源禀赋状况的差异,所以在农业社会,三个产业的顺序会有1—2—3和1—3—2的区别;在工业化阶段,三个产业的顺序会有2—3—1和2—1—3的区别;而到了后工业化阶段,则有3—2—1和3—1—2的区别。这可以说明世界各国发展的独特性,而不可能各国一模一样。

但以上所反映的还只是不同发展阶段上各国第一产业、第二产业和第三产业的顺序的区别,而不涉及每一个产业的内容。实际上,每一个产业的内容的差别要远远大于产业顺序的差别。这才是经济学界所关注的。

农业社会和工业化阶段内,不同国家的每一个产业的内容都根据本国的地理环境、工商业发展条件、资源禀赋状况而形成差别,这里就不细述了。这里只就进入后工业化阶段以后各国三个产业的内容的不同进行论述。

首先是进入后工业化阶段的第一产业的内容。在某些盛产某类矿产的国家中,矿产是以何种方式开采出来的,是手工挖掘的,还是半机械化的方式开采的,还是机械化、自动化的采矿设备在起作用,劳动生产率的高低差别是明显的,因此,同为采矿业,在构成GDP的内容上却有巨大的差别。再看农业的产值。劳动生产率的高低在不同的国家很不一样。自动化的农业,以较少的劳动力提供了丰富的农产品,而全仗手工劳动的农业生产,对此几乎是难以比拟的。但不同国家的实际状况却往往在

GDP的第一产业的产值中反映不出来。

这告诉我们,中国的农业仍大有潜力可挖掘。调动农业生产者和农业生产企业的积极性,只是挖掘农业增产潜力的一部分内容,另一部分内容是加快推进机械化、自动化的技术进步,大大提高农业劳动生产率。这才是振兴农业之路。

再以后工业化阶段的第三产业产值的内容来分析。毫无疑问,第三产业中的许多行业是服务业,服务业又细分为各类企业。文化产业中的大部分都是服务业,包括传统服务业和现代服务业。这里同样存在劳动生产率的巨大差异问题。特别重要的是现代文化产业中许多提供无形产品或有形产品的行业,正在走现代高新技术带来的数字化、网络化、智能化的道路,它们已经成为现代文化服务业中的主流,并且主导着未来文化产业的发展。这些都属于GDP中的新内容,是传统的服务业所无法提供的。

比如说,计算机娱乐软件的销售量不断上升,文化产业的产值随之增长很快,这就是文化产业产值中的新内容。再如,多媒体出版迅速发展,其传播的速度大大超过了传统图书报刊,这同样是文化产业产值的新内容。此外,文化产业所吸收的工作人员也是高速增加的,而且这些新加入文化产业下属各个企业单位的工作人员的就业方式也改变了,他们同文化产业的企业签订合同,这就是新的就业方式。他们不需要办公室或办公室内一角之地。他们也不上班。他们按合同的约定,到期交出自己的方案和设计。他们在文化产品方面有更多的突破、创意。他们的收入照例是应当计入第三产业产值的。但计入产值了吗?很难准确地回答。

由此可见,第三产业 GDP 的新内容给人们开辟了一种新思路,也带来了新前景。

第四节 文化产业在社会发展中的作用

一、文化产业和群众性的创意、创新、创业

在当前的中国社会,群众之间最流行的或者说最惯用的词恐怕就数创业和创新了。实际上,在创新和创业之前,创意早已存在了。创意往往来自不起眼的学术交流中,或只是几个有相同想法的青年人聚在一起聊天中偶然迸发出来的火花,但却给关心者带来了进一步研究、思考、交流的机会。因此人们常说,创意在前,创新在后,创业是最终的成果。

网络化给创意、创新、创业带来了前所未有的方便,它把素不相识的同一思想、同一眼光和同一志向的人联系在一起。创意催促创新者的合作,也为创业者引来资金,引来人才,引来可以预料的创业前景。这就是网络化以前无法设想的大好机遇。过去人们常说"失败乃成功之母",这句话经过实践的检验,认为并不错,但在当前的形势下已经不够用了。网络化给人们的启示是:创意最重要,也最为关键;其次就是融资的重要和关键作用。最早需要的是创意,探索未来前景的新意,然后一批同道者聚集在一起,再加上融资的到位,新局面就会打开,新事业就会有成功的希望。因此,在创新和创业的浪潮中,最流行的两句话就是"创意是创新之父","创意是创业之母"。

文化产业依靠网络而迅速发展起来。这是进入 21 世纪以

来文化产业最大的变化。从中国文化市场的情况可以清楚地看到,近十多年来中国文化产业的大发展得益于一批批有创意、有抱负,并且熟练地掌握了网络技术的年轻人加入了文化产业队伍。他们不仅有时代感,有创造性,有创意、创新、创业的雄心壮志,而且还有高度的社会责任感。这是难能可贵的,也是中国文化产业的希望所在。也许他们如今仍是职业技术学校的学生、某个大学的学生或研究生,也许他们自学成才,成为文化产业队伍中的新加入者,但他们的前途都无可限量。新的文化理念赋予他们新的活力、新的机会。

在北京中关村的一些公共场所,经常可以看到年轻的大学生、研究生、博士生、博士后和研究院所的研究人员同企业家、金融家在交流创新和创业的有关事宜。当这些开始闯荡创新创业市场的年轻人向企业家、金融家询问如何得到资金时,往往得到这样的答复:要有信用记录,显示你是讲诚信的人。诚信是社会资本的最大组成部分。许多成功的企业家、金融家都是从这条路上走过来的。诚信就是年轻人最好的名片。要珍惜自己的诚信经历,这就是创新和创业的依据。

有了创新和创业的浪潮,又有了一批又一批敢想敢闯的年轻人,市场还会停滞不前么?这是不可能的,因为新的市场靠新人开拓出来。新人一批又一批,创意、创新和创业都不愁没有后续力量。中国文化产业和其他行业一样,新人的涌现和成功展示着中国文化产业必然以新的面貌展示在大家面前。

二、文化产业和城镇化的新阶段

在讨论文化产业在中国社会发展中的作用时,不能不提到近些年来中国正在加紧推进的城镇化。中国与西欧国家不同,西欧国家是最早或较早实现城市化的国家,在它们那里,城市化的时间可以上溯到13—15世纪,那正是中世纪中期,从农村迁入城市的劳动力(包括有农奴身份的劳动力和有自由民身份的劳动力),再加上迁居于城市的领主、贵族、商人、教士及其家人等就是西欧中世纪城市的常住人口。城市一开始实行自治,自治或者是市民在与封建领主的长期斗争中争取来的,或者是城市用一大笔赎金从领主那里获得的。王权兴起后,城市一般都受国王政府节制,并向国王纳税。这就是中世纪西欧城市的历史概述。

18世纪中期起,英国最早开始了工业化。工业化开始后,在英国的城市中或城市近郊设立了最早的使用机器的工厂。工业革命从此开始。由于城市里没有那么多简单劳动力,所以英国农村,特别是山区农村,不停地向工业革命中新建的工厂输送劳动力。至于技术工人、领班的工人则由城市中有经验的工匠担任。于是形成了城市化和工业化的同步推进,并由此带来城市环境的破坏,如污水到处流,垃圾到处堆放,空气污浊,噪声不断,城市不再适宜居民居住。再加上,从农村、山地涌入城市寻找工作的人越来越多,他们自搭窝棚,在此安家,但孩子没有机会上学,医疗卫生条件差,工作也越来越难找,社会治安也变坏了。这些被称为"城市病"。西欧其他国家的城市情况与此相似。"城市病"发生后,在英国和西欧其他国家又出现了"逆城市化"或"反城市化"现象,即原来居住在城市里的富人往往全家迁出城,住到郊外,而离乡的农民则依然涌入城内居住,以便好找工作。

这就是工业化前期在西方国家所发生的情形。

中国工业化开始时是19世纪后半期以后。而中国的城市则有2000—3000年及以上的历史，它们一直是政治中心，商业、手工业都是很早就在城市中发展起来。历次战争，包括改朝换代的战争和北方少数民族南下攻掠的战争，都以对城市的争夺为胜败标志。战后重修重建城市，城市依然繁荣兴旺。19世纪后半期以后的工业化阶段，外国投资兴办的和政府投资兴办的工厂，主要建立于城市内，稍后又有了民间资本建立的工厂，也是建立在城市或城市附近，因为交通便利。

近代工厂在建设和经营过程中需要劳动力，劳动力主要来自邻近的农村，也有来自内地的农村。但在当时，并没有"农民工"这样的称呼。在农村种田，是农民；他们进入城市的工厂做工，就成为工人。农民被城市里的工厂雇用了，他们把妻儿老小从农村带到城里来，他们和家属都成为城市居民，可以在城市中租房安家，孩子可以在城市里的学校上学，没有人把他们称作"农民工"、"农民工家属"、"农民工子弟"。

这种情况到新中国成立后，尤其是1958年城乡二元户籍制度实施后，才发生实质性的变化。从附近农村或外地农村来的男女成年人虽然在城市里的工厂找到了就业岗位，但不能取得城市户籍，依然是农村户籍，他们的配偶、孩子也依然是农村户籍，他们融入城市几乎是不可能的，到20世纪80年代开始改革开放以后，城乡二元户籍制度也一直未变。这就形成了"农民工"这一特殊的身份。为什么称他们为"农民工"？因为他们的身份是农民，他们的职业却是"工人"。城市登记居民人数时，要把城市居民和"农民工"及其家属分开登记，城市居民有城市户籍,登记为城居人口,而"农民工"及其家属,不管来到该城市工作和生活已经多少年了,都作为"暂住人口"被登记。"暂住人口"表明这些人尚未取得城市居民的身份。

城乡二元户籍制度的存在使20世纪80年代以后的城市是不和谐的,因为两种户籍意味着两种不同的身份、两种不同的待遇,而且进城工作或寻找工作的农民越来越多,城市居民的福利待遇(包括租到廉价房、孩子受义务教育、病人看病等)是"农民工"及其家属享受不到的。中国的城镇化在城乡二元户籍制度下被大大扭曲了。

到了20世纪90年代后期,城市,尤其是工业城市,出现了新情况、新问题。情况是这样的:上海一直是中国制造业的中心,新中国成立前这里已经建立了不少制造业工厂,所使用的劳动力主要来自苏南苏北的农村,当时他们只要被工厂雇用了,就是上海城市居民,家属也跟着来上海安家了,夫妇生下的孩子也是上海人,那时没有农村户口,也没有不准那些到上海的工厂干活的农民转为上海户口这一说法。改革开放后,上海的制造业有很大发展,雇用的主要是苏南苏北或外省的农民,他们是"第一代农民工"、"第二代农民工"。这些"农民工"如今都成为技工、熟练技工、生产骨干了,但本人的户口和家属的户口仍是农村户口。他们想融入上海社会,然而多年努力都因城乡二元户籍制度仍存在,未能如愿。

从20世纪90年代后期起,特别是进入21世纪以来,上海周边的浙江、江苏等省的一些城市正在办制造业,他们急需技工、熟练技工、生产骨干,就派人到上海来"挖人",并以全家转为该省某某城市的城市户口为条件。这样一来,上海就很担心。

这是因为,上海的制造业之所以有较好的业绩,有较高的劳动生产率,主要依靠这些有技术、有能力的多年在上海制造业工作的生产骨干。这些人一旦被浙江、江苏等地挖走,上海制造业的优势也就消失了。于是上海开始实行"积分制",即为来上海工作的"农民工"打分。打分的根据是上海市为这些"农民工"制定的办法(包括学历、经历、专长、来上海工作年限、是否得过奖励等),分数够了,就立即把够条件的"农民工"及其家属转为上海户口。如果积分还不够,就向他们宣布:"再等等,不用到外地去工作,再过几年,积分就够了。"这就把上海制造业需要的技工和生产骨干留在上海。

上海的经验是可供参考的。特大城市、大城市、省会城市、地级的工业城市,都可以实行"积分制",以缓解技术工人的短缺问题。

城乡二元户籍制度的继续存在,是有碍社会和谐发展的。除了有条件的城市可以采取"积分制"而外,广大农村的户籍制度改革,可以采取"分区推进"的方式。

在城镇化推进过程中,人们把已经存在的城区称作"老城区",把最近10多年新建的高新技术区、工业园区、物流园区、小微企业创业区等统称为"新城区",把这些年扩建、新建的新农村居住区称为"新社区"。符合中国国情的城镇化,将是"老城区"+"新城区"+"新社区"。"老城区"和"新城区"纳入城镇化范围是没有疑问的,事实上人们也是这样看待的。问题是如何把新农村居住区改造为"新社区",又如何把"新社区"纳入城镇范围呢?

在四川、重庆、浙江、江苏、广东、湖北等省市的调研,发现当地政府和农村基层组织是这样使新农村居住区转变为"新社区"的：一是发展本村的支撑产业，或是粮食种植业、水果业、家禽养殖业，或是农牧产品加工制造业，使新农村在经济中有生财之道，达到劳动力有一定的岗位就业，并能增加收入；二是推广绿色经济，不要再把山水污染了；三是完善公共服务设施，普及义务教育、学前教育，使老人得到照顾，提高卫生所医疗水平；四是社会保障待遇城乡逐渐接近，最终实现城乡社会保障一体化。只要以上四个方面做到了，新农村居住区改制为新社区的条件已经具备，所谓新社区实际上就是把村的建制改为社区建制，于是也就实现"分区推进"的任务。

在城乡二元户籍制度长期存在的情况下，"农民工"带来了不少严重的问题。据了解，由于农村户籍的农民（无论男女）不能融入城市，夫妇如果两人都外出当"农民工"，不一定在同一个城市，而是在两个不同的城市，甚至两个不同的省份。夫妻长期分居，不仅开支大，而且也造成了家庭的不和。如果夫妻都在外务工，留在家中的孩子或老人，无人照看，无人抚养。这就成了社会问题。更有甚者，由于夫妻长期分居，感情不和，各种纠纷都会发生，有的农村甚至发生了家庭凶杀案。这是可悲的。因此，从社会发展的角度看，一定要在城镇化过程中设法增加"农民工"（在城乡二元户籍制度改革后，不称"农民工"而改称新市民了）的住房，至少能让这些居民在城区有一个自己的家。农民进城后，可以用自己的宅基地或宅基地上的住所来换取城区的房屋。这是某些地方正在试行的做法。①

---

① 在本书第六章第三节中，对这个问题还有进一步的探讨。

文化产业在城镇化过程中将会起着缓解就业、帮助创业等作用。具体地说，这种作用可以分为以下四种情况：

第一，文化产业的发展将加速信息的传播。对于城市居民和来到城市寻找工作的城市新居民来说，过去往往因信息缺乏，四处闯荡，仍难如愿。现在依靠信息的传播服务，他们不但能找到适合自己的工作，而且可以大大节约支出。除了找工作以外，租房信息的传播也能使寻找工作者找到适合自己的住所，并能节省时间和精力。

第二，文化产业的发展实际上能满足广大想学习新知识、新技术的城市老居民和新居民的需求。他们之所以想学习到新知识、新技术，一是为了找到收入较多的工作岗位，二是为了创业，从而在城市中有较好的发展前景。不少人认识到，不提高自己的知识和技术水平，发展前途是有限的。

第三，有了较满意的工作岗位，特别是自行创业，家庭生活条件改善了，于是有了休闲、娱乐、旅游的愿望。这样，文化产业成为新时期城市老居民和新居民的一种休闲娱乐方式的习惯或正常生活的一个组成部分。这是正常的现象。文化产品和服务的市场也就开阔了。在某些城市，已经可以看到这种新风气。

第四，文化产业本身的发展又进一步为已经进城的和将要进城的新居民提供了就业机会。这是一个文化产业的生产和服务同城市就业互动互促互惠的过程。在文化产业发挥促进就业作用的同时，城市的面貌将继续发生变化。不仅城市会如此，更多的中小城市同样会如此。中国的城镇化迄今为止是发展不平衡的。一般说来，大城市人口的增加和服务设施的发展要比中小城市特别是小城市快且好。而实际上，同农村联系最密切和最有发展潜力的应是小城市。因此可以预见到的是,在农村居民成为新市民和文化产业在小城市发展起来以后,小城市的变化会加速,这对农业的产业化和现代化的作用也会加大,对中国未来发展的推动是可以预见的。

三、文化产业和社会养老保障

在讨论文化产业在社会发展中的作用时,要了解人口变动,特别是人口结构变动的大趋势。

据统计,中国的老龄人口在人口总数中的比例有较大增长,老龄问题已成为社会关注的热点之一。这里存在着三个待探索、待研究、待制定对策的问题:一是调整生育政策,放开二胎,通过出生率的上升来改变人口结构。二是由于人们健康状况不一,有一部分老人退休时的身体还健康,他们可能学有专长,有技术,有工作经验,等等,退休后没有任何工作可做,这岂不是社会的损失吗?如何适当地发挥他们的作用,是值得关注的。三是既然老龄社会已来临了,养老保障便不可避免地需要社会的关心、投入。

这里着重讨论的是上述第三个问题,即社会养老保障问题。文化产业中一个新行业应当是社会养老保障服务,这是顺应社会需求而产生的新服务业。社会养老保障服务的产生合乎人口老龄化和老龄人群数目的增加的实际需要。在西方发达国家,从事这一服务业的不外四种形式:一是教会组织,包括天主教会下面的公益性服务和基督教会下面的公益性服务;二是政府社会保障机构所承担的养老服务,它也是公益性服务的一个组织;三是商业性的保险业的一部分,由保险公司根据老龄人群或其家属的需求而形成的一种社会保障服务,成为商业性服务的一支;四是由社会团体,包括社区服务组织从事的照顾老年人的服务工作。由于各个西方国家的国情不同,究竟哪一种服务机构或服务组织在社会养老保障中居于主要位置,很难得出准确的判断。

结合目前和未来中国老龄人群在全国人口的比例的上升来说,考虑到不久的将来,城乡二元户籍制度将会分期分批地转变为一元户籍制度,而且农村居民陆续迁入城市、集镇和新社区生活和工作,类似西方发达国家目前正在推进的政府社会保障机构所承担的养老服务(如公立的养老院、敬老院、福利院之类的社会养老机构)会有较快的增加,并且会在社会养老服务中占据主要地位。这是符合中国国情的,也是社会主义制度下可以实现的一种社会公益措施。目前新农村居住区的社会养老组织和机构将来会逐渐转化为政府承担的公益性服务,即并入政府社会养老服务的序列,尽管二者的合并发展还需要一定的时间。此外,商业性或半商业性的、由保险公司承担的社会养老保障服务在城乡都会继续成长。在城市中发展商业性或半商业性的社会养老保障服务,比较适应老龄人群的需求,因为老龄人群总希望儿女或孙辈常来探望自己,希望通过儿女孙辈的探望感到安慰,也希望通过亲友们的探望获得养老院以外的社会信息。也有一部分城市老龄人群喜欢远离城市,住在建于农村、最好是风景区的养老院,他们认为那里空气清新,风景优美,有体力的认为这种地方适合于养生保健,至少通过玻璃窗可以看到树木花草。至于儿女孙辈,他们如果有空来探望,同样,可以享受天伦之乐。所以商业性或半商业性养老设施即使建于农村,也会受到青睐。

从目前情况看,社会养老保障机构的商业性和半商业性养老设施可能以较快的速度发展起来。

四、文化产业和绿色经济

绿色经济,说得更确切些应是绿色发展理念,早在20世纪90年代前期就已被中国政府所接受了。在当时的国际环境保护人士看来,中国开始转变发展方式,开始把绿色发展转向社会经济的可持续发展。这是一大变化。然而,在20世纪90年代,呼吁绿色发展的只是一些环境科学的学者专家和研究人员,还包括主管环境保护和环境治理的环保部门的干部。但地方主持经济工作的干部,却依然把GDP放在首要的位置上,总想多上一些项目,提高经济增长率,把地方的建设搞得更突出些,因为楼堂馆所和市中心广场是地方的门面,气派越大越好,大楼越高越好。对于农村也是如此,讲外观、讲漂亮,而没有认认真真地去清除污染,只讲究形式上的千篇一律。当时,我先被国务院环境保护委员会聘为顾问,后来又连任两届中国环境与发展国际合作委员会中方委员,兼任环境经济组中方专家工作组组长,对此深有体会。

到了21世纪初,国内对环境污染的重视程度提高了,环境恢复和治理的工作加强了。当然从时间上说,确实是晚了一些,但重视绿色经济,重视经济发展的可持续性,任何时候都不嫌晚,只要认真去抓,总会有成效。

中共十八大召开后,可持续发展观念越来越深入人心,环境保护和治理工作也越来越深入、细化。这是一个重要的标志,表明绿色发展观已开始成为各级地方政府的发展理念。

绿色发展理念的深入人心，在"十三五"规划的制定过程中充分表现在以下两个方面。

一方面，向污染宣战实际上同向贫困宣战是结合在一起的，二者是不可分的。如果只扶贫而听任生态继续破坏，污染继续扩散，那只会导致扶贫的效果低下，扶贫的效果被当地的环境破坏抵消了。不仅如此，甚至很有可能使扶贫地区继续陷在水源污染、土壤污染、空气污染的境地，结果，当地的农民生活得不到改善，旅游者见而生畏，谁还愿意到这里来旅游，农民生活水平和收入水平又怎能提高呢？

另一方面，要让扶贫工作取得积极效果，包括要让农民迁出原来居住条件差的山区村寨，鼓励他们迁到平原地带，迁到城镇去住。但条件是：让贫困地区的农民迁入的地方必须是环境适宜人们居住的、无污染的。如果县城、市区和集镇附近被新建的工厂污染了，废水、废气、废渣使农民不愿下山，那么动员他们下山和进入城市的效果是很差的，因为农民不愿意到污染地带生活和安家。

可见，让人们从受到污染的农村迁移到同样受到污染的城镇的设想，是不现实的、不可行的。让人们从地势偏高但水源洁净、空气清新的山区迁移到受到污染的城镇、平原地带，更不可行。政府采取强迫行动，只会激起被动员外迁人群的反感。

由此可以把上述有关绿色经济、绿色发展理念的论述再引申一下，这就是，绿色经济和绿色发展理念的推广，既有赖于各地各城镇努力做好环境保护和环境治理工作，又有赖于让各地各城镇的广大居民懂得绿色城镇和绿色农村是同样重要的。没有城乡居民们的共同关心，共同出力，共同规划未来的努力，绿色发展理念将难以落实。

这就涉及一个重要的问题,绿色发展理念的落实,同群众的积极参与是分不开的。文化产业的功能之一是动员更多的热心生态保护和环境治理的城乡居民自觉地、主动地参加绿色经济和绿色环境的建设。

从历史上看,西方国家当初的环境保护措施就是这样出台和推广的。最初,一家工厂向外排放废气、废水、废渣,引起工厂周围居民的不满。他们采取在工厂大门口抗议、示威行动,甚至把通向工厂的大路挖断了,禁止运送原材料和产品的车辆进出,但都无济于事。工厂继续排放废气、废水、废渣。直到群众抗议愈演愈烈,国会中一些议员支持居民的抗争,终于通过了环境保护和治理的法律,规定"谁污染,谁赔偿"的原则。如果今后仍继续污染环境,工厂将被迫停产整顿。可见,有关的环境保护法律是经过居民群众的长期抗争才获得通过的。这充分表明了群众参与的意义和作用。

因此,通过文化产业的报道、呼吁,通过广大群众的抗议和抵制行为,环境治理和恢复、污染源的消除可以成为现实。这种积极动员群众参加对环境的监督、对违法破坏环境事件的举报,以及对现行法律的修改建议等,都是绿色发展理念的实现所必需的。文化产业在这方面可以发挥更大的作用。

五、文化产业和社会和谐红利的涌现

在本章的最后,我们有必要探讨一下文化产业和社会和谐红利的涌现问题。

在经济发展的研究中,人们经常使用"红利"一词。"红利"

实际上就是指收益。比如说,发展中国家在开始发展工业时,由于劳动力过剩,工资水平低,因此生产成本具有相当优势,这就被称为"人口红利"。"人口红利"是指一些发展中国家利用廉价劳动力成本、廉价生产成本所获得的好处。一旦劳动力由丰裕转为相对稀缺,劳动力廉价的优势就会逐渐消失。这被称为"人口红利"的消失。再如,从制度改革的角度来看发展中国家优势的变化:当发展中国家刚开始推进工业化时,为了吸引外资前来投资,往往从制度或体制上做一些变通或让步,比如土地被廉价供应给外国投资者,从而外国投资者可以获得较多的好处,这被称作"制度红利"或"体制红利",但过了一段时间,这些由发展中国家给予外国投资者的政策上的优势,或者由于国内可供开发的土地资源越来越少,或者发展中国家的政府认为土地资源已不像过去刚吸引外资前来投资建厂时那样丰裕了,于是提高了地价,或改变了土地政策,于是外国投资者往往惊呼"制度红利"或"体制红利"减少了,甚至消失了。以上所说的是"人口红利"从丰裕到减少甚至消失,"制度红利"或"体制红利"也有类似的从多到少,甚至消失的情况。

值得一提的是,无论是因劳动力廉价而造成的"人口红利"的消失,还是因制度或体制的调整而造成的"制度红利"或"体制红利"的减退甚至消失的现象,都可以重新涌现。以"人口红利"的重新涌现为例,只要抓紧对劳动力的职业技术培训,并对劳动秩序、劳动纪律进行整顿,"新人口红利"在一般情况下可以再度涌现,因为劳动者的素质提高了。在这个过程中,可能会产生某种雇佣关系的紧张,但经过人员培训,凡是考试合格的才录用,不合格的就淘汰,这对某些劳动者来说可能感到不适应,但只要坚持职业技术培训制度,不合格的不录用,情况就会有所好转,久而久之,劳动者也就适应新的要求了,"新人口红利"也就会产生。

"制度红利"或"体制红利"的恢复可能比"人口红利"的恢复复杂得多,因为这不是一个简单的让劳动者接受职业技术培训的问题,而是涉及政府是否同意推出新的制度、新的体制,以吸引外商继续前来投资,或者是否在制度上或体制上提出新的改革措施,以调动民间资本增加投资的积极性。在某些发展中国家,由于宗教纠纷、民族纠纷、部落纠纷,往往在进一步制度改革、体制改革上有重大的政策分歧,所以对是否进一步改革,以及采取什么样的改革措施,往往争执不休,这就延误了"制度红利"、"体制红利"的再次涌现。上述这种情况在某些发展中国家内是屡见的。

但在本章的这一节,我们准备提出另一个"红利"概念,即所谓"社会和谐红利"。什么叫作"社会和谐红利"?它同社会制度有密切的关系,也同社会和谐与否直接有关。社会和谐是指,由于政府及其下属部门,关心民生,关心就业,关心物价基本稳定,人们收入逐步上升,特别是居民团结,遵守法律,邻居友好和睦,尊老爱幼,互敬互爱,这样,社会上的纠纷会大大减少,即使人们之间发生了纠纷,通过社区之间的调解,互相谅解,大事化小,小事化无。社会的和谐便由此养成。所以社会和谐的实现必定产生出一种新的红利,可以称之为"社会和谐红利"。

各国有各国的国情,有各国的文化传统,因此不同的国家都希望根据自己的具体情况出现社会和谐的局面,希望各自涌现相应的"社会和谐红利",使人民受益。中国自古以来就是一个重疏导、重和解、重团结的国家,基层社会组织很早就存在"乡规民约",有的刻在石碑上,有的牢记于群众的心中。这是宝贵的文化遗产,至今仍在不少村落和社区中起着作用。所以中国的社会和谐是完全可以实现的,而"社会和谐红利"的涌现也是完全可以预料的。

用最简单的字句来理解祖辈遗留下来的社会和谐信念,就是"和为贵"。一切非原则的社会纠纷,在社区中,在村寨中,都可以和解。各自后退一步,海阔天空,这就导致社会走向和谐,导致"社会和谐红利"的实现并一直持续下来。

文化产业的作用在于引导人们互爱互敬,互相尊重,以及在创建社会和谐的实践过程中,对广大群众进行教育,进行启发,进行感染。这些都是无形的,但却时刻起着潜移默化的作用。我们经常听到人们说:"做人得有样板,好样板把人引入正道,坏样板把人诱上邪路。"这句话准确地反映了社会的实际情况。

因此,在讨论文化产业的这一章的结尾,我们对文化产业和社会和谐红利的涌现进行阐述,是必要的。① 从下一章起,我们将讨论另一个问题:文化启蒙和文化创新。

---

① 本书第八章第一节和第三节将会进一步阐述这一问题。

第三章 文化启蒙和文化创新

第一节 中国新文化的产生和发展：历史的回顾

一、新文化运动一百周年

新文化运动到 2015 年 9 月 15 日已经整整一百年了。一百年前，正是北京大学的先辈们高举民主与科学的大旗，以北京大学为中心，发动和领导了这场后来席卷全国的新文化运动，在中国拉开了文化启蒙与文化创新的大幕。因此，2015 年 9 月 15 日，也就是新文化运动一百周年之际，北京大学师生和来自北京其他大学（清华大学、中国人民大学、北京师范大学等）的代表，共聚于北京大学，召开了新文化运动一百周年纪念会，既缅怀先烈，也瞩眼今天，为继续坚持新文运动的精神和传统，为当前中国的改革开放事业的推进而献言献策。

新文化运动虽然距离今天已经整整一百年了，但新文化运动的功绩是谁也抹杀不了的，新文化运动所开创的事业至今依然后继有人，并深入人心。我们今天在读到当时陈独秀、李大钊等教授撰写的倡导新文化运动的文章时，都抑制不了对他们的崇敬，因为正是由于这些当年置个人安危于不顾的前辈的呐喊，才使得更多的青年人投身到新文化运动的队伍之中,为中国冲破旧文化、旧礼教、旧秩序的束缚,为后来者开辟了新路。

当然,我们也不能不承认一百年前这些为后人开辟新路和闯出新路的前辈人由于种种原因而存在的这种或那种局限性。加之,传统思想的摆脱是不容易的,因为传统思想对中国社会的影响已经两三千年了,人们受传统文化的禁锢也这样久了,这种影响、这种禁锢岂是少数先知先觉者登高一呼就能肃清的?万事总是开头难。没有新文化运动领军者的大声疾呼,怎能闯出一条新路来?

因此,我们在纪念新文化运动一百周年之际,不能忘记当年陈独秀、李大钊等先驱的呼唤、号召。没有他们的努力,新文化运动迟几年也会发生,但历史多耽误几年,损失是不可估量的。

二、新文化运动的背景

在西方国家开始工业革命并逐渐实现工业化以前,中国在漫长的岁月中一直是世界上最富裕强盛的国家,成为世界上其他国家所羡慕的经济中心。这种情形大约维持到18世纪晚期。实际上,国际的政治经济形势就从18世纪晚期起发生了剧烈的变化。

清朝这时仍是乾隆皇帝当政。他本人,以及他身边的大臣们,看不清世界形势已经开始变化。他们依然盲目自大,瞧不起英国派来的要求通商开埠的使者。西方国家,以英国为代表,从这时起已经在科学技术上,在航运业上,在武器生产上,特别是在近代工业生产方面,走上了新的发展道路,但乾隆皇帝对此毫无察觉。18世纪末年起,中国相对于西方国家而言,已经处于落后状态,而且与西方国家的差距越来越大。结果,1840年爆发了中英鸦片战争,中国被打败,割地赔款,被迫五口通商,致使洋货涌入。

1840年鸦片战争后,国内少数人开始觉醒,他们认识到世界形势已不同于过去。他们提出了"以夷制夷"的主张,主张学习洋务,引进坚船利炮,强军而后强国。但中国的专制制度和经济体制却依旧麻木不仁。从上到下,都不想改革,也不敢改革。

1894—1895年爆发的中日甲午战争使中国遭到惨败。中国的失败主要不在于武器装备的差距,因为双方的武器装备基本上是相同的,也不在于国家实力的悬殊,因为当时中国的产值大大高于日本,中国的军队人数也大大多于日本(中国当时约有100万军人,日军才20万人)。有识之人认为,甲午战争中国的失败是在制度和体制上,中国这时仍然是一个封建专制的王朝体制,而日本经过1868年的明治维新,已在体制上进行了改革,可以调动国内民众捐献、参军和努力为前线提供各种军需用品。

甲午战争失败后的中国,能够清醒地认识到更改体制的必要性的,主要分两派:一派是以孙中山为代表的兴中会(后同黄兴领导的华兴会合并为同盟会),主张推翻清朝统治,建立民主政府;另一派是以康有为、梁启超为代表的维新派,主张在开明的清政府的主持下,变法维新,合乎世界潮流。康梁领导的维新派因自身力量微弱,难以与清朝主政的慈禧太后抗衡。"百日维新"失败了。孙中山领导的几次武装起义也都遭到清政府的镇压。不久,华北一带又发生了义和团事件,义和团在清政府支持下杀戮外国侨民、传教士及教徒,列强乘机组织八国联军攻占北京。八国联军迫使清朝政府不得不向列强屈服,签订了丧权辱国的《辛丑条约》,中国的苦难大大加重了。

在这种形势下,以慈禧太后为代表的清政府自身感到再不进行改革,清王朝难以继续执政,于是从20世纪初开始实行"新政",企图挽救摇摇欲坠的清朝统治。其中很重要的一项就是废科举,办学堂。"新政"也包括试图在一些省份成立议事机构等措施。但上述所谓"新政"并没有真正解决封建专制的体制问题。民众并不拥护这些带欺骗性的改革措施。加之,改革的启动太晚了。改革的时机一而再、再而三地被错过,到了20世纪初,想变法,想改革,基本上是清政府一厢情愿的事情,民众都不看好。何况,在光绪皇帝、慈禧太后相继去世之后,一些八旗子弟认为大清的江山不能这样丢掉,他们组成了保皇派,想重振清王朝,其实这不过是无法实现的呓语而已。

1911年10月,孙中山领导的革命派发动了武昌起义,占领了武昌。紧接着全国许多省份都举行起义,革命声势之大前所未有。清政府派北洋军南下镇压起义,但北洋军实际上听命于已被迫去职的袁世凯。袁世凯估计当时全国的形势,认为这是自己乘机夺权的最佳机会。北洋军听从袁世凯的暗中指挥,按兵不动。就在南北议和的过程中,袁世凯及其亲信乘机逼清朝末代皇帝溥仪退位,同意给予优待,终于南北统一,实行共和制,建立中华民国,袁世凯当上了中华民国的大总统,大权独揽,体制依然如旧,为此,孙中山领导了"二次革命",终因军力不济,失败了。由此开始了袁世凯的独裁专制政治。

袁世凯既已大权在握,心仍不甘,便授意杨度等名流组建筹安会,鼓吹恢复君主制。1915年12月12日,袁世凯通电全国,正式宣布称皇帝,把国号由"中华民国"改为"中华帝国"。12月13日,袁世凯在中南海接受文武官员朝贺,并将总统府改名为新华宫,决定从1916年起,废除民国年号,改为"洪宪元年"。

袁世凯称帝的消息一传开,立即激起全国公愤。1915年12月22日,云南军政当局召开紧急会议,决定出兵讨袁,组成护国军,由蔡锷任总司令,唐继尧为都督。蔡锷率军攻入四川,李烈钧率军进入广西。袁世凯见形势逆转,1916年3月20日,被迫撤销帝制。3月23日,他颁令废止"洪宪"年号,仍以本年为"民国"五年,但全国各省都宣布独立,迫袁世凯下台。在这种形势下,1916年6月6日,众叛亲离的袁世凯在全国(包括北洋军的驻防区)反袁的形势下,气急暴亡,临终时口述遗嘱,表示由副总统黎元洪继任总统。黎元洪不是北洋军出身,根本指挥不动北洋军,便任命北洋军将领段祺瑞为国务总理。

从此开始了北洋军阀和其他派系军阀割据称霸的时代。段祺瑞虽然担任了国务总理之职,但他只能指挥一部分北洋军,他被看成皖系军阀之首。其他军阀,有直(隶)系的曹锟、吴佩孚,奉系的张作霖等。此外还有滇系的唐继尧等。1917年6月,一直盘踞于山东的军阀张勋,原来就有复辟清朝的意图,乘此混乱时刻,亲率"辫子军"于6月7日北上,率领一批遗老和复辟支持者于6月14日进入北京。6月16日张勋秘密进谒逊帝溥仪,并于6月30日入宫召开"御前会议",决定复辟,宣布北京全城戒严。1917年7月1日,张勋把逊帝溥仪扶上皇位发布"即位诏",宣布恢复旧制,悬挂龙旗,并禁止北京市民非议复辟,违者格杀勿论。北京城一片混乱。

这时,段祺瑞在天津附近的马厂组成"讨逆军总司令部",自任总司令，并通电全国声讨张勋。7月12日，讨逆军直逼北京，"辫子军"一触即溃，纷纷投降。张勋逃入荷兰使馆，溥仪再次宣布退位，张勋复辟闹剧宣告结束。

张勋复辟事件平息后，段祺瑞作为北洋政府的实力派之首，幻想一举统一全国。于是1917年10月6日，段祺瑞下令北洋军进攻南军的重要据点湖南衡山、宝庆，并占领了这两个城市。这一事件使南方各省的军队联合援湘，湘军赵恒惕部反击，攻占了长沙。段祺瑞兵败辞去国务总理职位，代总理冯国璋准其辞职，1917年11月任命王士珍为国务总理。段祺瑞下台后，南北议和，南北之战停止。

以上所说的就是新文化运动开始前和新文化运动初期国内政治形势变化的概况。①

三、新文化运动的实际领导人

在讨论新文化运动开始的日期时，许多人都把陈独秀创办《青年杂志》作为标志。《青年杂志》的创刊地点在上海。1915年9月15日，陈独秀在《青年杂志》创刊号上发表了一篇文章，题为《敬告青年》。文内写道：青年人应当从消极、保守、退缩、闭塞等思想影响下解脱出来，树立起积极、进取、追求实际和科学的精神，向腐败的封建意识挑战。文章中明确宣告：任何不合于现今社会的事物和观念，即令它是"祖宗之所遗留，圣贤之所垂教，政府之所提倡，社会之所崇尚，皆一文不值也"。

1916年9月1日，陈独秀创办的《青年杂志》自第二卷第一

---

① 参看厉以宁：《新文化运动与西学东渐》，载《光明日报》，2016年5月4日。

号起正式更名为《新青年》。陈独秀认为杂志改名为《新青年》更能体现创办这一杂志的目的。他写道:"青年何为而云新青年乎,以别夫旧青年也。""慎勿以年龄在青年时代,遂妄自以为取新青年之资格也。"这表明,作为一名"新青年",不是年龄合适就行,而必须有新的认识、新的观念、新的作为。

在《新青年》第一号上,还刊登了李大钊的文章《青春》,号召青年人冲破"过去历史之网罗,破坏陈腐学说之囹圄",立志创造一个新社会、新国家。

在《新青年》第五号上,胡适发表了《文学改良刍议》一文。他在文章中指出,文学改良应当从以下八个方面入手,这就是:

1. 须言之有物;
2. 不摹仿古人;
3. 须讲求文法;
4. 不作无病之呻吟;
5. 务去烂调套语;
6. 不用典;
7. 不讲对仗;
8. 不避俗学俗语。

胡适还提出,要以白话文为中国文学正宗。在谈到文学的内容时,胡适认为真正的文学应当"实写今日社会之情状"。从这个角度来评价胡适,说胡适是"白话文之祖"并不错,但胡适这篇《文学改良刍议》的最重要之处是他认为文学必须反映社会现状,必须言之有物。

陈独秀接着在1917年2月的《新青年》上刊出了《文学革命论》一文,文中对旧道德、旧文化的开战更为明确。在陈独秀看来,尽管辛亥革命推翻了清皇朝,建立了"中华民国",标榜民主和共和,但"黑幕未尝稍减",原因就在于"盘踞我人精神界限根深蒂固之伦理道德文学艺术诸端,莫不黑幕层张,垢污深积"。为此,陈独秀自称"甘冒全国学究之敌,高张'文学革命军'大旗","旗上大书特书吾革命军三大主义"。这里所说的文学革命军三大主义是指:

1."推翻雕琢的阿谀的贵族文学,建设平易的抒情的国民文学";

2."推翻陈腐的铺张的古典文学,建设新鲜的立诚的写实文学";

3."推翻迂晦的艰涩的山林文学,建设明了的通俗的社会文学"。

陈独秀的这篇《文学革命论》和胡适的《文学改良刍议》的发表,轰动了国内的文化界,被认为是新文化运动的两篇檄文。

新文化运动的挑战引起了全国上下的关注,从北京、上海到各个省会城市,无数青年人都响应《新青年》杂志的号召,投身于摧毁旧文化的影响的口诛笔伐之中。

1917年4月21日,李大钊发起组织的中国财经政学会,经京师警备厅备案成立。这个学会是在新文化运动蓬勃开展的过程中成立的,李大钊等人担任责任会员。它的宗旨是"研究经济学理,调查事实,以期适用于中国"。

1918年9月15日,鲁迅的小说《狂人日记》在《新青年》上发表。这是周树人首次用笔名"鲁迅"发表的作品,也是鲁迅第一篇白话小说。《狂人日记》的影响是深远的,它描写了一个"迫害狂"患者的精神状态和心理活动。通过主人公"狂人"之口,指责传统的中国社会是一个"人吃人"的罪恶社会,预告将来的社会必定"容不得吃人的人"。

综上所述,人们把1915年陈独秀创办《青年杂志》(1916年《青年杂志》更名为《新青年》)视为新文化运动的发端,是有根据的。陈独秀、胡适、李大钊、鲁迅以及其他一些在《新青年》上发表文章的学者、名人被视为新文化运动的闯将,也是符合当时的实际情况的。陈独秀提倡的民主与科学(旧称"德先生"、"赛先生"),很快地流传开来,进而掀起了一场思想革命、文化革命,沉重打击了统治中国两千多年的传统礼教、传统道德观,启发了广大群众的民主觉悟、革命觉悟,为"五四运动"的爆发、马克思主义在中国的传播奠定了思想基础。

四、北京大学成为新文化运动的中心

在讨论新文化运动的意义和作用时,有必要指出蔡元培出任北京大学校长,以及北京大学成为蓬勃开展的新文化运动中心的意义和深远影响。

1917年1月4日,蔡元培就任北京大学校长。他赴任前,多数友人认为北京大学历来都是官僚主持校务的,这些官僚惯于把北京大学当作官场升迁中的一个台阶,既可沽名钓誉,又可结交权贵军阀,根本没有治好、管好北京大学的志向,所以多数友人劝蔡元培不要就任,有碍于自己的名声。也有少数友人认为蔡元培接任北京大学校长是对的,可以借此机会树立新校风,整顿教学秩序。孙中山赞成蔡元培接任北京大学校长。他说:"地方当有革命思想的传播,像蔡元培这样的老同志,应当去那历代帝王和官僚气氛笼罩下的北京,主持全国教育。"

在深思熟虑后,蔡元培慨然出任北京大学校长,改革学校的领导作风,充实学科、学制,倡导平民教育,首行男女同校。他采取"兼容并包"方针,大量引进新派人物,不拘一格招聘专家。在蔡元培校长倡导下,北京大学开创了思想自由的新风。蔡元培支持新文化运动,提倡白话文,倡导重民主、重科学的新思潮。

蔡元培主持北京大学校务期间,陆续聘请陈独秀、李大钊、胡适、鲁迅等有名望的人来北京大学任教。这时《新青年》也由上海迁到北京,在北京大学形成了一个以《新青年》编辑部为核心的新文化阵营。

在蔡元培领导下,对"德先生(民主)"和"赛先生(科学)"两大旗帜的含义做了进一步的阐释。关于民主,新文化运动倡导者认为它有两层含义:

一是指民主精神和民主思想,包括个性解放、人格独立、民主自由权利等内容;

二是指反封建、反专制,认为中国要在今日的世界生存,必须放弃几千年来的专制和官僚的统治,改为自由、自治的国民政治。

两种含义既是并存的,又是相关的。新文化运动正是在这两个方面展示自己的主张。

关于科学,新文化运动倡导者认为它同样有两层含义,或者说应当从下述两个不同的角度来阐释:

一是指反对封建迷信,反对不科学的种种旧观念;

二是指要向西方国家学习科学,学习技术;要普及科学知识,社会应当尊重科学,尊重知识,解放思想。

以上,无论是对民主的两种解释还是对科学的两种阐述,都表明自1915年开始的新文化运动是把文化启蒙和文化创新放在最突出的位置上。尽管当时参加这一运动的青年,对使用白话文,对文章要切合实际和反映实际,以及对小说的写作深感兴趣,但他们在新文化运动的大旗下,都参与了文化的启蒙和文化的创新,而文化启蒙和文化创新的目标就是社会的变革。这就是1915年开始的新文化运动的真正含义。①

五、文化启蒙的意义

辛亥革命虽然起到推翻清朝统治的作用,但从辛亥革命的性质和作用来分析,不能不认为辛亥革命存在着不容忽视的局限性。这种局限性主要表现在以下三个方面:

第一,辛亥革命的目标限定在推翻清政府的统治上,领导这场革命的同盟会领导者都以为只要把清政府赶下了台,建立了"中华民国",革命便成功了。他们没有把消灭封建制度视为革命的目标,结果,"中华民国"政府建立了,中国历史上第一部宪法(《临时约法》)通过了,但都无济于世。封建制度并未从根本上被触动,更谈不到资产阶级民主政权的建立。辛亥革命以后的中国,仍然在北洋军阀的控制之下。不仅如此,由于北洋军阀的统治是以"中华民国"的旗帜召唤的,所以各地的封建势力又以"中华民国"的名义集合起来了。

第二,中国当时仍是一个典型的农业社会,近代工业的发展受到很大限制,民族资本的力量极其微弱,而农村又恰恰是封建势力牢牢控制的部门。辛亥革命根本没有触动农村的封建势

---

① 参看厉以宁:《新文化运动与西学东渐》,载《光明日报》,2016年5月4日。

力,辛亥革命中建立的军队也没有注意到如何发挥农民的力量,如何通过消灭封建制度来扩大自己的影响和壮大自己的队伍。如果说辛亥革命的参与者多少有些影响的话,那也仅限于少数较大城市之中,而农村的封建统治始终十分牢固。

第三,即使少数较大城市之中有知识界人士在为民主自由而呼吁,但这些较大城市中也集聚了一些留恋封建道德、封建传统礼仪和封建国家理念的知识分子。他们不一定是清朝的遗老遗少,但却是封建文化、封建道德、封建风俗习惯的支持者。他们不一定希望回复到清朝皇室统治下的社会,然而对于辛亥革命后那种批判封建道德和封建文风的言论却持反对态度。这就是民国初年的情况。

正由于上述三种情况的存在,所以新文化运动一开始就具有文化启蒙的性质。这里所说的文化启蒙,实际上就是以"民主"和"科学"作为武器,向笼罩着社会的各种封建势力,包括拥护清朝退位皇帝溥仪复辟的势力、以"民国"为幌子割据一方的军阀势力、把持着农村封建地产和控制着农村的封建地主势力,以及散居于城市的维持封建道德和封建文化的保守势力等宣战。文化启蒙在当时是最重要的思想教育,因为通过新文化运动的领导者和参与者不懈的努力,终于有史以来第一次对封建道德、封建文化、封建文风进行了冲击。这个功劳是谁也无法抹杀的。

六、文化创新的意义

1915年开始的新文化运动,不仅起了文化启蒙作用,而且起了文化创新作用。文化启蒙已如上所述,其意义在于批判阻碍中国在民主和科学旗帜下前进的封建制度、封建道德和封建文化,唤醒人们为争取早日实现民主和科学而努力。文化创新的意义则在于:提出新文化以替代旧文化,以新文化动员广大群众,使他们在社会上各个领域、各个地区以新文化武装自己,在批判和探索的道路上成为新文化的战士。新文化是在人们批判旧文化的过程中日益丰富的,也是在探索中成长起来的。正是有赖于群众的不断创造,文化创新的局面才得以最终形成。从这个意义上说,文化启蒙和文化创新不可分割,文化启蒙是前提,是先声,是序曲,而文化创新则是结果,是成就,也是飞跃。我们在纪念新文化运动一百周年之际,既不能忘记当初新文化运动领导者和参与者在文化启蒙方面的功绩,同样不能忘记他们在文化创新方面的努力和成就。所不同的是,文化启蒙的要点是唤醒民众,指明唯有清除封建专制制度,清除封建道德观、封建文化观,才能符合"德先生"和"赛先生"的要求,使中国走上新路。而文化创新的要点则在于建设新文化,建设符合民主和科学两面旗帜指引下的新文化。这个任务实际上要比文化启蒙艰难得多,所需要的时间也会长得多。主要有三个原因:

第一,文化启蒙的关键在于启蒙二字。由于认识到封建道德、封建文化、封建风俗习惯给广大群众造成的恶果,所以要通过新文化运动来抨击封建制度和封建道德、封建文化等的危害性,希望有更多的人转移到反对旧礼教、旧习惯的路上来。文化创新的关键在于创新研究、创新探索、创新开拓。究竟什么是新文化?一切都在探索之中,而且可能不是某一代人就能完成创建新文化的工作。这是一个不断尝试,而且可能接连失败的道路。文化创新的不易同人们的经验不足有关,而经验之所以不足可能与实践时一开始就选择了不正确的道路有关,或一开始就把不正确的理论当成了正确的理论有关。实践是检验真理的唯一标准,这个道理是人们经过多少次失败才总结出来的。

第二,就中国的情况而言,中国人民对民主和科学的追求,经历了长期寻求真理的过程。西方国家经历过它们自己的文化启蒙和文化创新的过程,它们有自己的国情。而中国同它们所处的时代不一样。照搬西方国家的经验是不行的。那么,十月革命后,不久就建立了苏维埃国家,照搬苏联的模式行吗?也是不行的。以文化领域来说,无论是西方国家还是十月革命后的苏联,其文化创新都不可能成为中国文化建设的模式。我们必须从中国社会的实际状况出发,可以向西方国家和苏联学习,但照搬总是不行的。这就是文化创新要比文化启蒙难得多的另一个原因。

第三,文化启蒙的作用在于使中国广大群众懂得旧文化是阻碍中国进步的,是钳制中国人的思想的,因此要批判它,摒弃它。但问题并不如新文化运动开始后某些人原先设想的那么简单。以新文化运动中一些人对孔子学说的批判来说,在当时的条件下确实有历史的必然性,因为在辛亥革命以后,从袁世凯到北洋军阀,再到文化界一些保守分子,都主张"尊孔"、"读经",主张复古,有人企图恢复帝制,也有人主张重建封建秩序。在这种形势下,新文化运动的领导者们对"尊孔"的呼声进行猛烈批判,完全可以理解。后人在文化创新工作中严格地把"孔学"同"孔教"区别开来,这是后人的进步,因为他们认识到对孔子学说的批判性继承,是维护中华优秀文化遗产的责任。

从上述这些可以看出,文化创新的确是一件艰巨的工作,需要历史地、实事求是地去认真研究分析。这一过程,从1915年新文化运动开始,持续了八九十年之久,直到中共十八大以后才有较大的进展。

第二节　中国新文化运动的历史地位

一、新文化运动的新阶段

在以北京大学为中心的新文化运动中,新文化运动大体上可以分为两个阶段:在第一阶段,即新文化运动的前期,主要是以西方资本主义的新文化反对封建主义中国的旧文化。在新文化运动第一阶段内,许多人的心目中仍然推崇资本主义新文化,并想以此代替封建主义中国的旧文化。他们希望把中国改造为资本主义国家。

在第二阶段,即新文化运动的后期,新文化运动的倡导者和参与者出现了分化。一部分人依旧认为可以把西方资本主义制度搬入中国,主张把资产阶级民主体制在中国的建立和推广作为目标。但另有一部分人则认为,把西方资本主义制度移入中国未必符合中国的国情,中国的改革可能有其他的出路。李大钊就是后一种观点的代表者之一。

李大钊1918年11月15日在北京天安门的演讲和在《新青年》1919年1月发表的文章,被认为是探索新路的代表作。李大钊在天安门的演讲会是北京大学主办的,演讲的题目是《庶民的胜利》。李大钊在演讲中说道:"协约国战胜了,同盟国战败了,世界大战结束了,这是'公理战胜强权'。"他认为,取得这次战争胜利的不是协约国的战力,而是人类世界的新精神;不是哪一国的资本家的政府,而是全世界的庶民,胜利是"庶民的胜利"。这篇演说发表于1919年1月的《新青年》第五卷第五号上。在同一期的《新青年》上,还发表了李大钊的另一篇文章《布尔什维主义的胜利》。这篇文章热烈赞扬俄国十月革命的胜利,预言"人道的警钟响了!自由的曙光出现了!试看将来的寰球,必是赤旗的世界"。

1918年11月16日,蔡元培校长在北京大学学生庆祝协约国胜利的大会上发表演说。他认为"此后的世界,全是劳工的世界"。他还说:"凡用自己的劳力作成有益他人的事业,不管他用的是体力,是脑力,都是劳工。"他的结论是:"要认识劳工的价值,劳工神圣!"

这些都表明,新文化运动的发展预示着分化的加速。一些对西方资本主义制度产生怀疑的人日益倾向于探寻新路。1919年"五四运动"的爆发使得新文化运动中一部分人在新路上走得更远,变得更加激进。

二、"五四运动"的由来及其伟大意义

1919年1月21日,中国以战胜国身份派代表团参加在法国巴黎举行的凡尔赛会议。1月27日,会议讨论山东问题,日本拒绝交还在第一次世界大战期间所夺取的德国在山东的权利,并认为日本应当继承德国的权利。英、美、法等国竟不顾中国代表团的要求,把德国在山东的一切权利给予日本。消息于1919年5月2日传回北京,举国上下,无不震惊、愤怒。5月3日,北京大学学生紧急集会,并在同其他高校学生商议后决定于

5月4日举行大游行。

果然,5月4日一早,北京大学和其他13所高校的学生一共三千多人,在天安门前集合,然后举行示威游行,主张拒绝在和约上签字。下午约四时,游行队伍到达赵家楼曹汝霖住宅(曹汝霖时任交通总长,被学生认定是亲日派),痛打了刚从日本回国的驻日公使章宗祥,还火烧曹汝霖住宅。军警赶到现场,拘捕学生32名。5月5日,为抗议政府抓捕学生,北京各高校学生实行总罢课。

5月6日,天津、济南、上海、武汉、长沙、广州等地的民众、学生纷纷游行。在群众的压力下,5月7日,被捕的北京学生被释放。为响应北京学生的爱国行动,上海、天津、武汉、长沙等地的学生纷纷成立了学生联络会。但北洋政府仍继续逮捕上街演说的学生,消息传到全国各城市。1919年6月4日,从上海开始,全国20个省共100多个城市都举行罢课、罢工、商店停业(罢市)等活动,不仅要求释放被捕学生,还要求罢免交通总长曹汝霖、驻日公使章宗祥、印制局总裁陆宗舆三名亲日派官员的职务。

迫于群众的压力,除了陆续释放各地被捕学生而外,大总统徐世昌不得已免去曹汝霖、章宗祥、陆宗舆三人的职务。

至此,新文化运动的发展已不再局限于文化问题、伦理问题和传统风俗习惯的转变问题。政治问题、社会走向问题已经上升到群众关注的首位。中国各地的有觉悟青年,也包括一些中年人,已经从"五四运动"中懂得一个道理:只有组织起来,学习科学社会主义理论,从速建立共产主义小组,并进而成立中国共产党,中国才有希望,才有出路。

总之,新文化运动后期的关注点的转移,特别是"五四运动"的影响,为1921年7月中国共产党的建立准备了条件,中国社会从此发生了翻天覆地的变化。

三、西学东渐

西学东渐是新文化运动开展以后带来的必然后果。要知道,早在19世纪晚期清朝政府就已经派出赴西方国家学习的留学生,19世纪末到20世纪初又派遣了大批留学生赴日本学习,此外,自费留学欧美、日本的学生在20世纪初也越来越多,所以西学东渐远不是1915年新文化运动开始才出现的现象。

西学东渐实际上是指如何把西方国家的科学知识、科学方法和科学精神带到中国来,使它们能在中国国土上发生影响,为中国的科学进步发挥作用。科学大体上可以分为两大类:一类是自然科学,包括数学、物理学、天文学、化学、生物学、地质学、地理学、医学、药学、工程学等领域的知识、方法和应用,也包括军事技术、军事装备的制造和研发等。另一类是人文社会科学,包括哲学、文学、语言学、历史学、考古学、图书馆学、博物馆学、古籍整理学、古文字学、伦理学、法律学、政治学、行政管理学、经济学、工商管理学、社会学、人类学、民族学、教育学、文化学、体育学,此外还包括军事理论、军事管理学等。还有一些介于自然科学和人文社会科学之间的,或兼有自然科学和人文社会科学特色的学科,如心理学、环境学、规划学、信息管理学、医学伦理学等。也有些学者把哲学另立一类,认为哲学既是人文社会科学,又是自然科学。不管怎样,西学东渐是一项巨大的工程,它把如此广阔的领域内各门学科的科学知识、科学方法和科学精神引进中国,这有赖于群体的努力、长期的努力。

虽然19世纪晚期到20世纪初这段时间内清政府已经派出多批留学生到外国去学习,还聘请外国专家前来中国讲学或担任某一部门或单位的顾问,这也可以称作西学东渐的一部分,但与1915年开始的新文化运动中的西学东渐相比,二者有以下五个重大的区别:

第一,19世纪晚期到20世纪初派出的留学生,主要是清政府或地方督抚所派遣的,以学习技术、军事为主,并没有把西方国家的政治、经济、法律作为学术引进的意图,如果有,那也只是一部分留学生的个人行为。而1915年新文化运动开展以后,无论是北洋政府还是各省所派遣的留学生,多多少少受到了新文化运动的影响,开始关心人文社会科学知识、科学方法和科学精神的引进。这是前所未有的。

第二,在1915年以后,留学回国的学生中有愿意从事教育的,一般都能如愿以偿,因为从北京、上海到各省,大家都有发展教育、培养人才、开发民智的愿望。无论是北京或上海,还是各省省会城市,都新设立了一些高等学校、师范学校或高中,所以回国任教的留学生有了用武之地,他们把课堂当作了西学东渐的讲坛。这种情况在19世纪晚期到20世纪初,是不多见的。

第三,19世纪晚期到20世纪初,虽然派遣到国外留学的学生在学成归国后,有些人在技术方面做出了贡献,有的在政府中担任一定的职务,受到重用,但他们一般都埋头于日常工作中,而没有在改革体制方面有较大的建树或影响。而1915年新文化运动开始后,国外留学归国的学生中相继涌现了一批领导群众的思想家、政治家。他们成为新文化运动的领导人,如陈独秀、李大钊、胡适等人。他们有自己的独立见解,目睹时弊,大力呼吁改革,从而在他们的带领下,在全国范围内掀起了对新路的探讨。这种情况是19世纪晚期到20世纪初的清政府时期所没有的。换句话说,19世纪晚期到20世纪初,尽管西方的学说已输入了中国,但清政府对西方学说的戒心一直很大,西方学说被认为是异端邪说,政府控制甚严,当时中国的政界和思想界都不可能掀起巨浪,社会沉闷的局面并未被打破。而1915年新文化运动开始时已经是民国四年了,清政府的统治也已经结束四年了,在北京、上海等地,言论控制比清政府统治时多少松了一些,于是在陈独秀、李大钊、胡适等名人的倡导下,中国的新闻出版界敢于发表大胆评论时政的激进倾向的文章。这种情形的出现告诉人们,西学东渐已经是挡不住的潮流,中国社会再也不可能保持那种沉闷的格局。一场大的社会震荡即将掀起,今后中国社会何去何从也会引起争论。这就是新文化运动带来的珍贵的成果。

第四,从19世纪晚期到20世纪初,尽管清政府和各省都派出了去国外留学的学生,他们回国后在技术部门、工程部门和管理部门担任了一些职务,他们也把学到的先进知识带回中国,但他们既没有形成一个或若干个学术中心,也缺乏一个作为启蒙群众、发动群众的交流中心。简单地说,他们只是孤军奋战,竭尽自己的力量,并到此为止。从宏观经济的角度看,中国在那些年内学成回国的留学生,像一盘散沙地分散于各省市或各单位,形成不了一支能够带动中国的工业化或体制改革的力量。新文化运动开始以后,情况就不一样了。《新青年》编辑部成了动员群众、发动群众的中心。新文化运动的领导人成了深化新文化运动、策划下一阶段新文化运动的行动的组织者。除了《新青年》编辑部以外,还有北京大学这样一个中心。自从蔡元培担任北京大学校长后,北京大学既成了新文化运动的真正意义上的学术中心,又成为新文化运动后期的指挥所。《庶民的胜利》这篇文章是北京大学教授李大钊在天安门前举行的公开演讲会上的讲稿。为庆祝俄国十月革命胜利而发表在《新青年》1919年1月号的《布尔什维主义的胜利》一文,作者同样是北京大学教授李大钊。1919年5月4日以北京大学学生为首的北京各高校学生大游行震撼了中外,在被誉为"中国人觉悟了!"的游行过程中,一些学生被捕,又是北京大学的学生带头以总罢课进行抗议,蔡元培校长出面同北京警察部门交涉,要求立刻释放学生。在19世纪晚期和20世纪初,根本不可能出现这种情况。

第五,新文化运动的发展,特别是1919年"五四运动"爆发以来,知识界、思想界、文化界、教育界的阵线越来越清楚了。他们之中大体上分为三种倾向:一部分人正在积极探索如何建立中国共产党,走马克思主义指引的道路。他们认为中国社会必须经过工农革命,建立新社会,才能振兴中华,才能实现富强、自由、平等、公正。当时正在酝酿留法勤工俭学的方案,一批又一批有志之士,希望通过勤工俭学能到西欧国家去接受马克思主义学说。此外,也有少数有志者通过西伯利亚到达莫斯科去领悟俄国十月革命的成果,提高自己的水准。无论是通过勤工俭学去西欧国家的,还是通过西伯利亚直接到达莫斯科的,其中不少人后来成为中国共产党的忠实追随者。

另一部分人选择了南下广东,因为孙中山和孙中山的支持者,历经挫折,终于在广州站稳了脚,国民革命的宣传得到了不少人的拥护。与死气沉沉的北洋政府相比,广州代表着一条新路、一种希望。参加过新文化运动的或参加过"五四运动"的人,拥护孙中山领导的国民革命的,有些就南下了,其中有的加入了新成立不久的中国共产党。

还有一部分新文化运动的参与者,始终关心文化和学术的探讨。他们投身于文化界、学术界、新闻界,成为继续从事新文化推广的使命的学者。

真正想在北洋政府及其机构中工作的人是极少数。①

四、社会变革的继续探索

1915 年开始的新文化运动以及由此掀起的西学东渐的热潮,并未因"五四运动"的结束而停步。引进国外的自然科学和人文社会科学的两个条件已经具备,这两个条件:

一是除北京和上海外,大多数省会城市从这时起陆续新建了一些大学和专科学校,建校经费和日常经费或者来自中央政府、各个地方政府,或者来自教会或其他公益机构,或者来自商界和社会的赞助。从而一些重要的省会城市竞相吸纳人才,振兴学术,振兴地方经济,其中包括研究、引进和讲授西方国家和日本的学者们的学说。

二是包括北京和上海以及一些省会城市在内,新建了一些出版社和杂志社,或者成立了一些学习、研究的团体。新书出版了,新杂志问世了,新知识和新学说的传播也加快了。在这些出

---

① 参看厉以宁:《新文化运动与西学东渐》,载《光明日报》,2016 年 5 月 4 日。

版社、杂志社和学习研究团体的周围,聚集了一批有志于宣传新思想、新文化、新学说的知识界人士,他们默默地从事"向国外学习"、"认真研究新思想新学说"和推广各自学习心得的工作。

正因为有了新文化运动所奠定的基础,又有了全国各地新增加的一大批投身于新文化事业的有志者,所以新文化的队伍壮大了。

不妨从1918年年末谈起。例如,1918年12月22日,陈独秀、李大钊在北京创办了《每周评论》。陈独秀在发刊词中写道:"我们发行这《每周评论》的宗旨,也就是'主张公理,反对强权'八个字,只希望以后强权不战胜公理","强权不战胜公理,便是人类万岁!本报万岁!"《每周评论》主要宣传反封建、反军阀统治、反帝国主义的思想,介绍十月革命,介绍社会主义学说。杂志主要撰稿人除陈独秀、李大钊以外,还有张申府、胡适、周作人、王光祈等人。

又如,1918年10月,即在《每周评论》创刊前两个月,由江苏省教育行、北京大学、南京高等师范、暨南学校、中华职业教育社联合组建了中华新教育共进社,后者发行的《新教育》月刊于1919年在上海创刊,由蒋梦龄任主编。《新教育》提倡平民教育,提倡白话文,主张建立以地方自治为基础的民主共和国。

再如,1919年3月23日,北京大学平民教育讲演团在北京大学宣布成立,邓中夏、廖书仓为总务干事。平民教育讲演团在北京城内设四个固定讲演场所,演讲内容包括反日爱国、民主政治、破除迷信、反对封建家族制度、提倡科学和文化等。

接着,1919年7月1日,即"五四运动"爆发后不到两个月,王光祈、李大钊等在北京成立少年中国学会。该会的宗旨是:

"本科学的精神,为社会的活动,以创造'少年中国'。"该会有成员42人,王光祈担任会长。此后,支持该会的人士需要经过该会会员五人介绍,才能加入。

在北京以外,天津的进步青年由周恩来、郭隆真、邓颖超等人发起,由天津学生联合会、女界爱国同志会于1919年9月16日组成了"觉悟会",并开始不定期出版刊物《觉悟》杂志,宣传反帝反封建思想。

1920年,恽代英、林育南等人成立了武汉利群书社,社址定在武昌横街头18号。书社经销马克思主义著作和激进书报杂志,影响了不少青年。武汉的新潮小团体的成员大多数加入书社,书社很快成为武汉激进团体的联合组织。

在这里,更应当提到1918年4月18日在湖南长沙组成的新民学会。早在1915年秋季,即新文化运动刚开始之初,毛泽东写了一则征友启事,寄给长沙各校。不久,在他周围聚集了20多位志同道合者。1917年冬,他们决定成立"新民学会"。1918年4月18日在湖南长沙岳麓山下蔡和森家中,召开"新民学会"成立大会。基本成员共21人,包括发起人毛泽东、蔡和森以及何叔衡、张昆弟、罗章龙等。会议通过了"新民学会"会章,执笔人是毛泽东。会章规定,学会以革新学术、砥砺品行、改良人心风俗为宗旨。1920年7月6日,"新民学会"旅法会员在法国蒙达尼召开会议,参加者有蔡和森、向警予、蔡畅、李维汉等20多人。会议确定了"新民学会"的方向为"改造中国与世界"。蔡和森主张建立共产党,走十月革命的道路。同年8月13日,蔡和森从法国给毛泽东写了一封长信,主张组建中国共产党,争取国际无产阶级援助。12月1日,毛泽东复信给蔡和森,对其主张极表赞同。

这时,1920年10月,李大钊、张申府、张国焘等人在北京成立了北京共产主义小组。在这之前几个月成立的北京大学马克思学说研究会成为北京共产主义小组领导下的一个群众组织。1920年11月17日,《北京大学日刊》刊出北京大学马克思学说研究会的启事,公开了该学会活动的消息和发起人名单,发起人中有李大钊、高崇焕、王有德、邓中夏、罗章龙、吴汝民等20人。

至此,对1915年开始的新文化运动的评价已经很清楚了。尽管在《青年杂志》创刊之际,包括一年后《青年杂志》更名为《新青年》之际,还只是对当时中国的封建道德观、封建文学的评价标准以及封建秩序等有所批判,但新文化运动究竟走向何处,新文化运动主要想达到什么目的,在新文化运动的领导者和参与者看来仍然是含糊不清的。"要建立新社会",这句话可以有各种各样的解释。只有到了新文化运动后期,无论是主要领导人(陈独秀和李大钊等),还是积极参加新文化运动的大学生们,才有了清晰的方向,这就是走俄国十月革命之路,信奉马克思主义学说,把反对帝国主义和反对封建主义二者紧密地结合在一起,这就是新文化运动的目标。新文化运动的最大成果就是建立了中国共产党,从此把中国的变革引上了正确的、符合中国国情的道路。

五、新文化运动和中国共产党的建立

正当中国国内酝酿着建立中国共产党并指望能得到国际共产主义组织援助的时刻,1920年4月共产国际代表团抵达北京,代表团由俄共党员维金斯基率领。

维金斯基一行抵达北京后,着重同李大钊等人讨论在中国建立共产党的问题。为什么陈独秀未出席讨论?因为在这以前,陈独秀为逃避北洋政府追捕,已于1920年2月在李大钊护送下,扮作商人,乘坐骡车至李大钊家乡河北乐亭暂避,然后转赴天津。陈独秀和李大钊二人在途中已经讨论过筹建中国共产党的问题,并约定在北京和上海两地分别筹建。陈独秀随即到了上海,着手在上海筹划建党工作。

维金斯基在与李大钊洽谈后表示:在中国建立共产党的条件已经成熟,中国共产党成立后加入共产国际的条件也已成熟。李大钊同意维金斯基的意见,介绍他到上海与陈独秀见面。此后,维金斯基即逗留上海,帮助陈独秀筹备中国共产党的建党工作。维金斯基还把大量马克思列宁主义书刊传入中国。

1921年7月23日,中国共产党第一次全国代表大会在上海法租界贝勒路树德里三号李汉俊家中秘密召开。到会的正式代表有上海小组的李达、李汉俊,武汉小组的董必武、陈潭秋,长沙小组的毛泽东、何叔衡,济南小组的王尽美、邓恩铭,北京小组的张国焘、刘仁静,广州小组的陈公博,东京小组的周佛海,另有陈独秀的代表包惠僧,以上共13名代表。共产国际代表马林、尼柯尔斯基也出席了大会。张国焘主持会议。

7月30日,李汉俊家受到法租界巡捕的注意。7月31日,大会转移到浙江嘉兴南湖的游船上继续开会并在此闭幕。大会确定中国共产党的奋斗目标是以无产阶级革命推翻资产阶级统治,建立无产阶级政权。大会选出陈独秀、李达、张国焘组成中央领导机构——中央局,陈独秀任中央局书记,李达、张国焘分别负责宣传工作和组织工作。

中共第一次全国代表大会的召开和闭幕宣告了中国共产党的成立,从此开始了中国政治的新阶段。回顾1915年新文化运动的开始,到1921年中国共产党的成立,共经历了六年时间。新文化运动起了文化启蒙的重要作用。中国人民觉悟了,领导中国革命的中国共产党成立了。没有新文化运动,没有"五四运动",没有文化启蒙,中国的革命形势不可能有这样迅速的进展。

第三节 文化启蒙有待继续,文化创新有待深入

一、新文化运动只是暂时告一段落,它仍继续进行

在中国共产党建党过程中,参与新文化运动的有志之士,都在新文化运动中受到教育,他们都在认真考虑中国向何处去的问题,包括选择何种信仰的问题。当时,从国外传入的有关人文社会科学的各种政治学说中,有西方国家流行的民主制度的学说,有日本"明治维新"的实践经验,有无政府主义学说、基尔特社会主义学说、村社社会主义学说,还有马克思主义学说,等等。中国的进步青年在这些学说中最终选择了马克思主义,认为这才是科学的社会主义学说。当时对人们最有吸引力的,不是国外传来的其他著作,而是马克思、恩格斯合著的《共产党宣言》。俄国十月革命胜利的消息传到中国后,进步青年对于社会变革的途径尽管认识不一样,但"走十月革命之路"却成为他们向往的道路。这同样是选择的结果。

中国共产党建立后,不少人认为要信奉马克思主义,要走俄

国十月革命之路,仅仅在报刊上写文章鼓吹反帝反封建已远远不够了。要有行动,要深入到工厂和农村去,要联络更多的有志之士,开创新的事业。从这个角度分析,新文化运动开始时人们讨论的"文化的启蒙作用"与中国共产党成立之后人们讨论的"文化的启蒙作用"有两大区别:

一个区别是:新文化运动开始时,人们的着重点是在对中国社会上的封建伦理、封建文学和文风、封建家族统治等进行批判,认为不扫清这些障碍,让民众觉醒过来,中国的社会依然是死气沉沉的。而到了新文化运动后期,新文化运动的参与者们除了继续从封建伦理、封建文学和文风、封建家族统治等方面进行批判而外,更多的是讨论中国社会变革的道路选择,是选择西方国家的民主模式呢,还是以俄国十月革命为学习榜样,走上工农革命之路。

另一个区别是:在新文化运动开始时,参与者们,包括大学生们,除了关心平民教育并在实际生活中深入了解平民教育情况而外,较少涉及其他领域。然而,到了新文化运动后期,尤其是中国共产党建立以后,新文化运动的参与者以及接受了反帝反封建的革命思想并决心为改变中国社会面貌而奋斗的志同道合者们,深入实践的领域不仅是平民教育,而且包括工厂、农村和街道,甚至有些人奔向广东,认为一场大革命即将在中国掀起,国民党在方针路线上已发生变化,国共第一次合作的大门已经打开,革命者有用武之地了。黄埔军校成立后,一些有志之士考入黄埔军校,以自己的实际行动来促进北伐。有些省市在这个时期开始成立农会,农村中的形势也开始发生变化。这些都是新文化运动初期所预料不到的。

这充分说明了下述事实,即新文化运动虽然不像过去那样热烈,那样争议不停,但那只是暂时告一段落,大革命的形势却正在形成。新文化运动实质上一直在进行之中。这就是中国共产党成立后最初几年的总的形势。

二、文化启蒙远未完成

对继续进行中的新文化运动来说,尽管人们已经不像前些年那样把它放在嘴边来说,但新文化运动的目标——反帝反封建和建设一个新中国——远远没有完成。为什么会这样?应从客观形势和主观力量两个不同的角度进行分析。

从客观形势上分析,不能不得出如下的结论,即中国的封建势力依然是根深蒂固的,帝国主义在中国的控制依然是强大的,而中国的先进分子则势单力薄,难以迅速把帝国主义势力赶走,难以使封建势力被肃清。这一事实不容回避。如果说北伐军在北伐过程中能够取得胜利,在很大程度上是依靠国民政府当初采取了团结革命势力和发动工农群众的政策,但1927年4月,国民党背叛了革命,大肆屠杀中国共产党的党员和坚持北伐的人士,形势大变,国民革命中途变质。在敌强我弱的形势下,北伐停顿了,国民革命失败了。

从这以后,革命者转入地下。八一南昌起义也被击溃。最后只靠湘赣边区的起义和湖北大别山一带的起义,再加上其他地方的一些起义,才保存了革命力量。于是国内的军阀割据同过去一样,帝国主义的势力同过去一样控制了中国。

从主观力量方面进行分析,所得出的结论与此相似。这就是:中国共产党当时还只是一个刚建立的政党,领导权掌握在一些并不了解中国国情的书生的手中。他们不知道应该怎样才能动员群众,发动群众,怎样才能建立工农革命根据地,怎样才能建立革命武装。当然,在政治方面,作为中国共产党的领导人对于国民革命的领导权问题也是既没有经验,又不汲取教训,以至于在"四·一二"对中国共产党发动大屠杀时中共党员缺乏警惕,缺乏应对之策。中共是在极其困难的形势下,通过革命根据地的创立,通过红军的血战才成长壮大的。这样,中国共产党才坚持下来。

上述这些情况清楚地告诉后人,文化启蒙的任务远没有完成。如何建设革命根据地,如何造就一支由中国共产党指挥的人民军队,以及如何培养一批为党的事业献出自己毕生精力的干部队伍,特别是如何让广大群众认清是非正误,都是需要完成的文化启蒙任务。这一任务是在土地革命、抗日战争和解放战争中逐渐完成的。

即使在1949年10月1日中华人民共和国诞生了,中国人民从此站起来了,但中国社会如何建设,中国如何从农业社会逐渐转变为工业社会、现代化社会,这又是艰巨的任务,文化启蒙工作依旧需要认真地学习和开展。任务的艰巨不小于革命时期。

这就是我们对文化启蒙的意义的认识。

三、文化创新潮流是不可阻挡的

正如前文已经提到的,文化启蒙和文化创新实际上不可分割。文化启蒙着重唤醒民众、启迪民众,让他们知道什么是正确的,什么是错误的,什么应当保留、坚持、发扬,什么应当抛弃、改换、废除。与文化启蒙紧密相连的就是文化创新。

然而,文化启蒙固然不易,文化创新可能更难。这是因为,文化启蒙的目标在于唤醒民众去摒弃旧文化、旧习惯、旧秩序直至旧制度,而文化创新的目标则在于创立新文化、新习惯、新秩序直至新制度。不仅如此,通过文化创新所要创立的新文化、新习惯、新秩序直至新制度,是否真正符合新潮流,是否有助于团结大多数民众,是否符合国情,是否有利于发展经济,是否能增加人均收入而又缩小贫富差距等,都是有待于时间检验的。也就是说,新文化作为旧文化的替代物,并不是政府制定的,也不是政府硬性推广的,没有群众的认可,许多所谓新的文化只不过是瞬间即逝的形式而已。这正是文化创新的困难之处。

以新制度来替代旧制度,既可以被看成是一种制度的更换,也可以被看成是一种文化的替代。但制度的更换要比文化的替代的阻力小得多。文化的替代,即便有充足的理由可以这么做,但由于传统习惯和风俗已经流行很多年了,要改为新文化并非易事。不妨举两个例子。

一个例子是:1958年,北京大学一批教职员下放到京西门头沟区(当时称作京西矿区)斋堂乡等几个乡进行劳动锻炼。我是经济系的教员,下放在斋堂乡西斋堂村。同时下放到西斋堂村的还有法律系、生物系和体育部的教员。我们在村里发现三十多岁的妇女仍然缠足。一算,这些妇女都是20世纪20年代出生的。20世纪20年代,那已经是民国十年以后了,怎么妇女还缠足呢?旧习惯未改,才会造成这种情况。后来听村里的老人说,"七七事变"后不到一年,即1938年,八路军就来到斋堂了,在这里建立了平西根据地。在八路军工作队的教育下,农村妇女才停止缠足。可见,妇女缠足作为一种旧风俗习惯,绝不是一推翻清朝政府就在民间被废除的。

另一个例子是:1964年10月,北京大学师生一千多人,到湖北省荆州地区江陵县参加"四清"工作,也就是"社会主义教育运动"。我也参加了,住在江陵县滩桥人民公社太山大队的贫下中农家中,既作为"四清"工作队队员,又参加农田劳动。渐渐地我们发现这里的农村有一个风俗习惯,就是入赘制,也就是俗称"招女婿"。据说这个风俗已经好几百年了,一直未改变。在"招女婿"制度下,女性为主。妇女成年后,是家长,从外村招一个男子来,称作"上门女婿"。婚后,男方改为女方的姓,生下的孩子都随母姓。如果这家人中,除了当家的女儿之外还有兄弟,那么兄弟成年后,就会有媒人来提亲,谈妥后就"嫁"到外村去做某一家的"上门女婿",并改用女方的姓。清朝统治时期是这样,民国时期是这样,日本人占领期间也是这样。从1949年新中国成立到1964年(即我们到这里参加"四清"工作时)已经十五年了,仍是这样。旧的风俗习惯一直未变。我们稍后同村干部熟悉了,就问他们:"为什么这里实行入赘制呢?"他们说:"好多年了,我们的祖辈都这样过日子,我们也就习惯了。"再往后,遇到了县里公安局的干部,他们告诉我们原来是这么一回事:这一大片地方,原来是沼泽地带,这些村民的祖先好多年前就来到这里了,他们把这些沼泽地变成了稻田,一年种两季水稻,冬季种蚕豆,蚕豆长大了主要作为绿肥,开春后就把蚕豆翻到地下充当绿肥。这等于一年种三季,把人累得要死,但没办法,那时哪有化肥出售呢?即使有化肥卖,农民太穷,买不起。加之,这里是血吸虫区,下水稻田的都是男子,患上血吸虫病,早早死亡。因此,这片土地上男少女多。到外地去招女婿,为村里增添了能下田干活的劳动力。长女当家,外村来的"上门女婿"不问家务,只管种地。自己家里生的男孩,即家长(姐姐)的兄弟,长大了就送出去当别人家的"上门发婿",姓也改成女方的姓了。

由此可见,这一带的"入赘制"是当初为了适应地多男劳动力不足而实行的制度,所以不易改动。又隔了三十多年,2002年,我那时是全国人大常委、全国人大财经委员会副主任委员,因公到湖北调研,到了荆州市当年我随北京大学下乡参加"四清运动"的农村,农民生活比从前改善多了。我问村干部(都是年轻人),入赘(招女婿上门)的习惯还存在吗?村干部说"还有,但少多了"。旁边一位村干部笑着说:"男的年轻人都到深圳、武汉、江浙去打工了,谁愿意去做上门女婿,整天干农活啊!连年轻的未婚女孩子也出去打工了,在村里的全是结过婚的,有小孩的妇女。"看来,旧的风俗习惯是会慢慢变化的,但这不是靠行政命令而能改变的。

不管怎样,文化创新的确比文化启蒙难得多。从长期来看,文化创新潮流不可阻碍,也难以阻挡。新文化总是在社会制度发生重大变革的过程中脱颖而出的。社会上总有一些先知先觉者、一些后知后觉者,另有一些抵制社会制度变革的保守分子。这不一定同本人的经济利益直接有关。持有不同态度来看待文化创新的人,可能认为文化创新虽然并未损害自己的经济利益,但却会使社会发生剧烈动荡,使国民经济遭到损失。在这种情况下,抵制文化创新的人会据理力争,即使被人们指斥,仍不改变。问题就出在"信念"二字。人总是有信念的,某些人出于某种信念的支持,反对某种文化创新,还认为自己是爱国爱民的。结果,他们根本不知道自己成为社会进步的绊脚石了,自己成了保守阵营中的一员。然而,这些都是新文化代替旧文化过程中常见的事情。文化创新的浪潮不会因一部分人的阻挠而消失。历史正是这样写成的。

四、21世纪中国的新文化靠人民群众继续创新

当前我们所遇到的文化创新,至少有以下三个特征:

一是中国自1949年革命成功,建立中华人民共和国之后,从20世纪50年代起建立了社会主义计划经济体制,随之而建立的新文化是同计划经济体制相适应、相配套的新文化。到了中共十一届三中全会闭幕后,中国进入了改革开放时期,改革就是从计划经济体制逐步转变为社会主义市场经济体制。在这一体制转换的过程中,文化创新是不可避免的,因为体制既然改变了,评价的标准也就不可避免地随之变换:以前被肯定的,将被否定;以前被否定的,将被肯定。当然,在体制转换的过程中,也有些过去被否定的,现在依旧被否定,过去被肯定的,现在依旧被肯定。这一切要由人们自行评判,自行做出决定。

比如,正如前面已经提到的,农村实现了家庭承包制。早在20世纪60年代初,就有人主张采用家庭承包制,在当时这是遭到严厉批判的,主张采取家庭承包制的基层干部都被扣上"复辟资本主义"的帽子,甚至被判刑。然而到了20世纪80年代初,农村家庭承包制在经过试点后被中央肯定了,于是推广到全国。农村实行家庭承包制的效果是显著的:农业增产,农民增收,市场上食品供应充足,不久,实行多年的粮票、油票、肉票、布票等

都取消了。人们从此对农村家庭承包制的评价也就改变了，用新的标准来评价农村家庭承包制，不正是体制创新和文化创新的例证么？对这一体制的变革和人们对农村家庭承包制的评价的转变，充分证明了"实践是检验真理的唯一标准"的正确性。人们对农村家庭承包制的正确评价，反映了人们观念的更新。

对改革开放以后计划经济体制向社会主义市场经济体制过渡中的不少改革措施，都应当根据"实践是检验真理的唯一标准"的尺度来考量，并给予重新评价。这里包括对乡镇企业的兴起、经济特区的建立、国有企业的股份制改革、民营企业的经营、资本市场作用的发挥、中国加入WTO等的评价标准，需要重新商议。总之，对中国来说，计划经济体制转向社会主义市场经济体制既然已被实践证明是正确的改革措施，对它们的评价和肯定就应该是文化创新的新内容。如果经济体制转换了，而评价标准依然沿用计划经济体制时流行的那一套评价标准，那就会引起人们思想的混乱，对实际经济发展工作只有损害而无好处。

二是关于收入分配的伦理问题，也就是什么样的分配差距可以被认为是适度的、公正的，什么样的分配差距则被认为是不公平、不公正的。这本来是不成问题的，因为在计划经济体制下盛行的是"大锅饭"模式：既然人们认为"大锅饭"是公平公正的，所以这就被看作是正常的现象。[①]

其实，"大锅饭"并非所有的人都在一口锅里吃饭。《水浒传》里写到，当林冲火并王伦之后，晁盖立下了梁山泊的分配原

---

① 本书第十章第二节将对收入分配问题有较详细的分析。

则：从山下抢劫的财物运回山上，一部分作为山寨的积累，这是公产；另一部分用于分配，又分为两半，山上十多个头领（当时山上只有十多个头领）平分这一半，山上山下众多喽啰们平分另一半。所以这是两口锅的"大锅饭"，而并非山上山下、头领喽啰们都在一口锅里吃饭。

计划经济体制下"吃大锅饭"，也不是一口锅。你属于哪一个档次，在哪口锅里吃饭，你属于这一个档次，在这口锅里吃饭，于是有大灶、中灶、小灶、特灶之分。但在"文化大革命"以前，上述情况，是一般人所不知道的。一般人所知道的只是："我和我接近的人、平时相处的人，都在这口锅里吃饭，我不知道锅外还有锅，我不知道那口锅里吃的是什么东西，我更不敢想象我能到那口锅边上去吃饭。""文化大革命"结束以后，人们开始议论了，说"什么'大锅饭'？'四人帮'住在钓鱼台，吃的能和我们一样吗？"对"大锅饭"信心的动摇，有助于重新认识社会主义社会的分配原则，认识社会主义市场经济体制下的分配原则。

实际上，收入分配的公平是说不清楚的。谁能说平均分配就是公平？一般情况下，平均分配不可能公平，只有特殊条件下平均分配才是公平。特殊情况的一个例子：某个城市连年大旱，淡水供应紧张，每人每天一小桶水，定量分配，不管是穷人富人，都一样，这就是公平。特殊情况的另一个例子：某个乡村遇到洪水了，村户全都上了山，这时用汽艇运馒头前来救济，每人两个馒头，定量分配，也不分谁是穷人，谁是富人，大家一样，这就是公平。上述特殊条件下平均分配淡水和食物之所以是公平，因为这涉及人的生存权问题，在生存权上人人平等。

那么，除了特殊情况而外，在市场经济中的收入分配应当以效率和公平兼顾的模式为宜。市场经济中无疑要讲究效率。如果脱离效率而空谈收入分配合理，那是做不到合理的。有了较大的收入差距怎么办？政府对收入分配的调节就成为协调的手段。一般说来，政府的收入分配所着重的是两点：一是对高收入者征收一定的税，如个人所得税、遗产税等，当然税率要适度，否则将挫伤经营者、投资者的积极性；二是给予低收入家庭一定的生活补贴。

对收入分配的效率和公平兼顾，应当是收入调节的主旨。这必然会成为收入分配的指导思想，也成为市场调节收入分配的依据。这在计划经济体制之下是做不到的。计划经济体制下的对收入分配的评价标准也应随着市场经济体制的逐步建立而做出调整。

三是收入分配差距不仅有经济意义上的，而且也有社会意义上的，这是经济学中容易出现的疏漏，即或者只顾及经济意义上的收入分配差距而忽略社会意义上的收入分配差距，或者只顾及社会意义上的收入分配差距而忽略经济意义上的收入分配差距。

在这里，首先要弄清楚的是有关经济意义上的收入分配差距的合理性与有关社会意义上的收入分配差距的合理性的区别何在。

从经济意义上说，假定所有的生产要素供给者都是在同一条起跑线上参与市场经济活动的，竞争的结果使他们有一定的差距，这种收入分配的差距是机会均等条件下效率或效益原则起作用的产物。换言之，经济意义上的收入分配差距合理性存在的条件有二。一是生产要素供给者的机会均等，他们同在一条起跑线上,机会均等,即他们参与市场经济活动的出发点是相同的。二是生产要素供给者都是按效率或效益取得各自收入的。如果遵守这两个条件,那就不能认为生产要素供给者之间的收入分配差距是不合理的。而只要违背了其中一个条件(机会不平等,或不是按效率或效益取得收入),那就表明经济意义上的收入分配具有不合理性。经济意义上的收入分配差距的不合理程度,取决于生产要素供给者背离上述第一个条件或第二个条件的程度,或同时背离上述两个条件的程度。

从社会意义上说,参与市场经济活动的生产要素供给者之间的收入差距是否合理,需要靠另一些标准来判断。当然,衡量经济意义上的生产要素供给者收入分配差距合理与否的上述两个条件(一是生产要素供给者是否机会均等,站在同一条起跑线上;二是生产要素供给者都是按效率或效益取得各自收入的),也适合考核社会意义上的生产要素供给者收入差距是否合理。所以上述这两个条件仍然有效。但从社会意义上衡量生产要素供给者收入差距合理与否,单靠上述两个条件是不够的,必须设法找到另外的条件。

社会意义上的收入分配的不合理有可能表现为收入分配差距的存在使社会上产生了不安定,而社会的不安定又会导致经济发展受阻,导致效率或效益增长缓慢、停滞或下降,导致人均收入水平降低或难以提高。那么怎样来判断社会是否安定或不安定,以及社会不安定严重到何种程度呢?我们不妨以社会成员对自己的收入的满意度和社会成员对于自己与他人相比较的收入满意度作为两个指标,其中一个指标为个人绝对收入满意度,另一个指标为个人相对收入满意度。[①]

---

① 参看本书第十章第二节"共享是一种文化"。

个人绝对收入满意度与个人相对收入满意度是有区别的。个人绝对收入满意度是个人相对收入满意度的基础。可以把个人相对收入满意度对社会不安定的影响的轻重程度按下列顺序排列，共得出 A、B、C、D 四种情况：

A. 个人绝对收入满意度较好，个人相对收入满意度较好……对社会不安定的影响最小；

B. 个人绝对收入满意度较好，个人相对收入满意度较差……对社会不安定的影响较小；

C. 个人绝对收入满意度较差，个人相对收入满意度较好……对社会不安定的影响较大；

D. 个人绝对收入满意度较差，个人相对收入满意度较差……对社会不安定的影响最大。

至于社会成员的个人绝对收入满意度和个人相对收入满意度，都可以用社会平均绝对收入满意度和社会平均相对收入满意度来表示。因此，以上关于个人收入满意度对于社会不安定的影响的轻重顺序也应以社会平均绝对收入满意度和社会平均相对收入满意度来表示。

在衡量社会收入分配差距时，可以用基尼系数的数值和变动作为替代指标。这就是：基尼系数越小，越接近于收入的均等化；基尼系数越大，收入分配差距越大，距离收入均等化越远。尽管前面已经说明收入平均分配在一般情况下不是收入分配的目标，但基尼系数仍可用于判断社会平均收入满意度的一个参考指标，因为基尼系数越来越大是会引起社会不安定的。

针对当前中国农村的情况而言，一定要注意到土地确权以后中国农村居民的收入的变动情况。在中华人民共和国成立前

(在革命根据地)和成立后曾进行了土地改革,农民分得了土地,并很快又转入高级合作化和建立人民公社的道路。农民在人民公社制度下,是没有自主权的,当然也就不会有财产权。改革开放后,农村家庭承包制推广了,但农民依然对耕地只有承包经营权而没有财产权,农民的收入不多,所以基尼系数在长时期内一直居高不下。土地确权后,情况发生了显著变化,农民不仅获得了承包土地的经营权,而且也获得了宅基地的使用权和宅基地上的住宅的产权。在土地确权后,土地流转兴起了,农业的规模经营推广了,农民外出打工和经营小微企业的人数越来越多,而且在试验区还能进行农民产权抵押的贷款,以帮助农民创业致富。这些都是前所未有的新现象。所以基尼系数的下降是可以预期的。

上述中国经济出现的新现象,尤其是土地确权以后农村出现的新现象,清楚地告诉我们,新思想、新形势和新改革措施的实行使过去流行的一些旧评价、旧观念都需要更新。既然已经对计划经济体制下的一系列做法进行了改革,怎能继续沿用过去的评价标准呢?这种发展理念的转变,无疑是新时期文化创新的新内容。

五、为什么在文化经济学中必须增添文化启蒙和文化创新的内容?

现代西方经济学大体上可以分为宏观经济学和微观经济学两个部分。宏观经济学和微观经济学都采取数量分析方法,考察经济中有关变量之间的关系。二者的区别在于:宏观经济学以整个国民经济活动作为研究对象,采取总量分析方法,所以宏观经济学又称总量经济学。微观经济学以个别经济单位（厂商、消费者）、个别市场的经济活动作为研究对象，采取个量分析方法，所以又称个量经济学。此外，介于总量分析和个量分析之间的经济学研究，如区域的经济活动和区域的发展，通常称作区域经济学，或研究某一产业部门的经济活动和产业的兴衰，通常称作产业经济学。像区域经济学和产业经济学这样的研究，往往被称作中观经济学或结构经济学。中观经济学同样采取数量分析方法，只是研究的范围介于总量分析和个量分析之间。

除了数量分析方法以及采用数量分析方法的宏观经济学、微观经济学和后来出现的中观经济学而外，还存在着采取非数量分析方法，即以所谓体制问题作为对象的制度经济学。制度经济学的历史很久远，可以说，在现代西方经济学产生之前很久就已经有以制度分析为重点的制度经济学家了。例如，19世纪前期英国经济学家理查德·琼斯往往被认为是最早的制度经济学家，尽管琼斯在经济学界的影响是不大的。稍后，19世纪后期德国的历史学派经济学家在制度经济学研究中有了较大的影响，并越过大西洋，直接影响了美国经济学界。19世纪末，美国出现了经济学的制度学派。尽管美国制度学派往往被看成是德国历史学派的变种，但它的影响却一直在扩大，20世纪初期美国制度学派的三个主要代表人物，即凡勃伦、康芒斯和米契尔。再往后，在美国经济学界又涌现了加尔布雷思、鲍尔丁、海尔布罗纳等以制度和社会变迁为主要研究对象的制度经济学家。凡勃伦的主要代表作《有闲阶级论》是一本从文化的角度来论述资本主义世界的名著，加尔布雷思的《新工业国》与《经济学和公共目标》两本书则从文化的层次分析了资本主义社会制度的无声无息的变化。尽管迄今为止,制度经济学的作者们都还在西方经济学界处于非主流的地位,但他们关于文化在资本主义社会中的作用和文化对资本主义制度的影响的论述依然受到读者的重视。在讨论文化经济学应当研究些什么、应当主张些什么时,新制度学派的学说依然值得关注,尽管这些著作已是几十年前甚至接近一百年前的出版物。

文化经济学,正如前面已经指出的,是研究文化和经济之间的关系的经济学分支。因此,从它研究的问题来看,固然不可避免要涉及经济总量的分析和经济个量的分析,但涉及制度的分析无疑是文化经济学的重要内容。甚至可以认为,以文化经济学为题的著作如果抛开制度分析,只讨论数量分析,那是不符合对文化和经济之间关系的分析的本意的。文化经济学研究如果不讨论制度变迁的由来以及评价标准的更替、旧秩序和旧伦理观念的改变以及新秩序和新伦理观念的建立,那就无法说清楚文化和经济之间关系的演进。也就是说,在文化经济学中一定要认真阐释文化启蒙和文化创新问题,这样才能跟随时代的脚步前进。

正因为考虑到制度更替对文化的深刻影响,所以本书在第一章说明了"文化经济学的一些基本概念"和第二章"文化产业"之后,把第三章定为"文化启蒙和文化创新"是有考虑的,因为在我看来,这样才能使文化经济学步入正轨。而下一章即第四章,我定的题目是"文化调节",再下一章即第五章,题目定为"文化包容",我认为这是循理而成的。

第四章 文化调节

第一节 三种调节出现的顺序

一、经济学的使命：研究资源有效配置

经济学是研究什么的？从古到今,有各种不同的解释。但这些不同的解释逐渐开始集中起来,即有越来越多的经济学家和研究者倾向于认为经济学是研究资源有效配置的。

人们的生活和生产都离不开资源的供给。最简单的例子就是：人要生存,要活下去,就离不开土地,离不开淡水,离不开土地上生产出来的农作物或野生的结果实的树木,离不开生长在广阔草原上的可捕猎的动物,或生长在河流湖泊中的鱼类,或海边水中的鱼类……所以凡是可用来维持人的生命的,都是人们生活和生产所必要的资源。

然而,从一定的意义上说,人类赖以生活和生产的资源都是有限的。这里所说的"有限",并不是指资源的存量,而只是指人们可以取得的、可以利用的那部分资源。远处的、无法开采和利用的资源,目前不可能获得的资源,或者不能供自己享有的资源,都不在考虑之列。于是经济学中所谈到的资源配置,仅限于人们在现有技术条件或体力条件下可以取得和使用的资源。在有了"所有权"、"财产权"或"使用权"之类的概念或规则之后,才能谈到如何配置资源、利用资源,才能进一步研究如何有效地配置资源、合理地利用资源。人们最早的经济学意识——资源有效配置——就是这样产生的。

在人们生产和生活过程中,逐渐有了产品的交换。最早的市场交易就是这样出现的。市场只是一种交易的地点,用于交易的产品拿到市场上,就成为商品,商品是通过交易之后的产品。后来,市场渐渐扩大,参加交易的人增多了,供交易的产品的种类和数量都多了,运入市场的都被看成是商品,即准备交易的产品。于是出现了商人。商人是专门买入商品,再卖出商品的人,也包括买入这个地方的商品,再运到另一个地方出售,从中赚取利润的人。这样,先后出现三个新的概念:一是货币,因为物物交换受到买方和卖方两方面的限制,往往不能成交,有了货币就方便多了,最初的货币可能是贝壳之类的物品。二是市场管理,什么人充当市场管理者,要根据各地的具体情况而定。有些地方可以推举出人们信任的、既有威信又肯负责的人担任,有些地方则由政府(如果已出现政府或类似的权威机构的话)委派。三是政府机构,虽然这是较晚才出现的,但只要有了政府机构,情况就变了。政府管理市场,这只是政府职能的一部分,更重要的是政府管理资源,控制资源的配置,而且政府对资源及其配置的干预是硬性的,政府的决定不容违背,违背者要受到惩罚。此外,政府为了管理,为了防务,为了获得经费,必然要征税。政府甚至可以垄断资源,不容许任何人破坏这种垄断。

由此出现了两种配置资源的制度、两种配置资源的手段。

两种配置资源的制度中,一种是市场配置资源的制度,即听任市场供求关系的变化,由市场来配置资源;另一种是政府配置资源的制度,即由政府的指令配置资源,而不顾市场的参与者的意愿。

两种配置资源的手段中,一种是市场配置资源的手段,即由市场供求关系的变化来配置资源,供大于求或供小于求所造成的缺口在市场波动中自会缓解;另一种是政府配置资源的手段,即由政府的指令或政府制订的计划来贯彻政府的意图。政府的指令和政府制订的计划,就是法律法规,不得违背。

两种不同的配置资源的制度和两种不同的配置资源的手段反映了两种截然不同的指导思想。要知道,社会经济中,有些事情本来是既可以由政府办,也可以由市场办。在政府配置资源的制度下,"政府可以办的统统由政府办",只是由于目前政府的力量还不足,顾不过来,所以有些事情由市场去办(如小商品的生产、零售店等)。言外之意是:政府以后力量强大了,这些事情仍会收归政府去做。在市场配置资源的制度下,指导思想是:"市场可以办的统统由市场去办",政府只做市场做不了或做不好的事情。那么,什么是市场做不了或做不好的事情呢?比如说,国防和社会治安、重大的基础设施的建设、社会效益大而经济效益小的产业、区域收入差距的缩小和个人收入分配的协调,等等。还有,为了社会经济的稳定和发展,宏观经济调控是必要的。宏观经济调控是政府的职责,应当由政府承担。

以上基本上把资源配置问题讲清楚了。下面,让我们进一步说明市场调节和政府调节的不同。

二、市场调节

在原始社会晚期,当部落与部落之间发生互换产品的交易时,市场便出现了。这可以被看成是最早的市场活动。市场调节也可以认为开始于此时。这对部落的经济活动和部落居民的生产生活的影响就是市场对资源配置的影响。

不是每一个部落都能完全自给自足的。比如说,不是每一个部落居住的地区都有铜矿铁矿,从而它们需要有能与产铜产铁的部落进行交换的产品;也不是每一个部落居住的地区都靠近海边或有盐井盐矿,它们需要有能与产盐的部落进行交换的产品。那么,究竟用什么产品同其他部落交换呢?一方面,部落要考虑自己的资源禀赋,如产牛产羊的部落可以增加牛羊的数量,生产木材的部落可以增加原木的产量,以此来换取其他部落的产品。市场交易是根据商品的供求比例而引起的价格波动而自行调节的,这就是市场调节的特征。

市场是不承认垄断的。垄断了,市场交易就受到阻碍。但只要不是国家垄断,市场交易仍会照常进行。国家垄断不可能是全国性的,也不可能使所有各种商品都被国家所垄断,除非是战争期间,或者限于少数特殊商品,如有些国家对盐、铁实行专卖;有些国家实行对外贸易垄断,未经批准或给予特许经营权的不得参与;有些国家在土地交易方面有规定,限制外国人或本国某一阶级的人购买土地;还有的国家对少数民族或异教徒的购置和经营有特殊规定,等等。但除了特殊的年代(如战争期间),市场依然发挥着资源配置的调节作用,因为国家垄断毕竟只是对少数行业、少数商品的生产和销售进行管制。

从技术进步的角度看,一定的垄断和市场调节的并存,甚至是有利于技术进步的。这是因为,完全竞争并不是适合技术进步的体制,完全竞争无法保证技术进步后的持久收益。试想,如果是完全竞争局面,所有的企业和发明家都会处于观望状态,哪里有技术发明了,就去学习、模仿,于是谁都不愿进行技术突破,而宁愿模仿,因为模仿消耗较低的成本,却能获得技术进步的好处。这种市场情况下,怎样可能有大的技术突破呢?发明家的技术成果得不到保护,谁愿意投入大量时间、精力和资源去从事发明呢?

完全垄断也不适合技术进步。享有完全垄断的企业用不着投入大量资源从事试验,因为完全垄断的格局已经保证自己获利了,它们有什么必要再去试验,甚至多次试验,以大量资源来保证赢利呢?这一切似乎都成多余的。完全垄断之下,没有对手的威胁,何不坐享既得利益呢?

因此,只有介于完全竞争和完全垄断二者之间的市场,即"垄断竞争"的市场,才是最适合技术进步的市场。市场有一定的竞争,可以促使技术进步,促成技术不断有新的突破。市场有一定的垄断(指国家对专利权的保护,即专利权可以保持一定的时间,在这段时间内不能未经许可就使用别人的发明和独创成果),就是承认一定期限内的技术垄断。

了解了上面提到的有关市场调节与竞争和垄断之间的关系,就懂得了市场调节的真正含义:既鼓励竞争,又保护技术进步。

在这里,还有必要说说市场调节和政府管理之间的关系。不妨先谈一谈"搅拌机"假设。

比如说,你手头有一小包白糖和一小包芝麻,你找一个小学生来,要他把两小包里的白糖和芝麻变成一包,把它们拌匀。小学生知道,把这两包白糖和芝麻都倒在一个茶杯里,不要装得太满,装到杯子的一半就行了,然后盖上盖子,用手把杯子摇十几下,打开一看,白糖和芝麻果然拌匀了。搅拌机的原理与此相同。一堆水泥、一堆小石子、一堆沙子,都放在搅拌机里,插上电源,打开开关,让搅拌机转动起来,一会儿水泥、小石子和沙子一定拌得十分均匀。

市场调节正是这个道理。市场好比一台大型搅拌机,搅拌工作是由搅拌机从事的。当各种生产要素投入市场后,让它们自行搅拌、混合、重组,最后一定能做到资源的有效组合,效率就会涌现。那么,市场管理者起什么作用呢?搅拌机的管理者在搅拌机运行过程中有三个作用:

1. 制定搅拌机操作和运转的规章制度;

2. 排除故障;

3. 微调:搅拌机运转过快,让它慢一些,搅拌机运转过慢,让它快一些。

市场管理者在市场运行过程中也起着类似的三个作用:

1. 制定市场的规章制度;

2. 排除故障;

3. 微调:市场运行过热,让它冷一些,市场运行过冷,让它热一些。

但无论如何,搅拌机管理者代替不了搅拌机,市场管理者同样代替不了市场。

还有一个问题:搅拌机的动力何在?一台真正的搅拌机通

常有一个外接电源,插上后,一打开开关,搅拌机就运转起来了。但市场有什么外接电源?没有。市场要有活力,需要参与市场活动的企业和个人有活力,他们越有活力,市场也就越有活力。微观经济主体(企业和个人)活力越充沛,市场的运转就越正常,越有前景。

这就是市场调节的特点。

三、政府调节

政府调节,从近期来说应着重于需求管理,从中期来说应着重于供给管理,从长期来说应着重社会协调,包括收入分配差距的缩小、社会生活质量的提升、社会心理的协调等。

因此,对任何一个国家来说,政府调节都是不可忽视的。即使是市场经济最发达的美国和西欧国家,也都把政府调节放在重要位置上。

为什么从近期国民经济管理来看要着重需求的管理?主要可以从投资需求管理、消费需求管理和外汇需求管理三个方面来分析。

(一)需求管理

1. 投资需求管理

近期国民经济管理的任务是通过社会总需求的调节来维持经济的稳定,对投资需求的管理十分重要。为了进行投资需求管理,对发展中国家来说,很容易形成投资需求过大的状况,这通常同经济发展的指导思想有关,即急于求成,片面追求速度。而从经济体制方面看,则与国有企业作为市场主体,往往不承担投资风险有关。这表明,重要的措施应放在国有企业的体制改革上,即需要使企业成为自主经营和承担投资风险的市场主体。

2. 消费需求管理

在大多数发展中国家,消费需求膨胀往往和投资需求膨胀联系在一起。这是因为,如果固定资产投资规模扩大,职工人数增加,职工工资总额会增大,这都是计划经济体制下常见的现象。而对于西方经济较发达国家来说,消费需求的膨胀近年来较多地同社会福利支出上升有关。一种较普遍的现象是公共消费支出的增长带动了消费需求的增长。结果,消费品需求大于消费品的供给,又会引起物价的上升。这表明,对于发展中国家来说,要设法抑制投资需求的过快增长,而对于西方较发达国家来说,则应防止社会福利支出的过快增长,这样才能使消费需求回归到较为正常的状态。

3. 汇率管理

近期国民经济管理中还应当从汇率管理着手。汇率既是一国经济运行正常与否的标志,也是调节进出口和资本流入流出的重要手段。总的说来,汇率管理的目标是调节国际收支,汇率管理的重点应放在国际收支基本平衡这一目标上。汇率调整的难点在于:它不是单靠一国政府的调节措施就能见效的,汇率波动在很大程度上既和投资需求管理、消费需求管理有关,更与国际贸易状况和资本的流入流出有关。国际收支并不以单纯的平衡为目标,而应当从经济全局来考虑,以怎样更有利于经济的稳定和发展来考虑。同样的道理,在某些情况下,汇率上升比较有利,而在另一些情况下,汇率下降比较有利,在这方面不存在固定的模式。

从以上所述可以了解到,政府的调节在近期无疑是以需求管理(投资需求管理、消费需求管理、汇率管理)为重点,但从中期来考察,重点应当放在供给管理方面。

(二)供给管理

为了使经济维持稳定和发展,仅仅从需求方面进行管理是不够的。中期的国民经济管理主要是供给管理。一般说来,供给管理包括四个重要问题:产业结构调整、区域结构调整、技术结构调整、劳动力结构调整。

1. 产业结构调整

各种产业之间存在着互相使用产品作为原材料、燃料或零配件的供求关系。判断产业之间供求关系是否协调的标准,取决于价格水平、产品质量好坏以及一定的技术水平。即使不发生重大的技术创新,产业之间的产品供应的变动也会经常发生,主要表现为产品价格和产品供求数量的变化。或者,由于替代品的出现、能源使用结构的改变、消费者偏好的变化等原因,产品在供货过程中有的会大增,有的会大减。这势必会影响各个产业之间相互供求的变化。一般所说的某个产业产能过剩,或某个产业供给不足,都与此有关。这就涉及产业结构问题:产业之间产品供给数量的变化导致一些产业不调整结构就会被淘汰。

但产业结构调整不是短时间内就能实现的。而且,该减产或停产的企业怎样融到资金,改行生产何种产品,多余劳动力到何处去,这些问题都摆在企业的议事日程中,但要迅速做出决策是不容易的。特别是一些产业是短板,如何补齐这些短板行业,又是需要多方面筹划才能做出决定的。

2. 区域结构调整

地区经济作为国民经济的组成部分,具有综合性质。地区无论大小,都可以从产业结构上进行分析,所以区域结构调整在一定程度上包括了本地区的产业结构调整。但区域结构调整还包括产业结构以外的内容。比如说,有的地区,干旱少雨,城镇化率低下,人口不多,依赖游牧业为生。这样的地区主要的问题是引水蓄水,改良牧业生产条件,增加从事牧业的农民的产量,从而增加农民收入。在这样的地区,主要不是兴办工业的问题。看来,区域结构调整也不是短期内就能见效的,需要通过中期规划,地区结构才能改善。

3. 技术结构调整

技术结构的含义如下:技术结构是指不同层次的技术(如最先进的技术、较先进的技术、中等技术、较落后的技术、原始的技术等)在所有这些技术中所占比重的大小,以及它们之间的比例关系。技术结构调整是指经济中不同层次的技术之间的比例有不合理之处,为此需要加以变更,以便每一个层次的技术能在经济中占据适当的位置,比较适应经济增长的要求。从理论上说,较落后的技术、原始的技术是需要淘汰的,但仍应根据经济状况做出决策。例如在一些经济不发达的地区,当地的小企业还在利用较落后的技术提供当地居民所需要的产品,还维持着一些工人的就业。要淘汰这些小企业必须连同相关问题一起考虑。甚至有的地方的一些农户仍然在使用原始的手工技艺制造反映当地民族风情的头巾、帽子、服饰,供应给旅游者,同样应当容许它们存在,不能简单地以技术简陋为名而予以淘汰。当然,在有的地方因空气污染、水源污染等原因而关闭一批小煤窑、小冶炼厂,那是另一回事,因为这些使用落后技术的小厂如果继续生产,必然导致环境破坏,以及由于效率低下而浪费资源。

4. 劳动力结构调整

从供给方面对国民经济进行调节时,还涉及劳动力结构的调整,这也是中期管理需要解决的问题。西方国家在工业化过程中就遇到过劳动力在技术方面不适应经济结构调整、技术结构调整之类的问题。简要地说,工业化进行过程中对劳动力的技术水平的要求是越来越高的,对技术工人,特别是熟练技工的需求也越来越多,而粗工、没有专门技术的工人的就业门路则会越来越窄。这个问题也不是很快就能解决的。必须及早设置职业技术学校,对技术工人进行培训。

以上从四个方面(产业结构调整、区域结构调整、技术结构调整、劳动力结构调整)说明了这样一点,即需求管理固然不易,而供给管理实际上更加困难,因为供给的调整主要涉及的全都是结构调整(产业结构调整、区域结构调整、技术结构调整以及劳动力结构调整)难题。不进行结构上的调整,供给的长期增长是没有指望的。

(三) 社会协调

社会协调包括的问题很多,通常包括收入分配差距的缩小、社会生活质量的提升、社会心理的协调等。实际上,这些问题要比需求管理甚至供给管理困难得多。比如在目前的西欧、北欧国家,人均GDP之高是居于世界前列的,人均收入分配差距也是较小的,这反映于基尼系数的降低,而社会生活质量的提升则是明显的,然而它们几乎都遇到了新问题、新矛盾,因为社会心理的不协调出现了。经济学家在肯定西欧和北欧国家从20世纪50年代开始在提高社会福利水平和致力于环境洁净方面的努力和成绩以外,也都为西欧和北欧国家的社会问题感到担忧,例如亚洲和非洲移民的涌入、民族矛盾和宗教信仰的不同所产生的社会隔阂、福利支出的过高而造成的财政负担的加重以及工作效率下降和缺乏创新精神所引起的社会不安等。

关于社会协调的不易,目前已经引起国际经济学界的注意,但究竟什么样的政府调节措施能起作用,学术界仍在继续讨论之中。

四、道德力量调节

市场调节通常被说成是第一种调节,它依靠供求关系的变化而对资源配置自发地调节。市场调节也被称作"无形之手",即无声无息地对社会经济发生作用。

政府调节通常被说成是第二种调节,它依靠法律、法规、规章制度以及政府制定的政策而对资源配置直接或间接地调节。政府调节可以以计划方式实现,也可以不以计划方式实现。无论政府调节以何种方式实现,都可以看成是政府的干预,所以政府调节与市场调节最大的区别在于:市场调节是通过"无形之手"在默默地操作,而政府调节则是通过"有形之手"在操作。这里所说的"有形之手",是指法律、法规、规章制度和政策。

除了第一种调节(市场调节)和第二种调节(政府调节)以外,有没有第三种调节?肯定地说,第三种调节是确实存在的。这就是道德力量的调节。

从人类历史上看,市场的出现不过是几千年前的事情,即在原始社会的解体阶段,部落之间发生了物物交换,这一部落及其成员把自己捕捞到的、采摘到的和自己畜养的、种植的农牧渔产品同另一个部落及其成员的所得在双方约定的地点进行交易。这就是最早的市场交易,距今不过几千年而已。政府调节是在国家或类似国家的组织成立之后,有了政府,才有政府对交易行为的干预或参与,那就比部落与部落之间的交易更晚了。

但人类社会是什么时候出现的？远在市场或政府出现之前,少说些,人类社会存在至少也有几万年了。这时,既然没有市场,就表明没有市场调节;又没有政府,也就没有政府调节。那么人类社会在那漫长的岁月中是靠什么力量进行调节的呢？靠的是道德力量的调节。道德力量的调节中包括了习惯的调节、风俗的调节以及若干共同遵守的约定或惯例的调节。而且这是市场和政府都未出现前的唯一的调节。

在市场出现以前和政府出现以前的已经形成的人类社会中,按习惯进行的调节或按当时人们承认的道德力量调节,实际上就是一种文化传统的调节。这种文化传统被当时的人们普遍认同并且共同遵守,人们依靠这种文化传统来调整彼此之间的关系,处理彼此之间的关系。人们的行为在这种文化传统的影响下,逐渐有序,逐渐规范化,约定俗成,流传下来,这就成为共同承认的惯例。

远古时期,一个部落内部的成员是如何进行生产活动、狩猎活动、采摘活动的？各人(按男女和老幼划分)分担什么样的工作任务,这只能以习惯力量或道德力量进行调节。又如,在一个部落内部,在人与人之间、家与家之间,生活资料是怎样分配的,特别是在食物十分短缺的情况下,部落内部如何进行食物分配,这也只可能按照习惯和道德原则来调节。当时,假定人们违背已经形成的文化传统,人们的行为不规范,资源的配置紊乱无序,那只会引起部落内部的不稳定,破坏人们之间逐渐形成的秩序,结果将造成灾难,对谁都没有好处。

英国著名经济学家约翰·希克斯在所著《经济史理论》一书中使用了"习俗经济"一词,他认为这是最早的非市场经济模型。希克斯在书中写道:在习俗经济中,"人们的许多古老的方式不大受外来压力的干扰。他们的经济可以运行,因为每一个成员都在完成指定给他的任务,包括由他在指定的范围内作出决定;几乎从来不必从'中心'作出凌驾一切的决定。"①这种"习俗经济"是能够自我调整,以维持均衡状态的。希克斯写道:"一旦这种系统达到了均衡状态,它就能长期持续,无需改组——无需作出组织方面的新决定。普通的紧急情况,比如作物歉收或'平常的'敌人来犯,都不需要新的决定;可以把应付这些情况的办法并入传统的章程之中。只要这种均衡状态持续下去,说不定连行使最高权力的机构都不需要。"②所以希克斯提到的"习俗经济",就是在市场调节和政府调节出现之前人类社会就已存在的依靠道德力量来进行调节的一种经济方式。

由此可见,第三种调节在人类社会中是确实存在的。在市场调节和政府调节都还没有出现的时候,道德力量调节是唯一的调节。这种情况维持了相当长的时间。

那么,市场调节和政府调节相继产生后,道德力量调节是否依旧存在呢?是否继续发挥作用呢?让我们转入下一节的讨论。

---

① 约翰·希克斯:《经济史理论》,商务印书馆,1987年版,第14、15页。
② 同上。

第二节 关于第三种调节的进一步论述

一、边远地区的实际情况

自古以来,各个地区的发展一直是极不平衡的,有的地方开发得较早,有的地方开发得稍晚一些,但也有一些偏僻的、交通不便的地区,很长时间都闭关自守,外面的人不到这些边远的地方去,当地的人也不出来,外界的情况他们根本无从得知。此外,还有一些海岛,上面有人居住,但有的海岛上的居民同陆地有联系,多多少少受到陆地上村民的影响,有的海岛则可能太偏僻了,那里的居民根本不出来,外面的人也不到这些海岛上去。

正由于边远地区偏僻,其居民不知外面世界有人居住,有各种商品供应,所以他们是无缘了解市场、接触市场的。这些边远地区或封闭的海岛上,没有市场,也就没有市场调节。

有了政府以后,政府干预经济活动,或政府调节,都产生了。但政府的权力只是在属于政府管辖的地区才有效。至于那些边远的地区、那些高山峻岭而又无路无河流可通的地方,还有那些与世隔绝的海岛,政府不在那里设置行政管理机构,不在这些地方征兵征粮征税,因此也就不在那里行使自己的权力了。这就是说,对于这些地方,行政当局一直未把它们视为自己的管辖地带,政府调节力量也就达不到这些地方。

这些边远地区,这些海岛,即使已有居民在那里居住,但市场力量既达不到那些地方,政府力量也管辖不了那些地方,当地居民是靠什么来维持秩序的呢?那就只能依靠希克斯所描述过的"习俗经济",依靠道德力量调节了。

当然,居民之间不可能永远不相往来,市场活动隔了若干年后也许会进入这些原来偏僻的地方,政府的管辖也许若干年之后也会扩大到这些地方,从而这里也会接受政府的干预和政府的调节,但如同其他地方一样,道德力量的调节仍在一定范围内起作用。市场调节、政府调节、道德力量调节这三种作用会共同起作用。

二、社会大动乱时期的实际情形

中国有两句老话,叫作"小乱居城,大乱居乡"。这是古代战乱期间,民间百姓的应对之策的概括。

"小乱居城"指的是:在发生小动乱之时,乡间居民携幼扶老,逃往城市,有亲投亲,有友靠友,实在是无亲无友的,就先进城再说,白天流浪街头,晚间寄住街头,为的是保全全家性命。政府在这种情况下,为了逃难进城的难民也尽可能采取安置的办法,让他们有栖身之地,并且还开仓施粥,不至于让乡间来的难民饿死。城里有些大户富户,这时也往往捐米捐钱,帮助逃进城市的难民度过困难时期。"小乱居城"是因为城市有城墙,城市还有兵士把守,乡间发生小动乱期间村民躲进城里,就可以逃过一劫了。在"小乱居城"期间,市场仍在交易,市场仍然发挥调节作用,只是由于食品供应趋于紧张,所以物价会上涨。但从政府到普通城市居民,在这危难时刻,会设法让逃进城市的农村居民不至于饿死、冻死。道德力量调节这时仍发挥作用。

大乱时的情况就不一样了。社会大动乱是指外族入侵、军阀混战、农民起义而导致的军队镇压,或者农民起义后所造成的藩镇割据等情况。大动乱的年代里,城市往往是兵家必争之地,围城,城市断粮断水,进攻者水淹火烧,有时破城之后还大开杀戒,屠城数日。因此,社会大动乱时期,城市的居民无论贫富贵贱,都往乡下跑,跑到越偏僻的地方就认为越安全。大动乱的年代里,市场是瘫痪的,市场调节不起什么作用;政府则是失灵的,政府发号施令也不起作用,但人们却存活下来了。城市的居民逃到乡下去了,他们在动乱的社会环境中还能相互联系,相互鼓励,相互照应。这靠的是什么力量?是道德力量,使大家共渡难关。社会大动乱结束了,市场交易正常了,政府又重新发号施令,一切恢复正常。城市居民的一部分回到了过去的居住地,另有一些人,愿意留在乡下的就在那里落户。但有更多的新来的城市居民,愿意住在城里。这里一切正常,道德力量调节仍在社会经济文化生活中发挥作用。

三、非交易领域内的调节

社会生活中实际上分为两大领域,一个领域可以称为交易领域,市场活动、市场交易、市场竞争,以及其他与市场有关的事情都属于交易领域。既然是交易领域内的事情,市场调节在这个领域内照常发挥作用,而不依交易数量增减或价格的上下起落而影响市场本身的作用。

另一个领域就是非交易领域。比如说,家庭关系、家族关系、街坊邻居关系、同乡关系、同学关系、师生关系、同事关系等,都属于非交易领域。又如,学术活动、社交活动、宗教活动、公益活动等,也属于非交易领域。

凡是非交易领域中的各种关系和各种活动,由于都与交易无关,所以市场调节是进不去的,市场规则、市场惯例也都不适用。那么,政府调节是否进入非交易领域呢?那也不一定,要根据具体情况而定。

以家庭关系为例。家庭关系就是家庭关系,不以市场规则为准,市场惯例在家庭关系这个非交易领域内也不起作用。政府的管理又能起什么作用?可以简单地说,政府和法律为家庭关系设置了一定的边界,家庭成员共同守住这条边界线,不要突破它。如果这条底线被突破了,法律就要干预,政府就要过问。像虐待老人、毒打配偶、虐待或毒打儿童等事件,有人报案,或受虐待和毒打的家庭成员自己向政府或其下属机构申诉,这样,政府就会过问此事。至于未越过法律底线的家庭纠纷,政府是不过问和不插手的。

再举一例。宗教活动,如果没有触犯法律法规,居民愿意信仰哪一个宗教,政府不予过问。如果信奉某个宗教后,愿意参加什么样的宗教活动,也是居民自己做主,政府不予过问。如果某个宗教的信徒违背了本宗教的戒律,自有宗教按自己的守则来管理,严重的可能遭到处分,但仍是该宗教的内部事务,政府仍然把持法律底线,不予处置。只有在某个宗教信徒利用信教的幌子,从事法律所不容许的活动(如非法聚众滋事、诈骗钱财、凌辱妇女之类的活动)时,政府才插手干预,包括逮捕有违法行为的宗教教徒。

这样,我们就可以对非交易领域内的调节做一扼要的表述。非交易领域内的居民之间的各种关系不按市场规则处理;而如果没有触犯法律法规的底线,则不受政府的干预,政府机构也不介入。在非交易领域内,起调节作用的依然是习惯力量,也就是道德力量。

由此又引出一个新问题,即非交易领域内个人行为的合理性何在。社会是无数个个人组成的。人与人之间有交往,有冲突。各人有各人的目标。具有重要意义的是如何使一个人的目标与另一个人的目标不冲突。假定为了实现一个人的目标而不得不使另一个人的目标受到损害,那么就要探讨这个人或那个人的行为的合理性以及他们各自的目标的合理性。行为的合理与否和目标的合理与否都不仅是指经济方面的,而且也包括社会活动方面的。一个人经济活动方面的行为合理或目标合理,有可能同他在社会活动方面的行为合理或目标合理一致,也有可能从社会活动方面来看是不合理的或不尽合理的。于是就涉及一个人在非交易活动领域内必须兼顾行为的经济后果和社会后果的不一致性。这确实成为一个难以协调的问题。

对这个问题不妨进行三个层次的分析:

第一个层次,先看市场调节和政府调节的效果如何。应当说,在非交易领域内,如上所述,市场规则是用不上的,市场手段也是进不去的。政府调节或政府干预只有在非交易领域内的有关活动触及法律底线时政府才会插手。这些都说明了市场调节和政府调节本身的局限性。

第二个层次,道德力量调节在非交易领域能否发挥导致人们经济活动的合理性和社会活动的合理性趋于一致的作用。一般而言,道德力量调节是可以把经济活动目标和社会活动进行协调。这正是道德力量调节的特殊功能,也使道德力量调节比市场调节和政府调节更适用于非交易领域内行为合理性和目标合理性的协调。这也是只有依靠道德力量才能做到的。

第三个层次，由此看来，在非交易领域以及各个有关的关系和活动中，存在着两条底线：一是法律底线，二是道德底线。每个社会成员都必须知道这两条底线所在，也必须坚守这两条底线，不做触犯底线的事情。法律底线是硬性的，不能突破它。这是对的。难道道德底线是软性的？不能这样看问题。法律底线和道德底线都是不容许触犯和突破的底线。这样，非交易领域的秩序就正常了，非交易领域内行为的合理性和目标的合理性也有可能趋于协调。①

四、三种调节不一定是彼此冲突的，它们更可能是互补的

前面已经提出，市场调节作为资源配置的一种方式，通常被称作"无形之手"；政府调节作为资源配置的另一种方式，通常被称作"有形之手"。那么习惯和道德力量调节作为资源配置的第三种方式，究竟是"无形之手"还是"有形之手"呢？可以这样予以回答：

从习惯和道德力量调节的性质来看，它是介于"无形之手"与"有形之手"之间的，或者说，有一些习惯和道德力量调节措施是无形的，也有一些习惯和道德力量调节措施则是有形的，因此，不妨用下面两句话来概括习惯和道德力量调节——"无形"还是"有形"："道是无形却有形，道是有形又无形。"

---

① 关于个人行为合理性问题，在本书第九章第三节中有进一步的分析。

比如说，道德力量调节中最常见的和使用最频繁的就是自律。人人都要自律，无人能例外。自律就是一种无形的调节。它表现为各个行为人都按照自己的认同所形成的文化传统、道德信念、基本守则来约束自己的行为。社会在没有市场调节和政府调节的场合之所以能从无序转入有序，所依靠的就是习惯的调节和道德力量的调节：无形的调节，甚至无声无息的自我调节。

道德力量的调节也可能是有形的。一个例子就是乡规民约的制定以及居民对乡规民约的遵守和牢记。有的古村落把本村的守则刻在石碑上或刻在木板上，为的是让村民们牢记不忘，并用以教育下一代、再下一代。这就是有形的道德力量调节。即使石碑上或木板上的乡规民约的文字已经模糊了，字迹不好辨认了，但仍被村民牢记在心。这依然是一种有形的道德力量调节。

有形的道德力量调节还体现于文化建设上。这里所说的文化建设包括了村庄文化建设、社区文化建设、校园文化建设、企业文化建设、社团文化建设等。所有这些文化建设都是有形的，但文化建设的后果却是无形的，因为这些文化建设产生了一种认同感、一种责任感。这在村庄文化建设、社区文化建设、校园文化建设、企业文化建设、社团文化建设中都是十分重要的，因为认同感的形成、责任感的建立都不是一朝一夕之功，它们是靠日积月累而来的。可以说，文化建设是道德力量调节的培育点和作用点。文化建设是有形的，但最终养成的认同感、责任感既是无形的，又是有形的，因为宝贵的文化建设成果可能是有形的，它们将流传下去，并且会发扬光大。

从这里可以明确地指出,市场调节、政府调节、道德力量调节三者不是彼此冲突的,而是互相补充的。三者共同维护着优秀的文化氛围,保证社会经济有序运转。在市场调节和政府调节充分发挥作用的情况下,道德力量调节同样在发挥作用。

可以设想一下,道德力量调节中的自律的作用是绝不能摒弃不顾的。市场调节下,如果供给者、需求者、管理者都缺乏高度的自律,市场交易不可能有序运行。市场交易活动中,如果供给者、需求者、管理者中有一方不讲诚信,不守规矩,坑人利己,这样的市场只可能是无序的,市场前景还有什么希望可言?市场发展过程中,不仅需要有物质资本的投入和人力资本的投入,而且需要有社会资本的投入。这里所说的社会资本是指一种无形资本,体现于人际关系上。比如说,广东、福建一带的农民或城市居民,闯荡东南亚市场,由于他们在东南亚的同乡多,熟人多,朋友多,所以到了东南亚之后,只要你勤劳,又讲诚信,就会得到比你先去东南亚的同乡、熟人、朋友们的提携、帮助,很快就能发展起来。靠的是什么?靠的是社会资本。如果你不讲诚信,别人就躲你,不跟你往来,你就没有社会资本的帮助了。这就说明了诚信的重要性,也就是道德力量调节的重要性。

政府调节过程中,同样需要有道德力量调节的配合。如果政府官员不讲诚信,政府机构欺骗群众,政府调节怎么不走样?更有甚者,如果官员贪赃枉法,颠倒是非,冤案不绝,百姓怎么不抗争,以致最后导致民变?这说明,政府官员的品德是最重要的。民间之所以盼望官清官廉,也正是百姓对政府调节的希望所在,也正是政府调节能够取得成绩的前提。

从以上所述可以得出如下结论:市场调节和政府调节无论

在何种社会环境中或者何种经济形势下都不是万能的。市场调节有不可忽视的局限性,政府调节同样存在不可避免的局限性,如果没有道德力量调节来配合,无论市场调节还是政府调节都不可能发挥应有的作用。这通常被称为市场失灵或政府失灵。在经济学界讨论市场失灵和政府失灵时,也曾提到道德的作用,即认为不重视道德的作用,再好的市场安排或再周密的政府管理方案,都难以收到完善的效果。

五、以西欧中世纪城市的管理和行会组织为例

西欧中世纪城市的管理和行会组织的历史,可以作为市场调节、政府调节和道德力量调节三者配合的很有说服力的例证。

先从公元476年西罗马帝国灭亡和日耳曼人在西欧前西罗马帝国广阔土地上建立等级制大大小小的贵族领地,原来的居民相继沦为农奴谈起。贵族领地下面分为若干庄园,庄园主就是领主,农奴是耕地、放牧和在庄园内从事手工制造的劳动力。他们没有人身自由。如果农奴逃亡而被抓回庄园,要受苛刑折磨。原先领主建立庄园时,曾希望庄园成为自给自足的领地。但实际上是做不到的,因为许多食品和用品并不能自给(如食盐、调味品、盔甲、精致武器、战马、丝绸、棉布、高级呢绒、装饰品、化妆品、地毯、挂毯等),都必须到东方的城市购买。购买这些都需要花钱。钱从何处来?这使领主们终日操心。

庄园自身生产的主要是粮食、葡萄酒、橄榄油、牛羊肉、粗陋的农具和家庭用品。但别的庄园同样生产这些产品,所以贸易开展不起来。领主们后来想出一个主意,这就是让自己庄园里

从事工艺和手工制作的农奴不必耕地、放牧或在庄园内干活了，而要他们外出做小生意去，做手工业者去，定期向庄园主交钱。用经济学的术语说，就是他们不必缴纳实物地租和服劳役了，改为定期缴纳货币（即货币地租）。农奴和农奴身份的手工业者当然愿意这样做。于是这些农奴便离开庄园，外出谋生，或从事手工制作，或摆摊子做小生意。他们聚集在什么地方？多半是十字路口，或两条河流汇合处，或码头附近，或教堂周围，或过去西罗马帝国城市的废墟上。这就形成了西欧中世纪的集市。

隔了一段时间，集市中的商家店铺越来越多，小手工作坊也越来越多，有些以前的农奴赚了一些钱，就从领主那里赎身，即成为自由民。有的还把家属也赎出来了，在集市上成了家。有些西罗马帝国灭亡后已衰落多年的旧城市，因前来移居和发展工商业的人越来越多，所以距西罗马帝国灭亡大约八九百年以后，大约在公元 13—15 世纪期间，西欧的城市相继复兴了。

城市（包括新城市和恢复起来的老城市）成为西欧封建社会中后期的一大特色。这些城市无论在政治意义还是经济意义上都不同于罗马帝国的城市，它们是作为农奴制度的对立面而产生和发展起来的，它们成为逃亡农奴的避难所和安身立命之地。来到城市的农奴，不少人在手工业中工作，有的是匠师或行东，有的是帮工，有些年轻人是学徒。市场因手工业和商业的发展而繁荣起来。市场活跃了，市场交易逐渐规范化，市场调节覆盖全城市。城市的管理机构相继建立，由城市居民推举出被认为有能力、人品又端正、能受大家拥戴的人担任城市的领导人。他们制定了条例和制度，城市管理越来越有序。这表明市场调节和政府调节都发挥作用。城市为了保障安全,防止邻近的贵族前来抢劫,甚至吞并城市,于是实行了义务兵制,并为筹集经费而开征税收。

然而,在当时的形势下,仅有市场调节和政府调节是远远不够的。习惯和道德力量调节的作用越来越重要。这成为城市居民的共识。

例如,各个手工业行业相继成立了行会,建立了行会内部的规则,本行业的从业人员,从学徒、帮工到行东,都要遵守。一个手工作坊最多能雇多少人,有限额,超过限额要取缔;作坊一天的工作多少时间也有行会的规定,一般是从日出工作到日落,只能自然采光,禁止点灯干活;学徒升帮工或帮工升行东(匠师)都有完整的考核程序,把关严格,以保证帮工和行东都能达到规定的技术水平。有的城市中的行会对手工作坊的规模也有严格的限制,一个行东只准拥有一个作坊;有的行会还规定本行业每个作坊最多只能有多少台织布机,或每家面包店只能有多少烘炉。为了限制作坊雇用人数,除了公布已雇的帮工、学徒人数不得超过规定外,有的行会还规定手工作坊家庭成员参加作坊生产的人数和资格,即家庭成员仅限于行东的儿子、兄弟和侄儿,不得把更多的亲戚包括在内。

为什么西欧中世纪城市中的手工业行会会有这么多限制竞争的规定呢?这是因为,在当时的条件下,建立手工作坊在城市中谋生是很不容易的,上述各种来自行会自身的限制竞争的规定,无非是为了防止城市手工作坊规模的任意扩大会挤垮其他作坊。这种限制性的规定,既不来自市场,也不来自政府,既不属于市场调节,也不属于政府调节,而是一种习惯和道德力量的调节,目的只是防止过度竞争,影响城市手工业的稳定。

西欧中世纪城市里的政府和行会还做了一些互助互爱的规定。这也是发挥道德力量调节的例证之一。这些规定包括:

一些城市设立了慈善基金,由人们捐献而成,作为救济穷人之用。每个行会也有自己的慈善机构,照顾本行业的病人和遭到意外不幸的穷人。有的城市还设立了救济院、济贫院,收容无家可归的穷人。城市管理当局之所以这样做,另一个考虑是要避免城市的正常工商业活动受到乞丐的骚扰,避免城市给外来的商人以不良的印象。有些城市长期发放"行乞许可证",以限制行乞人数。伦敦直到1517年还实行"行乞许可证"制度,大约发给了1,000人。①

城市里建筑密集,而且建筑材料使用了大量木板,所以防止火灾是全城市民的任务。由于用火石打火很费时间,所以在"熄火"钟敲响之后,户户都要熄火,因为当时居民把火种整天放在灰烬里,第二天一早再用,这很容易起火。由于当时没有抽水机,所以一旦失火,往往整条街道或整个居民区都烧毁了。为此,城市和某些行会都建立巡夜值勤制度,成年男子都要参加巡夜和救火工作。

为了帮助穷人做饭,有些城市设立了"公灶",让那些家里不开伙的穷人到"公灶"去烤面包。城市还设法保证所有的居民都有食品,一种做法是:外国商人运来粮食或鱼类时,城市的官员就以城市的名义把食品全部买下来,再分成小份,配给市民。为什么城市分配的食品中包括鱼类呢?因为鱼是中世纪城市中穷

---

① 参看克拉潘:《简明不列颠经济史(从最早时期到1750年)》,上海译文出版社,1980年版,第410页。

人的主要食品（鱼比猪肉、牛羊肉便宜多了）。

此外，有些行会还设立了济贫组织。如果本行业有匠师（行东）和帮工病倒了，济贫组织就派人上门照顾，如果病故了，就发放抚恤金。这些都是传统的做法，但行会继承下来了。

总之，西欧中世纪城市之所以能长期保持稳定和经济发展，与三种调节（市场调节、政府调节、习惯与道德力量调节）的相互配合有重要的关系。

第三节　效率的两个基础

一、效率的物质技术基础

在市场经济条件下，效率是受市场调节的。利益的驱动就是市场调节起作用的表现。每一个资源投入主体为了取得利益，必须根据市场上生产要素的供求状况和价格水平来组合生产要素。在这样的条件下，市场经济中的效率就会增长。因此，在市场经济中，效率的背后的机制就是效率机制，也就是资源投入领域内的资源组合方案的选择机制。

生产要素投入的配合构成了效率的物质技术基础。在市场经济中，每一个资源投入者都必须考虑资源投入的组合，选择自己认为最有效的资源组合方式。也就是说在市场经济中，每个资源投入者必须选择最有利的物质技术条件，使效率的物质技术基础能发挥更有效的作用。这是市场经济的特色。

假定经济中政府调节起着重要作用，那么在效率的背后必定存在政府调节的各种影响。政府有政府的目标，有自己的侧重点,也有政府的具体措施及其实施后的效应。但政府的目标不可能是单一的,而是多元的。政府为了使自己的多元目标得以实现,就需要通过各种调节手段对资源投入主体的行为发生作用,以便他们在资源投入领域的选择上,在资源配置方式的选择上,以及在政府目标先后排列的顺序上做出符合政府意图的决策。从这个意义上看,效率的优先就不仅仅是市场中资源配置所形成的,而很可能受到政府目标先后排列顺序的影响。效率受到政府行为的较大影响,以至于市场选择被排斥了,至少被降位了。

但即使如此,仍然不等于说政府调节中不考虑效率的物质技术基础的作用,只是政府目标排列的顺序迫使物质技术基础的作用减弱而已。在市场经济的支持者看来,政府调节不可能长期不重视物质技术基础的作用,否则政府的多元化目标是难以完成的。

二、效率的道德基础

效率实际上有两个基础,一是效率的物质技术基础,二是效率的道德基础。厂房、设备、能源供应、原材料和零配件,再加上供给充足的劳动力,构成了效率的物质技术基础。这是人们都注意到的。而效率的道德基础却不一定受到关注,因为道德力量是无形的。

从工农业生产的角度看,人们通常所注意的是劳动力的数量和质量。劳动力的数量是指在一定的技术条件下,需要有足够数量的劳动力。这一数量符合还是不符合生产和管理的要求,这是人们已经注意到的,因为这已经被包括在效率的物质技术基础之中。至于劳动力的质量,主要是指劳动者的技术水平和技术熟练程度,劳动力的体力状况也在考虑之列。这些在涉及效率的物质技术基础时也已被注意到了。那么,在谈到劳动力质量时还疏忽了什么,漏掉了什么呢?所疏忽和漏掉的就是效率的道德基础。劳动者的道德水平之所以往往被疏忽和漏掉,正是因为在讨论效率时没有把劳动者的觉悟和积极性包括在内。

首先要注意的是:效率来自凝聚力,包括职工集体的凝聚力和社会的凝聚力。无论是职工集体的凝聚力还是社会的凝聚力都是无形的,表面上的"团结一致"不一定能反映真正的情况。前面在讨论"第三种效率概念"即 X 效率问题时,已经涉及这个问题了。[①] 这里需要重申或扩展的是:凝聚力的大小是人际关系是否协调或协调到何种程度的体现。凝聚力基本上分为两类:一类是团体的凝聚力,另一类是社会的凝聚力。团体的凝聚力以团体内部人际关系的协调为条件,社会的凝聚力则以社会中人际的协调为条件。凝聚力产生效率:团体的凝聚力产生团体的效率;社会的凝聚力产生社会的效率。

团体,在这种情况下可能包括企业、农场、事业单位、政府机构,也可能包括社区、村落、社团、家庭等。团体有大有小,但各有各的凝聚力。团体的组织有松有紧,紧密的不等于有较大的凝聚力。有的团体虽有严密的组织,但成员彼此之间可能勾心斗角,或成员同领导层离心离德,存在着强烈的离心倾向。以企业为例,有的企业有较大的凝聚力,不仅企业效率不断提高,而

---

① 参看本书第一章第三节。

且在企业遇到困难时,企业职工能团结一致,努力工作使自己与企业共渡难关。这就是道德力量发挥作用的结果。

社会凝聚力的大小同此是一个道理。社会凝聚力来自社会公众能跟领导层保持一致,克服困难。这同样是道德力量发挥作用的结果。

从这里可以得出一个论点,无论是国家、地区还是企业,人们经常说到要"同甘共苦",这四个字并不错,但不精确。为什么不精确?因为"同甘"和"共苦"不是一回事。

"同甘"靠制度,靠执行制度。比如说,一家企业正处在兴旺发展的时期,企业产品有了较好的销路、较广阔的市场。企业怎样分配收入,怎样给职工奖励,一切按制度办理。如果过去制定的制度有不合理之处,那么可以按一定的程序对过去制定的规则进行修改,但不能越过制度另定规章。如果那样做,企业就乱了。因此,"同甘"离不开制度。

"共苦"与"同甘"是不一样的。"同甘"靠制度,但"共苦"靠制度却不一定有效。比如某家企业陷入困难状态,产品没销路,连连亏损,职工都想离开,另谋高就。企业认为当初进厂时每人都签了合同,合同尚未到期,离开本企业是要缴纳罚金的。职工却说,罚款算什么,自己仍坚持要走。可见,制度在企业处于困境时是限制不了职工离去的。

那么,"同甘"靠制度,"共苦"靠什么呢?"共苦靠精神","共苦靠认同"。"精神"是指职工们靠一种共渡难关的精神力量,团结一致,为企业面貌转变而努力拼搏。"认同"的含义是:认同就是对所在的群体的认同。要知道,人是群体中的一员,一个人作为某个群体的一员,他把这个群体看成是自己的家,他的认同不是形式上的,而是出自内心的。

一个人对所在群体的认同程度反映了他对于群体的关切程度,也就是他对该群体"视为一体"的程度。不仅如此,一个人对所在群体的认同不能简单地用"利益"二字来概括,其中常有超越利益的考虑。

第一个例子。一个人属于自己的家庭。他对自己的家庭的认同,不一定是用"利益"二字能解释的。

另一个例子。一个学术团体,如某某学会、某某研究会,有若干成员,这些成员之所以参加该学术团体,并对它有较高程度的认同,不一定同利益有关,而可能是出于对学术的兴趣、爱好,或出于对该学术团体的尊重或信任,也可能出于一种责任感,即认为自己有责任振兴学术,所以资助该学术团体。

还可以举一个例子:一个人参加了某个公益团体、某个慈善组织,他热心公益事业、慈善事业,而根本不考虑什么个人利益。

这几个例子都说明,超越利益的考虑是不能抹杀的。个人对某一群体的较高程度的认同,起主要作用的是超越利益的考虑。[1]

这样,我们就可深刻地了解"同甘靠制度,共苦靠精神、靠认同"的含义了。

三、超常规效率

效率的两个基础中,物质技术基础是重要的。但应当记住,

---

[1] 本书第八章"文化和管理的最高境界"对此有较详细的分析。

仅仅有效率的物质技术基础只能产生常规效率。超常规效率是怎样产生的？这和效率的道德基础有关。

效率的物质技术基础和效率的道德基础都是独立存在的。效率的物质技术基础并不依附于效率的道德基础。一家企业增加了新技术装备，不一定带来职工们道德水平的提高；同样的道理，一家企业的职工道德水平提高了，它的技术装备不一定更新，但职工对技术装备的保护却会加强。当然，效率的物质技术基础和效率的道德基础也有可能相互发生影响，关键在于企业职工的积极性的提高。比如说，企业职工认同了本企业群体，积极性迸发了，可能提出合理化建议并被采纳，于是会提高企业的全要素生产率。或者，企业采取改善劳动条件和安全生产的技术措施，企业职工会认为企业关心他们，改善了劳动条件，使生产安全了，他们的积极性也会增长，企业的全要素生产率也会提高。

关于超常规效率的涌现，可以举三个例子。

（一）反侵略战争中的爱国精神的迸发

就以1931年开始的抗日战争为例。这场长达14年的抗日战争，不论中日在军事装备上有多大的差距，也不管抗日队伍的后勤保障多么困难，但抗日将士们却始终斗志昂扬，浴血抗敌，一直坚持到1945年8月15日日本宣布无条件投降。中国军队为什么有这么坚决的抗日斗志，中国的平民百姓为什么有这样忘我的工作精神？这都是超常规效率的表现，它们来自效率的道德基础。正是道德力量在发挥作用，中国才能在长期抗战中最终赢得胜利。

（二）巨大的自然灾害来临时的抗灾拯救灾民、重建家园行动这又是一个说明超常规效率迸发的例子。1998年的长江洪水和2008年的四川汶川大地震，都是空前大灾难。但一发生洪灾、震灾，无数群众作为志愿者，冲到抗灾救灾第一线，奋不顾身，抢救伤员。解放军战士在灾区连续多天奋斗不停，把伤员送往医院。还有，全国各地的群众纷纷解囊捐献，帮助重建家园。这种抢险救灾的行动，正是超常规效率的体现，而超常规效率的体现也正是道德力量促成的结果。也就是说，群众性的抢险救灾行动，充分反映了中华民族的优秀传统，是几千年流传下来的高贵品质的凝结。

（三）历史上的移民社会

再举一个反映道德力量是超常规效率的源泉的例子。从晋朝以后，直到明末清初，再加上清朝中叶以后的"闯关东"、"走西口"、"下南洋"等事实，都表明：中国历史上的移民运动是可歌可泣的。晋朝以后，中原战乱频繁，中原地区的汉人纷纷南下，他们越过长江，进入江西境内，然后分别由此进入福建，进入广东，进入湖南等地，有些留在江西。这些来自中原的移民，后来都被统称为客家人。

客家人初次来到南方时，工具是简陋的，人力是单薄的，环境是艰苦的，但涌现出来的却是超常规的效率。为什么会这样？要知道，在移民社会形成之初，没有市场调节，也没有政府调节，全靠习惯调节和道德力量调节。中原文化从此在这里扎下了根，超常规效率产生了，客家人战胜了恶劣的气候，繁衍了后代，并从这里走向全世界。

山东人和河北人从清朝中叶以后"闯关东"，山西人、陕西人和甘肃人"走西口",福建人、广东人、海南人"下南洋",情况同客家人当初南下差不多,离开了习惯调节和道德力量调节就不可能取得这样大的成绩。以"闯关东"来说,从清朝中叶到民国初年,时间不长,但东北的开发已初见成效。不少荒地被开垦了,不少城镇初具规模了,这都是超常规效率的体现。

四、道德力量调节归根到底是一种文化调节

上面已经指出,道德力量调节可能有多种形式,其中有无形的调节,如自律,默记家族或家庭的祖训,默记社团、社区和村落的约定,等等。其中也有有形的调节,如学生要遵守校规,不得违背;市场交易要牢记诚信,不赚违心的钱财;生活上要节俭,不追求奢靡等。但道德力量调节、习惯调节,归根到底是一种文化调节。

文化调节也是介于有形与无形之间的。比如说,要诚信待人,要守信用,不要违背诺言等,都意味一种文化灌输的成果,许多人从孩提时期起就熟知这些教导了。如果问一些青少年,你们什么时候就牢记这些守则的,他们会告诉你,从学会唱儿歌童谣的时候起,就记住这些道理了。儿歌童谣都是纯朴的,从小就深入童心,令人一辈子都难忘。

商业中的往来,不管走到哪里,都可以接受"童叟无欺"的教诲或信条。这也是一种文化调节的反映。"诚信为本"的概念可能从商品交换一开始就存在了。从来没有人敢于公开向"诚信为本"的概念或原则挑战。也从来没有人敢于自称是不讲信用的商人。这是因为,"诚信为本"已经成为一种文化,流传于商界之中,谁违背这一原则,必定会遭受谴责,被斥为无耻。谁敢冒

这个险?

正因为文化的传播没有地域界限,也没有新旧城市的区别,所以习惯调节的一些做法和道德力量调节的一些教导就不断扩散。这种现象不仅外国有,中国有,而且通过各国之间贸易来往和人员来往,在商界流传是历史上常见的事情。虽然历史像大浪淘沙那样不停地对各种传统文化的教训和规则进行筛选,但留下来的仍是以正面的格言为主。这正是文化传统和文化调节的依据。

在这里还遇到一个问题,这就是,从历史上流传下来的各种文化教训、规则来看,毕竟不少是古代就流行的格言,但市场中、政府管理工作中,新事物、新现象、新经验、新教训都层出不穷,这些旧的文化的结晶为什么不被淘汰而继续在民间传承呢?是什么力量促使它们一代一代继续对人们发生影响呢?答案只有一个:公众从自己的实践中会察觉到什么是善,什么是恶;什么是应当继续和发扬光大的,什么是应当舍弃和不足为训的。公众能够用朴素的语言把自己认为可以传授给子孙的优秀传统文化保留下来,这样,习惯调节和道德力量调节的继承也就一代一代保持下来了。

从中国的古代开始,治水是关系到公众生活安定和社会发展的一件大事。从有了政府和政府的治理以后,如何防洪治洪便成为公众和政府部门最关心的措施。有些外国学者在研究中国古代历史时,得出了如下的论断,即认为出于治理洪水的需要,在中国这块土地上很自然地形成了高度集权的专制制度。这是因为,在他们看来,如果没有一个高度集权的专制政府,怎能组织如此宏大的治水工程?于是治水、集权、专制制度三者就不可分割地被拴在一起了。这种观点曾经在国外出版的一些有关中国古代历史的书籍中被宣扬过,以至于有人把治理洪水所需要的高度集权和专制制度称作东方传统。

其实,为什么在中国古代会形成高度集权的专制制度,是一个十分复杂的问题,不可能在这里展开讨论。庞大的治水工程同专制政府作为治水的组织者有一定的关系,看来也不能完全予以否认。但就洪水经常泛滥成灾与治水事业来考察,历史所给予我们民族的影响,绝不是以高度集权与专制制度为特色的所谓东方传统所能概括的。如果说中国的民族传统同治水防洪事业有关的话,那么所得出的结论应当是这样的:是疏导而不是堵截,是化解而不是瘀结,是多方协调而不是独断独行,是互助共济而不是见利忘义,是胸怀社稷而不是只顾家园。这就是几千年治水经验所留给后人的精神财富。

总之,重在疏导而不在堵截,这是中国人历代治水宝贵经验的汇集。从历代最高统治者到各级政府官员,只要办过水利,处理过水灾水患,全都懂得疏导的重要性。堵截,至多成功于一时,但最终没有不失败的。疏导,才是有效的治水途径。疏导就是顺应自然。

疏导是由古代治水路径得出的经验,但后来被广泛用于社会政治生活之中。疏导意味着宽容,"缓流总比急流宽"。在民间,中国人往往用"疏导"二字来处理家庭和家族的矛盾、邻里和社区纠纷。化解的含义同疏导是相似的。人际关系中经常会发生摩擦或冲突,甚至留下了积怨。怎样对待它们?离不开疏导,离不开化解。"和为贵",是中国人历代珍视和运用的处理人际关系的原则,绝不是偶然的。

"和为贵"实际上是中国历代民众从疏导、化解中高度抽象而总结出来的处世之道。矛盾宜疏不宜堵,宜解不宜积,这就是文化调节。

第五章 文化包容

第一节 世界的多样性和文化的多元性

一、世界的多样性

世界的多样性很早就被人们注意到了。四大文明古国也早就被世界文明史的专家学者认识到。埃及、巴比伦、中国和印度各有各的特点,而且都是独立地存在于古代社会的。人们会提到埃及和两河流域的交往,也会提到彼此之间的交往和影响,但不得不承认埃及文明和两河流域文明是在不同的环境、不同的历史条件下存在和发展起来的文明。古代中国和古代印度之间也很早就有来往,但古代中国和古代印度作为不同的文化发源地,彼此都是独立的。这种独立产生和成长的文明的存在,是任何研究者都无法否认的事实。

后来,在欧洲、西亚、北非之间又陆续出现了希腊城邦,还出现了波斯帝国,波斯帝国一度成为欧洲、西亚、北非地区的强大国家。稍后,在意大利半岛的中部又出现了罗马王国和由罗马王国演变而成的罗马共和国,以及后来由罗马共和国演变而成的罗马帝国。与此同时,在希腊北部疆域以外,马其顿王国兴起了,它征服了希腊所有城邦,实际上成为希腊城邦的盟主。波斯帝国被马其顿王国国王亚历山大灭掉了,马其顿王国成为横跨欧洲、埃及以及西亚和一部分中亚地区的大帝国。世界的多样性比以前更明显了,更突出了。

马其顿国王亚历山大统治时期不长,他正当年富力强之时就病故,他的部将们展开了夺权之战,最终形成了三个希腊化王朝:安提柯王朝(主要管辖马其顿和希腊本土)、塞琉古王朝(主要管辖西亚和部分中亚地区,后来因兵力不足,撤出了中亚)、托勒密王朝(主要管辖埃及)。

历史继续向前发展。三个希腊化王国在相互战争不绝的条件下无法再统一为一个国家。而与此同时,罗马共和国崛起了。罗马共和国灭掉了同自己在地中海西部海域争霸的迦太基,并把意大利南部和西西里岛上的希腊移民城邦全都纳入罗马共和国版图。接着,罗马挥师东下,先后消灭了三个希腊化王国,即安提柯王国、塞琉古王国和托勒密王国。在托勒密王国被罗马征服后不久,罗马共和国改制为罗马帝国。世界的多样化又增添了新的内容。

世界继续变化。基督教最早是平民、穷人信奉的宗教,在多神教的罗马帝国境内,基督教受到限制,只能处于地下状态。秘密传布基督教的传教士被逮捕,被判刑,甚至被处死。但信奉基督教的人却越来越多。基督教居然在罗马帝国的王公贵族及其家属之间传布开来,终于被罗马帝国皇帝所信奉,再往后又被定为罗马国教。这样,世界更加多样化了。

日耳曼人原来住在多瑙河北岸以北地区,过着原始社会的游牧生活。他们看到罗马帝国的兴旺、繁华、富裕,一有机会就南下抢劫,以致罗马帝国不得不加强对日耳曼人的戒备。罗马帝国后期,军阀之间不停混战,不仅是为了争夺地盘,以便抢到更多的士兵,得到更多的钱粮,而且还想夺得皇帝的宝座。军阀混战不止,商路中断,商业受到严重打击,而征税征粮的数额一再提升,使逃亡的商人、富户不绝于路。一般工人、农民,也都回乡躲避。庞大的罗马帝国的西部受到的打击最大,罗马帝国西部的贵族、商人和有钱人纷纷转向罗马帝国东部。东部的军队待遇较好,战斗力也较强。西部兵力不足,不得不召募日耳曼人或其他游牧民族的人充当雇佣兵。

基督教被罗马皇帝定为国教以后,逐渐形成两个基督教中心。一在东部,以罗马帝国新都城君士坦丁堡为中心,一在西部,以罗马帝国前首都罗马城为中心。东部地区流行的、通用的是希腊语,拉丁语只在西部地区被使用。东部的富人多,他们捐给教会的钱财和土地多,教会富裕。西部的教会比较穷。但西部教会坚决不同东部教会合作,而自命为罗马基督教的正宗。教会的东西分立已势在必行。东西罗马的分裂和各自独立也已不可避免。由于日耳曼人、匈奴人以及其他东欧的游牧民族继续越过多瑙河南下,而罗马的疆土被他们占领、洗劫,剩下的土地越来越少,最后只剩下空壳般的罗马城以及意大利的中部和南部还留在西罗马手中。匈奴人和日耳曼人都来到罗马城附近,他们既准备攻城,又彼此各不相让,一心想击败对方。公元453年,匈奴大汗阿提拉暴卒。他一死,匈奴军中大乱,阿提拉的部属相互攻战不已。他们撤出了意大利境内,在多瑙河一带割据土地,准备建立匈奴人的王国,最后在匈牙利境内建立政权,如愿以偿。

西罗马帝国于公元 476 年亡国。西方历史学家们后来把公元 476 年西罗马帝国的灭亡称为欧洲中世纪历史的开端。

西罗马帝国灭亡了,东罗马帝国继续存在,它的都城在君士坦丁堡。君士坦丁堡是在最初的希腊移民城市拜占庭的附近重建的,所以历史学家把东罗马帝国称作拜占庭帝国。而东罗马帝国自己从来不用"东罗马帝国"这个名称,它一直自称为"罗马帝国"。

至于西罗马帝国过去的广阔土地,则成为日耳曼人占领的地域,在这里形成一些王国,建立庄园,把原有的农民变为人身依附于领主的农奴。

这就是世界形势的再一次重要变化。世界的多样性更明显了。

二、文化的多元性

世界的多样性必然产生文化的多元性。如上所述,最早出现的埃及、巴比伦、中国、印度四大文明古国,已经表明古代埃及文明、两河流域文明、中国文明、印度文明都是独立产生和发展的。它们全都是在自己的土地上生根成长的文明发源地,并且在本地生根、成长、扩散。

稍后,在希腊城邦制度的基础上产生了希腊文化,在西亚产生了古代伊朗文化,在意大利半岛上产生了罗马文化,在马其顿王国东征的过程中演变为希腊化文化,后来又演变为希腊-马其顿文化(安提柯文化)、希腊-马其顿-西亚文化(塞琉古文化)以及新的埃及文化(托勒密文化)。安提柯王国、塞琉古王国、托勒密王国三个希腊化王国后来都被罗马共和国灭掉了。接着,罗马共和国也演变为罗国帝国。罗马文化似乎已经成为罗马帝国的文化。

但文化的多元性一直存在。罗马帝国征服了欧洲、亚洲、非洲的不少土地。罗马帝国前期疆域大大扩展了,经历了大约200年的兴盛阶段。罗马帝国最盛时期的版图有多大?由西往东看,西自英格兰,过英伦海峡后,延伸到荷兰、比利时、卢森堡、德国的莱茵河、多瑙河以南,还包括奥地利、匈牙利、罗马尼亚、巴尔干半岛、黑海北岸的一些移民城市,再南到土耳其、叙利亚、伊拉克、黎巴嫩、巴勒斯坦。再往西,地中海南部的埃及、利比亚、突尼斯、阿尔及利亚、摩洛哥、毛里塔尼亚,渡过直布罗陀海峡,南欧的西班牙、葡萄牙、法国都包括在内。首都是罗马(以后迁往君士坦丁堡),意大利半岛上和西西里岛上希腊移民城邦也都成为罗马的城市。罗马,尤其在帝国时代,把文化的统一看得比什么都重要。一是采取广泛授予降服的城市和城邦以罗马自治城市的地位,授予降服的城市和城邦的居民以罗马公民权的身份,以显示罗马对境内是一视同仁的。罗马的这一政策在西部广大地区相当有效,因为罗马作为胜利者,在文化上也居于强势地位,所以西部地区很快就罗马化了。然而,罗马对于所征服的东部地区,要想在文化上一统所征服的城市和城邦,却远非易事。

为什么会这样?正如前面已经指出的,东部地区原来是希腊城邦的地域,后来马其顿王国又征服了希腊各个城邦,并东征灭掉了波斯帝国,在那里实施了希腊化。马其顿国王亚历山大死后,罗马东部地区成立了安提柯王国、塞琉古王国和托勒密王国。它们又先后被罗马纳入自己的领域。罗马共和国也就在最后一个希腊化王国（托勒密王国）被罗马征服后不久，变成了罗马帝国。

这样，在罗马东部广大地区，希腊文化和罗马文化是并存的，实际上希腊文化依然占优势，同罗马帝国竭力想推进的罗马文化相较量。罗马西部地区终于罗马化了，罗马东部地区则始终是希腊文化与罗马文化并存。罗马文化在罗马东部地区未能取希腊文化而代之。

罗马帝国的经济中心在东部地区。政治中心在帝国前期虽然仍在罗马城，但后来不得不迁往新都城君士坦丁堡，皇帝把君士坦丁堡视为新都城，皇帝们相继由东部地区的军队将领充任，希腊语成了东部地区从皇室、大臣到普通民众惯用的、通用的语言文字。连基督教也采用希腊语传教，信徒读的《圣经》是希腊语，神职人员只讲希腊语。罗马文化在罗马东部的地位显然降为第二位。希腊文化占了上风。

到了公元476年，西罗马帝国被日耳曼人灭掉后，罗马西部广大地区逐渐演变为日耳曼人的王国、诸侯分据的领地，通行的是拉丁语。日耳曼人信奉基督教后，教士讲授的《圣经》是拉丁语本。罗马文化在罗马西部就这样一步步演变为西欧封建－日耳曼文化，与东部地区的希腊化文化（拜占庭文化）是明显对立的。

这清楚地说明，政治和文化是既有联系，又有区别的。罗马作为胜利者，它曾经想把罗马文化推广于整个共和国（后来是帝国）境内，授予降服者以自治城市的地位和罗马公民权的身份，但只是在地广人稀的西部成功了。而在经济发达的原希腊化王国境内，却始终是希腊文化与罗马文化并存，直到后来希腊文化（或希腊化文化）逐渐占了上风，罗马文化则逐渐在东部失去优势,最终被排斥于东部地区。

日耳曼人的政权建立后,罗马在西部的文化也就逐渐演变为西欧封建-日耳曼文化。

三、一种文化是不是会并入另一种文化?

从古到今,在人类历史上曾经出现过多种文化,但文化的演变、融合、创新也从未停止过。一种文化并入另一种文化的现象,同样是不间断的。许多文化在历史进展过程中曾经辉煌过一阵,但后来却无声无息了,或者融入了另一种文化之中,不再被后人提及了。这是历史上常见的。

举一个例子。希腊城邦时代大约有一千多个城邦,它们有大有小,但即使是很小的城邦,一直是独立的、自由的,它们可能在某种情况下加入过城邦的联盟,或者后来又退出某个城邦联盟,参加另一个城邦联盟。我们可以把这些大大小小的希腊城邦分别称为某种文化的产物,因为它们各有自己信奉的神祇,但也可以把所有这些城邦的文化,统称为希腊文化。然而,在把它们统称为希腊文化的同时,仍然不能抹杀各自城邦的文化的特点,即不能否认其中的雅典文化、斯巴达文化、科林斯文化、底比斯文化等文化的存在。甚至在两千多年后的今天,即希腊城邦时代早已成为历史的今天,我们仍可看到雅典文化、斯巴达文化的区别。历史遗址保存到现在,说明了雅典文化、斯巴达文化的历史的悠久。

还可以举一个例子。当西罗马帝国于公元 476 年被日耳曼人灭掉以后,在罗马帝国的西部土地上涌现了许多由日耳曼领主统治的王国、诸侯封地和庄园,此后逐步形成了西欧封建-日耳曼文化。但后来怎么样了？虽然整个西欧地区全都是在封建-日耳曼文化的影响下发展起来的，但逐渐相继出现了自己的文化，如西班牙文化、法国文化、英格兰文化、苏格兰文化、低地文化(尼德兰文化)、北欧文化等。比较特殊的是西欧两个地区，一是意大利，另一是后来的德意志，因为这两个地区，即意大利地区和德意志地区，它们实际上是分割的，各自建立封建城邦或君主专政国家，所谓意大利文化和德意志文化当初是不存在的。当时存在的，在意大利实际上是威尼斯文化、热那亚文化、比萨文化、佛罗伦萨文化等文化，在德意志实际上是汉莎文化、莱茵河文化、普鲁士文化、巴伐利亚文化等文化。又经过好多年，这两个地区先后成立了统一的国家，才出现了意大利文化和德意志文化这样的概念，很难再分清意大利文化或德意志文化同最初的西欧封建-日耳曼文化有多么密切的关系。

意大利和德意志在政治上相继统一后，原来的威尼斯文化、热那亚文化、比萨文化、佛罗伦萨文化等都并入或融入了意大利文化；原来的汉莎文化、莱茵河文化、普鲁士文化、巴伐利亚文化等都并入或融入了德意志文化。可见，从历史上看，一种文化是有可能并入或融入另一种文化的。关键是政治上的先统一，然后才有不同文化融合的事实。

然而，政治上的统一不是不同文化融合的最自然的趋势。最明显的有两个例子。一个例子是英格兰和苏格兰。英格兰和苏格兰原先是两个独立的国家，罗马军队最初渡过英伦海峡，占领了英格兰地区，但没有侵占苏格兰地区。苏格兰依旧是独立的。后来，罗马帝国后期因西部地区兵力不足，把驻守英格兰地区的罗马军队撤回西欧大陆。苏格兰仍在自己的土地上继续独立存在。英格兰和苏格兰之间以后经常有战争,直到后来英格兰统一了全岛,苏格兰不再是一个独立国家了。但苏格兰依旧保持了自己的文化。这表明民族因素在文化传承方面可能比政治统一更重要。在意大利和德意志,之所以统一后不同的地方文化、城邦文化能融合,民族之间的融合可能是文化之间融合的前提。

再举一个例子。当初欧洲移民到北美加拿大地区的法国人集聚于加拿大东部,他们信奉的是天主教,使用的是法语。而英国和西欧其他国家移民到加拿大的,信奉的是新教,包括英国的国教和其他新教派别,使用的语言文字以英语为主。后来,加拿大成为英帝国的自治领,再往后,加拿大独立了。但法国移民后代在他们聚居的加拿大东部一直保持自己的法国文化传统。在加拿大,新教文化和旧教(天主教)文化始终并存,以至于时有独立的言论。政治上的统一为什么不能实现文化上的融合呢?只能从民族因素和宗教信仰的因素做出解释,否则很难说清楚加拿大东部的文化背景。

这又从另一个角度告诉人们:民族因素、宗教信仰因素可能在阻碍文化融合方面起着相当重要的作用。

四、中国古代文化融合的基础

在讨论文化多元性和文化融合问题时,中国古代实际上是一个很有说服力的例证。

周朝统一中国时,所控制的地区包括黄河流域、淮河流域、长江流域等地,都建立以周天子为核心的诸侯国家。但无论是黄河流域、淮河流域,还是长江流域,还居住了一些少数民族,它们可能与周朝分封的诸侯国家共处,互相保持友善的来往,但并不被承认为附属某个诸侯国家的附庸。有时,它们也与统治该区域的诸侯国家发生战争,以至于战败投降;或全体离开该诸侯国家的辖区,迁往他处。

西周时期,诸侯国家因周天子的威权依然令诸侯们畏惧,所以仍然尊奉周天子为盟主,按周天子制定的规章制度贡献自己应当承担的义务。而到了东周时期,情形发生重大的变化。东周迁都于洛阳,势力和威权都日益削弱,诸侯国家中的强盛者渐渐不把衰败的周天子放在眼里。诸侯国家中最强的北有晋国,南有楚国,再往后,西有秦国,东有齐国。晋、楚、秦、齐四国先把附近的弱小的诸侯国家并吞了,然后互相攻打或结盟,或盟约被破坏,战争又不停止。周天子自身难保,根本约束不了这四个崛起的诸侯国家。从民族因素方面考察,晋、齐、楚、秦四国并没有区别,都是周天子名义上分封的最初的诸侯国家,论宗教信仰,晋、齐、楚、秦都是信奉祖宗的:这几个诸侯强国的居民,既感恩于自己的祖先,又盼望祖先能赐福于后代,为后代的幸福多方保佑。如果说东周时期有什么晋文化、齐文化、楚文化和秦文化的话,它们之间并没有太大的区别,都以崇拜祖先为主。

晋国后来分裂了,最终分成赵、魏、韩三国,这三个由晋国分裂而成的诸侯国家,加上齐、楚、秦三国,再加上地居偏北的燕国,形成了战国七雄并列的状态。但各国的文化特色并不显著,无论从民族因素上看,还是从祖先崇拜上说,七国之间是没有太大区别的。

所不同的是在七雄并列之后,学术思想对文化形成的影响大大增加了。实际上,在这时流行于七国的是儒家学说、道家学说、法家学说、墨家学说等学说,它们的传播并没有国界。秦国采用商鞅变法的法治学说,其影响是深远的,其他诸侯国家也想走法治之路,但顶不住国内旧贵族的保守势力,成效远不如秦国。儒家思想在各个诸侯国家都有传播,但很难说某一个诸侯国家是以儒家思想治国的。一种解释是:当时正值诸侯国家争霸并且关系到诸侯国家本身生死存亡问题,哪一个国家在这种时刻敢于以儒家思想治国?至于墨家思想,虽有宣传者,甚至有信仰者奔走于各国,力求罢战与和平,但成效不大。说到当时流行的道家学说,更适合各国君主臣僚养身修身,而没有一个诸侯国家敢于依据道家学说治理国政。因此,尽管秦国采用商鞅主张而变法,商鞅本人惨死于刑场,但法治学说未变,仍被秦国奉行。战国七雄长期斗争的结果,秦统一了中国。

秦实行法治,但苛政重刑,使黎民怨声载道。秦国很快就灭亡。经历了楚汉之争,项羽失败了,刘邦以汉朝名义再次统一了中国。汉朝基本上保留了秦的制度。经过几十年的文景之治,到汉武帝时,汉朝国势大振,文化也趋向统一。秦文化、齐文化、楚文化以及燕赵韩魏文化,再加上在江浙一带有影响的吴越文化和在四川一带有影响的巴蜀文化,尽管都被纳入汉文化的范围内,但地域广阔的汉王朝之下,作为地方特色的秦文化、齐文化、楚文化、燕赵文化、吴越文化、巴蜀文化依然存在。这些地方文化的存在与汉文化作为统一的文化的存在是不矛盾的。地方文化的继续存在符合当时中国的国情,地方文化是逐渐融入汉文化的。无论是西汉还是东汉,历代君主都没有只尊汉文化而排斥、打压地方文化的现象。

到了魏晋南北朝时期,中华文化又进入一个新的发展阶段。

这时北部和西部少数民族纷纷进入中原北部和中部建立诸侯国家,甚至自立为王,东晋和南朝则偏安于江南地区,逐渐形成了所谓"六朝文化"(吴、东晋、宋齐梁陈文化),门阀政治占了上风。而黄河流域最终建立了鲜卑人的拓跋政权。拓跋族建立了北魏王朝。都城原在山西大同,后来迁至洛阳。这是一个民族大融合的时期。北魏王朝把黄河流域建成一个多民族组成的、同样实行门阀制度的政治实体。从这个角度看,北魏和南朝没有太大的区别。北魏对北方的异族入侵有警惕,主要对手当时是柔然人,后来是突厥人。北魏为防止他们入侵中原,一直加重北部边境的防务。而南朝则在防止北魏南下的同时,致力于福建、广东的开发,中原文化和南朝文化开始以较大的力量流入这些过去长期被认为是蛮荒之地的福建、广东等地。

后来,北魏分裂为东魏和西魏,东魏被北齐所灭,西魏被北周所灭,北周为了统一北方,又灭了北齐。最后,北周又被隋朝所灭。隋朝灭了北周之后,势力大增,南下灭了南朝的最后一个朝代——陈朝,中国在隋朝统治下再次统一。

隋朝也是一个短命的王朝。隋炀帝治国无方,民间苦于隋政,纷纷反隋。隋朝亡国后,中国又陷于军阀混战阶段。最终唐朝统一了全国,唐朝初年,唐太宗时期,中国终于进入盛世。经过长时期的战乱,唐朝盛世,经济发展,社会安定,疆土开拓,民族融合。鲜卑人和其他北方的少数民族融入汉族的过程加快了。即使是"六朝文化"长期流行的江南地区,到了唐朝盛世也融入了汉文化(或汉唐文化)的大范围之内。"六朝文化"虽然仍被人们所提及,但更多的是一种怀古情绪的表现,实际上唐朝作为一个兴盛的朝代,汉文化(或汉唐文化)已经覆盖了东南大片地区。同样的道理,中原地区的鲜卑文化也已经融入汉唐文化之中了。

作为南北朝时期政治特色的门阀制度,在盛行大约三百年之后,到了唐朝中期,被政界和知识界认为已经过时。昔日的大姓大族,早已衰败无人,社会上也不讲从前的家谱,从前的家谱已被新的家谱所替代。进入仕途的途径也变了,因为从隋朝起,政府和社会上都看重科举,中了科举,仕路通畅,仅有昔日的门第不能再像以前那样受人尊敬了。唐玄宗时发生了安史之乱,虽然后来被平定了,但发生了意想不到的结局,即军阀势力膨胀,唐朝中央的权力却大不如前。藩镇各自控制一方,拥兵自重,皇权旁落。而藩镇在割据称霸时,一个为了巩固自身统治所必要的政策,就是迫使当地有财有势的富户必须俯首听命于藩镇,否则就遭清洗。北部地区实际上变成了军阀们争权夺利的战场。世俗大族,不服从地方军阀的,纷纷外逃,门阀政治至此遭到沉重的打击。于是进入晚唐五代的局面。从安史之乱开始,到宋朝建立,大约二百多年,是中国封建社会体制发生变化的过渡时期。

宋朝建立后,对北方兴起的契丹人和后来的女真人的政权,采取妥协政策,宁肯向契丹人(辽国)和女真人(金国)甚至西北的党项人(西夏国)贡献金银财物,维持和局,也不愿开战,以免因战败而丢失土地。正是在这样局势之下,宋朝维持了三百年之久(北宋和南宋)。

北宋南宋时期,中国社会、政治、经济相继发生变化。重要的变化有以下几项:

第一,门阀不再被重视,仕途升迁全靠科举。穷人只要埋头读书,科场得意,可以当官,或在地方任职,或在中央任职。没有科举成绩,不能进入官场。因此,仕风大变,科举为重。

第二,土地可以买卖,而不再仿照南北朝时期只有高贵门第才能成为大地主。经过唐朝的安史之乱、藩镇割据和唐末的农民大起义,西北和北方的少数民族和他们的军队进入中原,过去的高贵门第被打散了,财产被没收了,所以宋朝起对土地产权的开放成为必然的趋势。商人可以买地,其后代如果是败家子,可能又把土地卖掉。这就是所谓"三十年河东,三十年河西"的写照。

第三,市场规模扩大了。进入市场交易的,有工商业者,有农民,有普通城市居民。政府不干预市场活动,因为只有市场扩大了,税收才增多。商人拥有财富,他们的地位因财产多少而定,与门第、出身无关,这是宋朝不再沿袭隋唐以前那种只讲门第和出身的一场变革,也就是我在《资本主义的起源:比较经济史研究》一书中所指出的:安史之乱以前的中国封建社会是刚性体制的,宋朝以后的中国封建社会是弹性体制的,中晚唐五代这二百年是中国封建社会由刚性体制转变为弹性体制的过渡时期。①

中国在中晚唐五代这二百年内终于实现了从刚性体制的封建社会向弹性体制的封建社会的过渡。中国仍然是封建社会,但体制却改变了。宋朝以后,封建社会仍存在,但由于体制的转变,中国封建社会又延续了一千年左右。这是世界历史上绝无仅有的例证:弹性体制的封建社会。

汉唐文化仍然覆盖于全社会,但在中国社会由刚性体制转

---

① 参看厉以宁:《资本主义的起源:比较经济史研究》,商务印书馆,2003年版。

变为弹性体制之后,汉唐文化又增加了新的内容,成为汉唐宋文化。少数民族文化依旧被融入汉唐宋文化。辽国被女真人的金国灭掉了。契丹人到哪里去了?进入中原地区的契丹人同汉人融合了,契丹文化也渐渐融入了汉唐宋文化之中。稍后,蒙古人南下,先灭了党项人和女真人建立的政权(西夏国和金国),又灭了南宋。但进入中原地区的西夏人、女真人也都逐渐融合在汉人之中,西夏文化和女真文化在中原地区同样融入了汉唐宋文化。甚至有一部分蒙古人,在元朝灭金、西夏和南宋以后,在中原地区安居下来,也有一些在元朝北迁后仍居住于中原,他们也在不同程度上融入了汉唐宋文化之中。这同样可以看成是文化上融合的例子。这种情况也发生在入关以后的满族,包括满族散居于中原地区的平民和八旗子弟的后代。

从这里可以清楚地看到,一种文化并入另一种文化,完全取决于不同文化的友善相处。汉唐宋文化有悠久的传统,它同其他文化的相处过程中,一直没有宗教上对另一种文化的歧视。在经营工商业、读书科举应试和农耕畜牧等生产活动中也不歧视其他民族的后代。这样,久而久之,就产生了"包容"的效应。不同民族文化的融合,正是文化包容的结果。

第二节 文化包容的内涵

一、通婚是文化包容的一个重要标志

从中国历史可以了解到,早在春秋战国时期,在已经形成的秦、晋(后来分为赵、魏、韩三国)、燕、齐、楚等国,王室和贵族之

间的通婚,是常见的,并且被视为友好的反映。汉族自身并没有以国教形式流行的宗教信仰,宗教信仰虽然存在,但都以教人为善、教人向上、教人洁身自重为要点。这与西欧国家有国家宗教信仰的情况不同。这是文化包容的重要标志。

一个明显的例子是汉族长时期内对待犹太人的和善态度。犹太人坚守自己的犹太教信仰,至死不变。罗马共和国和罗马帝国在向东扩张的过程中,占领了巴勒斯坦,犹太人从此逃离故土,逃向欧洲各个国家避难。但欧洲各国当时都是信奉基督教的,保持基督教信仰成为欧洲各国的不变准则。基督教在欧洲基本上分为两派,一派以罗马教皇为中心,另一派以君士坦丁堡的宗教领袖为中心,互不相让,两派都自称是正统。这样,无论犹太人迁移到欧洲哪个国家、哪个地区,都是受歧视的,被称为异教徒。欧洲各国的基督教徒不同犹太人来往,不同犹太人联姻,也不让犹太人死后埋入基督徒的坟地。因此,犹太人在欧洲各个基督教国家的定居点实际上是一个隔离地带,欧洲国家的基督徒无人同犹太人来往,犹太人也无法同欧洲各国的基督徒家庭通婚。犹太人被隔离了,这种受歧视的事实一直长期存在。既然如此,还谈什么文化交流或文化融合呢?

犹太教徒大概是在唐朝中叶陆续流入中国中原地区。据说当时犹太人来到中国,大体上分两条路线。一条路线是循陆路进入中原,即犹太人经过伊朗、阿富汗,穿过辽阔的西域地区,进入通向长安的大道。另一条路线是从阿拉伯半岛和波斯湾登船,经印度、斯里兰卡、东南亚国家,随货船一起在福建、广东登陆,然后逐渐开辟了海上丝绸之路,即从福建和广东沿海港口城市登陆,再经过水路或陆路,把阿拉伯国家和伊朗、印度、东南亚国家的特产在陆上的商品集散地买进或卖出。

犹太人由水陆两路到达中国境内的人数不断增加。犹太人多半住在河南,包括洛阳和开封。汉人并不对犹太人采取歧视的态度。汉人可以同犹太人通婚,这是犹太人在欧洲国家不可能出现的状况。这也是唐宋时期犹太人逐渐同汉人友好共处并终于同汉人融合的重要条件。

二、谋生之道

唐宋之际,汉人对于迁移到中国中原地区的犹太人所实行的一项重要措施,就是把谋生之道向犹太人开放。

要知道,在欧洲国家,犹太人被欧洲各国居民视为异教徒,不同犹太人在职业上打交道。例如,当时犹太人也开设手工作坊,生产一些手工业品以维持自己的生活。但无论是犹太人经营手工作坊还是经营小商店,都受到行会组织的阻扰,他们并不能像基本的行会规则那样容许犹太人加入。比较例外的行业,如货币兑换、放债取息、收取佣金等业务,可以让犹太人从事经营。但这些借贷行业在当时是不受人们尊敬的行业,犹太人从事这一行业常被人们称作"放高利贷者",受到歧视。基督徒是不准放高利贷的。不仅如此,如果放债人所定的利率过高,教会可以让教会的神父等人告诉欠债人不必偿还债款;因为这样的借贷行为不受教会保护。

久而久之,在西欧国家,由于发展国际贸易的需要,放债收息的做法转移到国际贸易领域,一般小额贷款也仅限于政府出面借出。正因为政府参与了高利贷的经营,所以犹太人被宣布为"可以欠债不还",并渐渐成为一种惯例,吃亏的当然是犹太人,因为他们是斗不过政府的。

然而,在中国中原地区谋生的犹太人,无论是从事存贷款业务的,还是从事手工业行业的,却没有对从事这些业务的禁令。在中国商人看来,只要官方容许经营的行业,对犹太人一视同仁。这就表明,法无禁令的皆可为。在中国唐宋时期,由于向一切从事工商业活动的人们都采取公正、公开的措施,所以中国历史上没有出现过"排犹"事件。

三、置产的可能性

在欧洲国家,犹太人作为受歧视的异教徒,置产置业都受到歧视,即犹太人不得置地产,置庄园。在欧洲中世纪,这是各地都实行的一种规定。

这种禁令在西欧封建文化建立过程中一直被日耳曼贵族所遵守。王权逐渐被固定化以后,王权可以由国家的名义授予同王权关系密切的大臣,也可能以国家的名义赐给大商人、大富豪。因此,在欧洲某些国家,对待犹太民族的政策以后逐渐发生变化,即只要犹太人守法经营,他们依靠自己合法经营所积累的财富是有可能置产的。至于那些为王室或政府而经营工商业、金融业的富裕的犹太家族,则受到王室或政府的鼓励。但这主要是十六、十七世纪之后经常出现的现象,已与城市刚建立时的情况有很大的不同。

当然,对犹太族工商业、金融业从业者置产的容许,并不意味着民间不再存在对犹太人的种族歧视,因为宗教信仰仍然存在,通婚仍然受到严格限制,犹太人在这些欧洲国家内,主要在经济方面首先被认为可以得到与本国民众相同的待遇,如谋生之道、置产的可能性等,然而一涉及通婚问题,隔阂的存在是根深蒂固的,这是一道难以逾越的深沟。基督徒们始终把犹太人看成是异教徒,一方面,基督徒的家庭拒绝同异教徒联姻,家庭中不愿接纳犹太教徒,另一方面,犹太人家庭认为,维持祖先留下来的不同宗教信奉者不能通婚的信条绝不能打破,他们死守祖训,不敢背弃祖先们留下的成规。这表明,谋生之道和置产的可能性在某些欧洲国家有可能随着经济的发展而可以容许,但通婚联姻这一旧规矩却很难打破。甚至工业化开始之后,依然如此。在欧洲国家是这种情况,甚至在美洲大陆成为欧洲移民的谋生地之后,在婚姻方面仍保持过去的习俗,即不同宗教信仰的家庭是不能联姻的。

四、仕途

最后需要提到的是不同民族在仕途上的规则或惯例。仕途与谋生之道或置产的可能性相比,既有相似之处,又有不同之处。

就一个居于少数地位的民族的仕途而言,他们可能受到某种歧视,也可能不受歧视,主要看占多数地位的民族对待境内占少数地位的民族的态度。有时或一定的阶段内,是宽容的,这些占少数地位的民族成员在仕途方面不受歧视,他们有可能凭自己的才能或机遇而顺利地步入仕途。但有的时候或在一定的阶段内,却是不宽容的,境内占少数地位的民族成员在仕途上受到歧视,被排斥于仕途以外。

因此,同前面说过的谋生之道或置产的可能性相比,相似之处在于:是否让占少数地位的民族成员有机会进行宽松的职业选择，取决于占多数地位的民族是否愿意宽容地对待占少数地位的民族，让他们选择自己的职业和致富之路。而与谋生之路和置产的可能性相比，仕途通畅与否的机遇往往不是一开始就出现的。占多数地位的民族（如欧洲的基督教国家）对待占少数地位的民族（如欧洲基督教国家中的犹太人），可能先放开的是不同的谋生之路，如容许犹太人经营工商业和金融业企业，再容许犹太人置产，包括土地、住宅等，最后才开放仕途，让犹太人可以担任地位较差的公职，直到地位较高的官职。

这种有步骤的、渐进式的仕途开放，可能有法律法规的规定作为依据，也可能并没有法律法规的形式作为依据，而取决于欧洲国家的最高领导人的个人决策。只要欧洲国家的国王同意开放仕途给占少数地位的民族成员，这就表明了文化包容向前的推进，这是历史上的进步现象。

以上所提到的让少数民族有较广阔的谋生之路，有置产的可能性，特别是让少数民族有机会进入仕途，甚至升至高级职位，这些都是经过若干年的历史变化而成为事实的，而且在演进过程中有过反复，甚至暂停。但历史的进步是不变的，即使会有大的反复。德国境内犹太人的处境时好时坏，就是例证，以至于出现了在希特勒上台后屠杀犹太人，把犹太人集体关进集中营，进行种族灭绝这样的历史倒退现象和极端现象。

第三节 文化包容的意义

一、文化包容是文化融合的前提

从前面分析的文化包容的内涵可以清楚地看到，文化包容实际包括了以下四个重要方面：一是不同民族相处得融洽，特别是通婚联姻成为常见的现象；二是让不同民族的成员都有可能选择谋生之道，如开作坊、开商店、办工商企业和金融业，或者受雇于人；三是不同民族的成员如果自己有足够的财力，允许他们置业，包括购买土地、房屋等不动产；四是让不同民族的成员进入仕途，凭他们的才干和业绩，不仅可以担任一定的公职，还让他们有职位提升的机会。后面这三点，随着经济的发展可以逐步做到，而其中的第一点，即不同民族相处融洽，彼此之间的通婚联姻逐渐成为常见的现象，却是迟迟才实现。这样，文化包容便扩大了范围，文化融合也就具备了前提。

前面在讨论犹太人在唐宋元明清几朝时的处境时，已经指出，犹太人在中国之所以不被汉人、蒙古人、满人歧视，他们可以从事各种各样的职业以谋生，可以购地、建房、经营工商企业，也可以进入仕途，与中国不像欧洲国家把基督教奉为国教有很大的关系。中国民间，信教是自由的，佛教、道教、基督教可以由信徒们自己选择，这与犹太教在欧洲基督教国家视为异端，遭到欧洲国家的居民的抵制，是大不一样的。中国民间社会是多种宗教信仰并存的社会。因此，犹太人来到中国，他们依旧信仰自己的犹太教，中国政府不干预犹太人的信仰和生活习俗，这就形成了文化包容和民族和谐的前提。唐宋元明清历朝移居河南开封及其邻近地区的犹太人，不管是通过中亚、西域进入中原地区的，还是通过海上丝绸之路，在福建泉州一带登陆，再逐步转移到中原地区的，几百年以后，同中原地区的汉人相处得很好，汉人和犹太人可以成为很友善的邻居，也可以通婚联姻，有些犹太人仍坚持信仰犹太教，在本民族建立的犹太教教堂做祷告，有些犹太人则改用汉族姓氏，一口汉语，他们已融入汉族社会之中。

元朝是蒙古族人建立的朝代，清朝是满族人建立的朝代，但对于迁入中国境内的犹太人，同唐、宋、明这些汉族建立的朝代一样，不歧视犹太人，尊重犹太人的宗教信仰，尊重犹太人的职业选择，容许犹太人经营他们愿意从事的职业和置产。中国在历史上没有出现过"排犹事件"。即使在元朝或清朝，犹太人仍同过去一样，愿意进入仕途的，就熟读儒家经典，参加科举，考试成绩优良的，照样被任用为公职人员，同汉人和中国境内其他民族成员一样，循着朝廷制定的程序走下去。

正因为这样，犹太人在中国唐宋元明清各朝，一步步融入了中华文化之中。在世界其他国家，历史上找不到类似的现象。

这里特别需要注意的，在元朝统治时期，蒙古人对于各种各样的西域来的其他民族成员所实行的政策明显地优于汉人（指居住于华北和中原地区的汉人，更优于南宋地区的汉人）。这可能因为，在蒙古人看来，来自西域地区的其他民族的成员反抗蒙古人的可能性小于以前被金朝占领的区域的汉人，更小于南宋统治区域的汉人，因为南宋是最后才被南下的元军灭掉的，蒙古人认为使用西域来的不同民族成员，比汉人，特别是南宋统治地区的汉人更为可靠。

清朝统一中国后，自认是继承了明朝的正统，所以继续采取以满人为首，蒙古人、汉人、西域人以及南方各个少数民族的成员都有一定的谋生之道、置产可能性和进入仕途的机会的包容政策。这既与满族人数较少有关，也与清朝不愿扩大民族矛盾有关。清朝之所以不再修筑北方的长城，理由正在于：它认为既然外蒙古和内蒙古已经划入中国版图之内，在北方再修筑长城有什么必要？它直接指出，国家的稳定在于民心的拥护，如果民心不顺、民心不齐，即使花了大量财政支出，消耗了大量劳动力和建筑材料，修筑长城有什么用？清朝初期的皇帝能有这样的眼光和谋略，是可贵的，也是有远见的。

二、以佛教的中国化为例说明文化包容范围的扩大

佛教是从印度传来的宗教，在中国信奉佛教的人很多。但在中国有三件事是值得注意的：

第一，中国的佛教传播的面是很宽广的。真正潜心向佛的，主要是指僧侣尼姑，他们以佛寺庵堂为安身之地，诵读佛经。这没有把未出家的信徒包括在内。中国的民间有大量的佛教信徒，然而他们大体上处于这种情况下，即有事需求佛祖赐福的，便到寺庙去向佛祖、菩萨塑像跪拜，以求渡过困难，如家中有人重病缠身，或家中遇到危难，希望佛祖、菩萨保佑，还有，结婚多年无后或无子的家庭，到寺庙朝拜，并许下种种愿望。这些居民，甚至包括为官的、经商的、读书的人，也都有到庙宇进香，求得好运的习惯。拜佛回来，至少心理上可以取得平衡。这样的佛教信徒是中国佛教传播中的特色，但与国外不少信奉某个宗教的家庭是不一样的，以致有人评论中国的佛教信奉者时说：他们是"有事则拜，无事不拜"。

第二，中国民间传播的佛教教义虽多，但流行最广的，无非是这样四句话："善有善报，恶有恶报，不是不报，时候未到。"中国民间一般人都对这四句话深信不疑。于是形成了民间的佛教信仰，似乎这就是为人之道，就是决定每个人未来前途的至理名言。这四句话比更多的佛教经典所传布的都管用，都要深入人

心。换言之，人们唯有多行善事，才能逢凶化吉，才能一辈子平平安安。中国民间的伦理观念的形成，实际上与这种善恶观的普及有关。

第三，必须注意到唐朝佛教的突出变化，即禅宗的发展，是佛教融入中国的哲学思想的后果，使佛教教义更加人性化，更适合中国民间的民情和伦理观念。禅宗的形成并能在中国汉人居住的广大地区推广，表明了唐以后佛教的中国化，也说明了在中国流行的佛教已经越来越不同于印度的佛教和东南亚国家流行的佛教。

有名的神秀与惠能之争，即渐悟派与顿悟派之争，是南派禅宗形成过程中最持久的一场争论。其实，渐悟与顿悟都是有道理的。这既因为信佛者之间有人觉悟得快，有人觉悟得慢，人与人有区别，所以才有"渐悟与顿悟都有道理"的说法；此外，还由于对佛教经义的掌握并非一劳永逸之事。接受佛理的过程中，对每一个信徒来说，都需要有"时时勤拂拭"的自我反省自律的经历。从这个角度看，顿悟不能舍弃渐悟，渐悟同样不能回避顿悟的可能性。正因为中国化的佛教自唐朝以后同中国的哲学思想紧密地结合在一起而在民间被讨论，而中国的知识界在对佛教教义的讨论中使禅宗思想研究进一步深化，这样就把文化包容的范围不断扩大。以禅宗为例，禅宗对民间信仰的影响很大，禅宗在知识界的影响同样是很大的。禅宗的影响扩大同禅宗主张宽容的观点有密切的联系。而且，从唐朝以后，佛教在中国除了北传佛教，即大乘佛教以外，还有南传佛教，又称小乘佛教，传入云南境内傣族地区。另外，还有藏传佛教，它既来自中原地区（随唐朝文成公主带入西藏），也来自印度和尼泊尔。藏传佛教以后又分出若干教派,传播于藏族居住地区和蒙古族居住地区。

到了清朝,对中国境内的各种宗教采取宽容的政策,对佛教各派,包括南传佛教、藏传佛教,都一视同仁并无歧视。至于道教、伊斯兰教、基督教、犹太教等宗教,也都准予建教堂,收信徒,只要不违背清朝法律法规,就给予传教的许可。这一政策也就一直坚持下去。清朝所取缔的是某些旨在反清政府的"邪教",如白莲教、天理教等。

这一做法,甚至到清朝晚期仍持续下来。在某些地区,有些教堂或寺庙,是几个宗教共同建立的,如在宁夏银川,就有一座寺庙,既有佛教、道教,又有伊斯兰教的神殿,三教的信徒各自到自己崇拜的神像或教义前朝圣。

这种情况在世界其他国家是罕见的。

三、怎样看待中国历史上打击寺院势力的举措?

从中国境内的文化包容和文化融合的过程来看,在某些朝代曾经发生过打击佛教寺院的举措,以致各地推行强迫僧尼还俗、关闭寺庙、没收寺院土地等强制性手段。为什么会发生这些现象?在皇权看来,有这样几种考虑:

第一,由于一般小地主和佛教信徒为了保证自己今后生活无虞,愿意把自己的小块土地捐献给寺院,自己也加入僧侣队伍,这样,寺院的土地越来越多,寺院农田的收入是免税赋的,于是政府的税赋就不断减少,使皇权感到不安。

第二,不但小地主和佛教信徒把土地捐献给寺院,而且劳动力也随土地捐献一起成为寺院土地的耕作者了,他们不再像过去那样为政府服劳役或兵役。对政府来说,这是人力资源的重大流失。因此,皇帝在打击寺院时,一定要使那些投靠于寺院的劳动力或者还俗,或者从寺院中迁出。

第三,皇帝之所以要打击佛教寺院,另一个重要原因是害怕豪门大户同寺院势力勾结在一起,变成与皇权对抗的反中央的割据力量,从而有削弱皇权的可能。如果听之任之,最后有可能影响皇权的存在,甚至颠覆中央政府,改朝换代。

正由于上述这些原因,所以有些朝代采取过打击寺院、削弱寺院势力的举措。这种情形在国外也曾发生过。例如在东罗马帝国(拜占庭帝国)就有过皇帝打击教会势力的情形。俄罗斯国家也发生过中央政府打击东正教领袖以维护沙皇权威的过程。

然而削弱寺院势力与"消灭佛教"在中国历史上不是一回事。有的朝代之所以打击佛教寺院的势力,是从维护皇权的地位考虑的,但包括皇帝在内,决策者都不打算把广大民间的信佛的百姓视为打击对象,因为这对皇权的巩固没有任何好处,而激起民变只会对皇权不利。所以在打击寺院的同时,民间仍可继续念经诵佛,而避免激起民间信佛者的不满。

在中国历史上,有些朝代的皇帝有削弱寺院势力的举措,但并没有出现"消灭佛教"的极端做法。尤其是,在中国历史上,打击寺院势力主张是为了巩固皇权,防止寺院势力过大,而不是把某种宗教视为国教而排斥其他宗教,或有意扶植某种宗教而取缔另一种宗教。

有些朝代也曾出现过抬高道教地位的做法,但这并不意味着这些朝代故意贬低佛教的地位。提高道教的地位,可能是由于朝廷和皇室崇尚道教炼丹的本领,希望求得长生不老的秘方,也可能是误信外界的谣传,即认为道教能帮助本朝的军队打胜仗等。但即使抬高道教的地位,不等于皇帝就贬低佛教的地位,或限制民间信佛者信佛或对佛教有其他贬低措施。

在佛教传入中国后,长期内皇帝们总是把佛教和道教排在国家关注的两个最重要的位置上。佛教中国化以后,也就是禅宗流行以后,总的说来,在民间信教问题上,朝廷并未推行有意识扶植某一宗教而打击另一宗教的政策。让各种不同的宗教或宗教之下的宗派在自己传播的过程中自行成长,这也为文化的包容和相互了解创造了条件。

四、民生政策是关键

明清两朝先后采取的依然是不干预各种宗教自行传播的政策。比如说,在云南纳入明代版图之后,对于佛教的传播是不干预的。鸡足山作为佛教圣地,引来不少佛教信徒的参拜,以致影响越来越大。这是北传佛教的圣地之一。与此同时,云南西南部傣族聚居地区,南传佛教仍旧兴盛。明朝政府既不抑制北传佛教的传播,也不抑制南传佛教在云南西南部的传播。南传佛教同缅甸、泰国等地南传佛教的交流也从未受到阻扰。又如,在明朝以前由元朝统治云南期间,随着元军在云南各地的驻防,原籍西域和西北境内的居民所信仰的伊斯兰教也传入云南。明朝统治者,对伊斯兰教的传播同样不予干预,这些信徒在云南统称为回民。他们有清真寺等建筑物。这些建筑物,作为回民的参拜场所,也得到政府的保护。

清朝初年,平定三藩之乱后,在民间信仰方面采取包容的政策,对于北传佛教、南传佛教、伊斯兰教以及云南与西藏交界地区的藏传佛教,都不歧视,继续实行文化包容。即使在基督教经过缅甸而向滇西区域的少数民族和汉人传播后,清朝也包容下来。这一政策对于维持云南的社会稳定是有积极意义的。

清朝政府汲取了明末社会大动荡的教训,深知民生政策最为关键。民族之间的冲突,甚至会酿成社会动乱,主要原因仍在于苛捐杂税或劳役太重,以致民不聊生。因此,清朝政府把实行稳定社会的政策视为首要任务,力求安抚边疆的少数民族。但这里存在一个难以协调的问题,即在清朝政府看来,如果把少数民族聚居地区交给土著头人治理,固然可以平息或减少这些地区的冲突,但也有可能使当地的土著头人增加个人专制势力,为所欲为,使当地百姓遭到更多的剥削。这正是清政府反复考虑,最后仍决心"改土归流"的原因。

但清政府是无法解决西南少数民族地区的土地分配问题的。"改土归流"实现后,清政府对西南少数民族地区的土地归属只可能基本上遵循原来的制度,这样才能维持当地少数民族村寨的基本秩序,避免少数民族之间发生争地争林争水源之类的冲突。清政府在少数民族聚居地区,一般不派遣军队驻守,只在边境口岸或交通要道上保留少数驻军,以及在某些民族聚居地发生骚乱时,才派军队前去维持秩序,一般在骚乱平息之后就把军队撤出了。"改土归流"政策在当地是符合大一统国家的要求的。政府派出的官员(如县令等)还负有抗灾救灾、维护灾民,维持交通通畅,吸引外地商人进来振兴经济等任务。

正因为在民族聚居地区政府采取了发展经济和化解不同民族成员之间的陈年纠纷的政策措施,因此在中国西南地区的文化包容现象一直在逐渐推进,没有发生较大规模的少数民族与汉族之间、不同少数民族之间的冲突。这种情况一直延续到民国时期和抗日战争时期。

再说,在中国西南地区,土匪仍然是比较猖獗的。但根据抗日战场的西南地区的资料来看,一方面,国民党的驻军在这一带对土匪的进剿仍起作用,交通干道上基本上没有出现较大的抢劫案件(作者当时随家迁至湘西居住;作者和家人也曾到过四川和贵州,都是坐木船来往和搭乘公共汽车来往,在湘西的一些苗族、侗族聚居的村镇上,看到各个民族相互交往还比较和睦,土匪仍存在,但多半在较闭塞的地方活动,直到新中国成立后土匪才被解放军剿清)。

可见,抗日战争时期中国西南地区的经济发展和东部沿海沿江的民众的内迁对西南地区少数民族的相互交流有积极意义。

五、宗教冲突和民族隔阂的化解

根据中国历史的经验,特别是根据中华人民共和国建立以来的经验,宗教冲突和民族隔阂是可以逐步化解的,文化包容也是可以逐步实现的。

20 世纪 80 年代起,我曾到国内许多少数民族聚居地区进行有关脱贫致富和城镇化的调研。我的主要感受是:在改革开放和经济蓬勃发展过程中,在各个不同民族相互交流、相互学习的过程中,民族的向心力是不断增加的,离心力则不断减少。这是值得推广的好经验,对于社会和谐以及各族人民共同富裕的实现指明了方向。

文化包容是文化融合的前提,这一点已在各个少数民族向心力增长的氛围中得到验证。一个明显的经验是:尽管不同的少数民族通常有本民族的新年吉日,有本民族的欢庆方式,但汉族的春节(也就是农历正月初一的新年)却渐渐成为中华民族的共同盛大节日,真正做到了"普天同庆"。

要知道,在世界上不少国家都有"狂欢节"这样的习俗。而在近年来的中国,各个少数民族除了庆祝本民族的传统新年以外,汉族的新春佳节已渐渐演变为全民的"狂欢节"。从农历腊月末开始,到农历新年,再到农历正月十五元宵节,这些日子都成为不同少数民族和汉族群众共庆共贺、载歌载舞、舞狮舞龙的大喜日子。我和家人、学生一起,在湖南的苗族土家族、侗族地区同当地少数民族共度过春节,在贵州苗族、布依族、彝族地区,在云南的傣族、白族、景颇族等少数民族聚居地区,在宁夏银川、固原、青铜峡的回族聚居地区,青海的藏族、蒙古族和土族聚居地区,以及海南省的黎族、苗族聚居地区,还有重庆的土家族聚居地区,都度过春节。那里的少数民族,在农历春节期间同汉族居民一起,欢度春节,而且都是不分民族,一起跳舞,一起舞狮舞龙。而且最近几年,由于少数民族地区经济发展了,居民收入增加了,春节的气氛也越来越浓。这些都是文化包容和文化融合的反映。把农历春节说成是中华民族共同的"狂欢节",看来是有依据的。

少数民族聚居地区的另一个风俗习惯的变化是外出务工人数正在逐年增加。我们在内蒙古的蒙古族聚居地区调研,以及在贵州的苗族聚居地区调研,发现90年代外出务工的少数民族成员还不多,并且没有什么妇女,而在最近十多年,外出务工的男子和妇女都有,甚至还有夫妇一起外出的情形,其中既有夫妇在一个城镇务工的,也有夫妇不在一个城镇,而是分居于两个城镇,或两个省份的。有些家庭把孩子也带出来了,但更多的是把孩子留在老家,由爷爷奶奶照看。当然,也有些让孩子单独留在农村的,托付给邻居或亲戚照看。少数民族成员外出务工的人数增多,固然会造成农村的"空巢"现象,带来"留守老人"、"留守儿童"之类的社会问题,但另一方面,必须看到少数民族聚居地区外出务工人数的增加是文化包容的影响不断增长的反映。以我多次调研过的贵州毕节地区为例,当2004年我在毕节地区调查外出务工时,发现离开山区或村寨到沿海省市去务工的人数不多,他们认为离乡背井太辛苦,万一找不到合适的工作怎么办?而离开家乡外出务工,家里的承包田、承包山林又怎么办?毕节地区的少数民族有苗族,有彝族,还有回族等,他们过去大都没有到过贵阳,现在一下就到湖南、广东、湖北等省的城镇去务工,很不适应当地的生活,又该怎么办?所幸毕节党政领导一再鼓励他们到外省去闯,去参与建设,并宣称承包地、宅基地、村寨中的老房子的产权不变,外出务工者心里才有底,他们终于走出了大山,投身于所要去的城镇。从2006年起,毕节地区的党政机构推行了"先培训,再外出"的计划,使外出的务工者先掌握一门技艺,再介绍给外地需要劳动力的单位。于是历来被封闭于大山之中的苗族、彝族、回族等族的青壮年终于形成了一支庞大的务工队伍,在湖南、广东、湖北等地的企业或建筑工地上施展自己的才能。

我们在内蒙古自治区的巴彦淖尔、乌兰察布、赤峰、通辽等几个地区做了同样的调研。当地的外出务工现象,据资料显示,大体上开始于20世纪90年代,到了2005年以后,外出务工人数增加很快。据我们在巴彦淖尔和乌兰察布的调研,这里的外出务工者不少是进入呼和浩特市和包头市的,也有一些流动到乌海市和鄂尔多斯市,主要从事采煤、建筑、筑路工作,还有一些务工者从事绿化、环境保护、服务业。蒙古族外出劳动者有的被雇于规模经营的牧场。我们在锡林浩特市遇到一些放牧者,他们自称是受雇的牧工,替规模经营的牧场放牧牛、羊、马匹等。在赤峰市和通辽市,我们遇到一些经营餐饮业的小老板和服务员,他们说自己本来是牧民,但由于沙漠面积在扩大,缺水缺草,所以外出经营餐饮业了,有的则充当服务员。在通辽市,我们还遇到一些其他牧区流动到这里来的务工者,他们说:"家乡的年轻姑娘都外出务工去了,年轻的男子能出来的也出来了,剩下的、没有外出的成年男子不少是光棍,找不到对象。"怎么找到对象呢?据说只有外出务工,一来有机会遇到适当的人,二来多多少少能攒些钱,以便结婚。

不管怎样,从对贵州毕节地区和内蒙古巴彦淖尔、乌兰察布、赤峰、通辽几个地区的调研可以得知,农民的外出务工不仅使自己有机会找到合适的工作,使自己有机会认识更多的朋友,还能使自己找到对象,建立家庭。

与此同时,民族之间的交往增多了,各个不同民族之间的隔阂也会渐渐化解,这是文化包容的证据。在民族地区经济发展和社会稳定的过程中,除了在贵州和内蒙古看到的这些成就以外,在云南西北和西南等地我们同样发现了类似的情况。

民族之间的宗教隔阂,同样只有在民族交往和谐相处的氛围中逐步化解。文化包容不是仅仅依靠口头宣传就能做到的。过去较长时间内曾经有过如下的说法,即认为民族文化有先进与落后之分、文明与不文明之分。根据民族成员的某些风俗习惯而划出"先进文化"和"落后文化"、"文明的风俗"和"不文明的风俗",这是不利于各个不同的民族和谐相处的。某些习俗或节庆活动是民族文化的标志,然而对不同的民族文化进行"先进"和"落后"、"文明"和"不文明"的区别,不仅不能实现民族的和谐、民族的友好,反而容易加深民族之间的隔阂,使民族之间的裂缝扩大。文化的融合必须以文化的包容为前提,以不同民族的互相尊重、互帮互敬为前提。而且文化的融合是一个相当长的过程,不能以强制的手段"毕其功于一役",那样只能造成误解,而不能使民族之间的隔阂化解。对于当地少数民族的宗教信仰,应当尊重,多包容,这才能使民族之间的关系日益和谐。

六、城镇化在文化包容方面的促进作用

关于城镇化问题,前面第二章第四节已有阐述,这里再做些补充。

在西方国家,工业化和城市化实际上是同步推进的。英国大约从18世纪60—70年代就开始"工业革命",一方面建立了一些工业企业,另一方面从农村向城市流入了城市急需的劳动力,因此工业化过程也就是城市化过程。19世纪前期,西欧大陆国家,主要指法国、比利时、德国境内的一些邦,稍后,东欧、南欧和北欧的国家也加入了工业化行列,这些大陆国家同英国一样,工业劳动力不足,于是从农村中流出的劳动力填补工业化的需求。

这样,英国是最早出现"城市病"的国家,欧洲大陆国家在工业化开始后,也逐步发生了"城市病"。这里所说的"城市病",包括城市街道拥挤;进城务工的农民没有住处,自己搭建窝棚居

住,形成了棚户区,也就是贫民窟;城市空气污浊,脏水到处流,噪声严重;加之,城市中工作岗位有限而涌进城市寻找工作的农民(不仅有本国的农民,而且有来自更加穷困的东欧、近东、南欧、北非国家的农民和无业者)过多,城市的社会治安恶化,等等。这些问题被称为"城市病"。

"城市病"大约从19世纪末到20世纪初在西欧工业化国家的城市中就越来越严重了,以至于在英国、法国、德国等经济发展较快的国家出现了"逆城市化现象"或"反城市化现象"。这是指:在比较富裕的家庭看来,城市照这样下去,已经变成不适合居住的地方,他们纷纷迁移到城市郊区,甚至在附近的农村中购买或新建住宅,长年在那里居住。城市中的住所,或被卖掉,或仍保留,有时回来居住。小汽车进入富裕市民家庭后,"逆城市化现象"或"反城市化现象"更普遍了,因为交通便利了。

然而,在富裕市民家庭迁离城市的同时,穷人及其家庭仍继续迁入城市,其目的是想找到一份工作。同乡观念在这种场合起着重要作用,因为在同乡务工者的帮助下,新来的寻找工作的农民或无业者有可能先有落足之地,或有安置家庭的场所,并且可以使这些寻找工作的人找到工作。在英国伦敦,这些陆续进入城市的外来人口渐渐形成了不同的聚居区,比如说,有的聚居区以英国本土的移民者为主,有的聚居区以印度人为主,有的聚居区则以中东、北非的移民为主。尽管不同来源的寻找工作的劳动者之间有时有摩擦,或在文化上有隔阂,但仍有交流,有相互帮助的行为。

这些都可以看作文化包容的例证。

在中国,鸦片战争之后,外资建立的工厂渐渐增多。第一次世界大战爆发后,各个通商口岸城市还有过民族资本投资建厂的高潮。这些城市同样出现了劳动力不足的问题,因此,吸引外地务工者前来成为工业化过程中的大事之一。但当时没有农村户籍和城市户籍之分,农民进城做工,他们的妻子儿女也搬到了城市。

自从1958年中国的户籍制度变为二元制以后,城市户籍和农村户籍一分为二,农村户籍的劳动力即使到城市里务工,也保留农村户籍,称为"农民工"。

对于少数民族聚居地区而言,城乡二元户籍同样存在,对少数民族中的农村户籍人的限制同样存在。在这种情况下,少数民族聚居地区的农民想进入城镇工作,更加困难。这是因为,不同民族之间的隔阂被人为地固化了,文化的包容受到了限制,更不必说走向文化的融合了。

由此可见,城镇化的推进实际上从两个方向促成了中国社会的不断和谐。

一方面破除多年来的城乡二元户籍制度对中国城乡造成的隔阂,破除农村户籍的群众进城前后受到的不公平的待遇。

另一方面,是在少数民族聚居地区,由于城乡二元户籍制度的存在使少数民族的农牧民或农村中的手工业者一直处于被隔离的状态,他们进城谋生困难、置产困难,与其他民族的成员难以交流,也就是说,这对于不同民族之间的交流和相互了解而言,无疑缺少了城镇这样一个重要的平台,因为少数民族成员都被束缚于本民族聚居的村寨内,终年接触的都是同村寨的,他们怎么可能不受封闭于农村之害呢?再说,他们无法使用城镇这个交流的平台,又怎能像城镇中的居民那样公平地分享改革开放和经济发展的成果呢?

从以上两个方面的分析,我们就可以了解城镇化对全民族发展的重要意义了。在现阶段的城镇化过程中,着重的是"人的城镇化",是"以人为本"的城镇化,是促进文化包容、文化融合的城镇化。这对城乡同步繁荣发展和民族和谐是具有重大意义的。

我们把现阶段中国所推进的城镇化称作"新城镇化",这意味着我们不再像以前那样把农村劳动力的进城视为单纯增加城市劳动力的措施,而是把新城镇化视为一项关系到中国今后城乡协调发展的改革措施。首先是要贯彻创新、协调、绿色、开放、共享的新发展理念,推动我国经济社会持续健康发展,确保如期实现全面建成小康社会奋斗目标。各省、市、自治区的城镇化的进程中,都应当把城乡二元户籍制度的改革列入最近几年的工作安排,务求早日实现估计有将近四亿农民的进城安排。也就是说,在户籍逐步从二元化转变为一元化的过程中,要让广大"农民工"和他们的家属成为新市民,进入城镇安家居住。这也是调整产业结构,扩大消费,改善城市乡村之间的经济发展和社会和谐关系的不可忽略的步骤。

据初步估计,到 2015 年年终,我国的"农民工"大约有 2.6 亿—2.7 亿人。再加上大约四千多万的农村已婚妇女,她们同丈夫长期分居;另有四千多万的农村"留守儿童",他们缺少家长的抚育、照顾;还有四千万左右的农村"留守老人",所以汇集起来说四亿左右的进城农民在城镇上安家落户是符合实际情况的。

城乡二元户籍制度转变为城乡一元户籍制度的过程,在最近几年对中国经济社会的发展会带来多大的好处,是可以想象的;不但会大大增加消费和增加投资,而且会带动第一产业、第二产业,特别是第三产业的发展。这样大的变化在全世界是完全没有先例的。

同样应当关注的是:"以人为本"的"城镇化"、"新城镇化"进程,对汉族居民和少数民族居民的交流和友好交往的意义不可忽视。正如前面已经提到的,在城乡二元户籍制度之下,少数民族的农牧民也有进城务工或经营工商业、服务业的,但由于农村户籍的存在,他们很难在城镇中得到发展,他们的孩子也很难同城内汉族居民的孩子在一起学习和生活。这种情况大大影响了不同民族的成人和儿童在城镇这个大平台上交流。少数民族成员在农村户籍制度下,往往被限制在村寨之内,民族之间的隔阂长期存在,民族之间的交流长期受到限制,根本谈不上民族之间的文化交流、文化包容,更不可能实现文化融合了。因此我们可以预料,"新城镇化"的推行和城乡二元户籍制度的改革所带来的一个深刻变化将是:走向文化包容和文化融合之路通畅了,在城镇化这个大平台上,各个民族将会在中共十八大和十八届三中全会、四中全会、五中全会决议的指引下更加团结一致地为中国梦的实现而贡献自己的力量。

第六章　文化自信

第一节　文化自信的意义

一、什么是文化自信？

这里所谈到的文化自信，是指一个民族对于自己的传统、自己的文化、自己的核心价值观等都应当有充分的自信。文化自信与民族自信是共存的，也是不可分的。

以我国境内的各个民族来说，自从轩辕、神农、蚩尤等氏族领导人把众多部落组成最早的政治组织，致力于发展经济、安定社会、开拓疆土、形成稳定的社会秩序起，华夏民族便开始形成了。最早的华夏文化也由此开始在境内传播开来。

从那以后，经过几千年的发展，再经过疆土的扩大、经济的昌盛，尽管境内的战乱不曾停止过，但和平年份总是多于战乱年份，文化传统一直沿袭下来，并且内容越来越丰富。可以说，这全靠历朝历代文化的传承才使得中国文化成为世界上少有的如此长期延续并不断发扬光大的文化之一。

文化的延续和发扬光大依靠着民族的自信、文化的自信。民族自信和文化自信是牢牢地结合在一起的。正如本书在前几章已经一再提到的，即使在社会大动荡的年代里，战争不绝，朝代更替,边境的少数民族南下中原,建立国家或地方政权,但文化依旧在丰富自身的内容,文化的传承始终未断。不仅如此,城市由于战争的破坏而在一段时间内经济萧条,居民外逃到农村或山地避难,但文化却传承下来,不曾因战乱而中断。在政府瘫痪而难以同过去那样进行有章法可依进行治理的年代里,在广大农村仍然实行村民的自治,保存着依赖习惯、依赖道德力量而维持社会安定的格局。这就是文化自信的反映。甚至可以认为,中国社会每经历一次社会大动乱,就会出现一次新朝代的盛世,新朝代的兴盛繁荣往往超过了战乱之前。汉朝初年的文景之治,唐朝初年的贞观之治、开元之治,宋朝的一统中原和江南,明朝的永乐年间,清朝康熙、雍正和乾隆一百多年的盛世,就是例证。

这些历史事实,从根源上看,无一不和中华民族的文化自信有关。如果民间没有文化自信,怎能在政权更替之后发挥这样大的动力来修复破碎的山河?如果新的统治集团(从新朝代的创立者到一批受命主持中央政府和地方政府的官员)对文化没有自信,对中国民情社情没有足够的认识,也就不可能出现所谓的盛世和繁荣。

这就清楚地说明:从社会大动乱到新朝代的施政,必然有文化的传统和文化的自信作为基础。文化自信实际上包含一种浓厚的治理理念,即多年积累和传承的文化传统告诉了广大民众,不付出辛勤的劳动是不可能重建繁荣和改善民生的,不以诚信为本也是不可能恢复社会秩序和民间的正常生活的。这是来自民间对文化的自信。同样的道理,在新朝初期的统治者看来,要让河山统治长久,应当在政策上做某些调整,如减轻赋税,鼓励移民开垦荒地,力求缓和社会矛盾等,这些其实都是前朝引起社会动乱的教训的总结,而在历朝历代的史书中都有阐述。因此,文化自信实际上是基于长时期的筛选,把民族中共同遵守、共同激励的精华的行为准则汇集起来而留给后人的部分。尊重文化的积存,就是把文化的珍品作为共同信奉的行为准则而传给后人。文化的自信无疑就是民族的自信。

二、要旗帜鲜明地反对历史虚无主义和民族虚无主义

历史虚无主义、民族虚无主义都是极其有害的。如果用历史虚无主义来对待本国的历史,认为这也不如外国,那也不如外国,那样就根本谈不到文化自信。同样的道理,如果用民族虚无主义的观念来看待民族的历史和现状,得出这也不如过去,那也不如过去,那也就根本谈不到民族的自信。

我们承认历史上正确的信念和错误的信念往往是并存的,正确的信念和错误的信念经常混同在一起,都对民间和政界有影响,甚至在较长的时间内一种错误的信念会占上风,对正确的信念进行打压、限制、扼杀。但历史毕竟是在不同信念的斗争中前进的。时间会像筛子那样对各种信念进行筛选。错误的信念不管当时多么盛行,正确的信念不管当时多么受到打压,受到扼杀,但历史仍然会使人们懂得:错误的信念会被越来越多的人所摒弃,正确的信念最终会被公众所认可,成为人们信奉的准则。也许这种认同所经历的时间很漫长,但如同大浪淘沙那样,经过多年的筛选,作为文化珍品传承下来的,一定会受到全民族的认同。

历史虚无主义和民族虚无主义通常还是相互影响的。当一

些人以历史虚无主义的眼光来看待本民族的历史时,往往否定本民族的成就和业绩,似乎本民族一无所长,一无所成,给人民带来的只是说不尽的苦难和压迫,而且今后也未必能摆脱这样的命运。结果如何呢?本民族的历史还有什么可以怀念的?还有什么样的民族英雄人物可以崇敬的?当一些人以民族虚无主义来看待本民族的历史时,只会感到悲哀,感到惭愧,似乎本民族在历史上没有什么值得留恋的,也没有什么可以留传给后人的。这显然不符合本民族的历史。

为了把文化自信这个概念说得更透彻些,以下让我们转入对认同概念的分析。

三、认同和文化自信

认同是历史上很早就出现的一种概念,甚至可以认为,从原始社会起,认同这个概念就存在了。人是群体中的一员,人不能离开自己的那个群体,特别是在原始社会中,任何一个人如果不认同自己的群体,或者脱离了那个群体,是无法生存下去的。认同就是从个人同群体之间的关系而言的。

因此,认同的含义是:一个人作为某个群体中的一员,他有意识或无意识地把这个群体看成自己的组织,他不仅同这个群体协调、适应,而且也同这个群体中的其他成员彼此协调,相互适应。换言之,认同就是一个人承认自己同某个群体是适应的,承认自己是某个群体的一分子,自己与那个群体是合为一体的。原始社会中,一个人认同自己是属于某个部落的,是某个部落的成员之一,这就意味着他必须忠于这个部落,听从或效忠于该群体,否则就会被该部落斥为异己分子,直到被逐出该部落,甚至被处死。

以后,随着社会的进步,人们同群体之间的关系比部落成员同部落之间的关系复杂多了。首先,在部落和部落联盟的基础上建立了国家或城邦,有了政府。居民个人同国家(或城邦)之间的认同便代替了以前的个人同部落之间的认同关系。除此以外,社会上人们之间的交往增多了,出现了各种各样的群体,同时也就出现了形形色色的认同关系。这些群体有大有小,最小的群体可能就是一个家庭、一个小村庄、一个小手工作坊,这里有作坊主(匠师)、帮工和学徒,此外还有作坊主的家属。再到后来,随着经济的发展,作坊多了,每个行业的作坊主(匠师)联合起来组成了手工行会;商人多了,组织起来成立了商会;帮工们感到自己也应当有一个互助共济的组织,于是也成立了帮工协会。这在西欧各国中世纪城市是很典型的。作坊主们成为某一个行业的行会组织的领导人,参加该行会的匠师们便有了对自己的行会的相互认同关系。与此同时,商会、帮工协会的成员同自己的组织之间的相互认同关系也产生了。

宗教的传播过程中,同样较早就形成了本宗教的教会组织。不同的宗教信徒有各自认同的宗教组织。同一个宗教之下可能分为不同的教派,信徒们也可能认同于这一教派,另一些信徒则可能认同另一教派,他们之间可能处于对立的状态,也可能相安无事,争论可能集中在不同教派的高层之间,而信徒们则有可能各自服从所信奉的教派组织,不同其他教派往来。

群体的变化继续存在,后来,又出现了政党。加入某一政党的成员同自己加入的政党之间,可能存在紧密的认同关系,也可能只存在松散的认同关系。由于政党之间有不同的政策主张,还可能陆续出现新的政党,所以参加某一政党的成员会有退出原来的政党而转入另一政党的可能。认同关系也就相应地改变了。

以上所说的这些状况,在世界转入工业化阶段以后,人们参加的群体更多了。比如说,一个人在城市里购买了一套商品房,迁到该房屋居住,就自然而然地参加了社区组织、业主组织,成为这里的群体中的一员。对于这样的群体,他有认同这一群体的责任,他也有责任维护这一群体的种种规定。再如,一个研究某个专业的学者,因各种关系而成为该专业的学术团体的一员。这样的学术团体也就成为他所认同的一个群体。他对于损害本学术团体的行为有责任揭发,有责任与之斗争。这体现了他的责任感,因为他既然认同了这个学术团体,就应当维护该学术团体的名誉。

个人参加某一群体,或成为该群体的成员,可能与个人利益没有什么必然的联系。例如,他热衷于濒危动植物的保护,或热衷于湿地的保护,或热衷于某文化遗址的保护,这未必会对个人有什么直接的利益关系,而纯粹是出于对某种事业的关心。还有,社会上有一些慈善、公益组织,某些人热衷于慈善、公益事业,于是就参加相关的慈善、公益活动而根本不考虑这对自己有什么利益,继续为该项慈善、公益活动效力。这种对群体的认同,不可能从对个人有什么利益的角度来解释。

由此可知,认同实际上是一种文化现象。认同在现代社会中,越来越被社会承认是超越市场和超越政府的一种社会力量,它的基础就是文化。

不妨举一个最细微的事情。某个家庭有三个男孩。当初家庭经济很困难,所以第一个男孩初中一毕业,就出来寻找工作,帮助父亲,共同担负养家的责任。以后,家庭经济开始好转,第二个男孩高中毕业了,也考取了某个大学。但他大学毕业以后,必须工作,以减轻家庭的负担。又过几年,家庭经济状况进一步改善,这时,家庭的第三个男孩也大学毕业了,他可以读研究生了,也许还出国留学。只要第一个孩子和第二个孩子对家庭是认同的,对父母当年的处境是充分理解的,他们不会有"自己从小在家中是受歧视"的感觉,他们不会问:"为什么我初中毕业就必须出来工作?""为什么我大学一毕业就要就业而不能读研究生?"因为他们认同了这个家。在这种场合,认同是非强迫的,而是认同者自觉自愿的。对家庭成员来说,对家的认同,对父母亲做出的决策的认同,不仅自觉自愿,而且会感到这是最好的决策。从这个意义上说,认同体现了一种文化、一种出自内心的服从。

要知道,一个人之所以属于某个群体,至少有两种可能性。一种可能性是,这是无法选择的;另一种可能性,这是经过考虑之后所做出的选择。

比如说,一个人出生在某个地区、某个国家、某个家庭,他对此没有选择的可能。他出生在什么样的家庭中,父母是什么样的人,出生时是独子还是有兄弟姐妹,他的出生地在何处,年幼时家庭是否迁移……这些都是这个人生下来以后就注定的。他无从选择。

但另一种情况是,在度过少年时期以后,尤其在成年以后,他在什么样的学校读书,结交了什么样的同学,受到哪些教师和同学们的影响,他参加工作以后又会受到同事的影响,这些都不是靠家庭或本人的选择所能决定的。那么,如果已经成年的家庭成员在对待家庭成员(如父母、兄弟姐妹)时,仍有坚定的认同,那只能认为是家庭教育的结果,是文化的反映。这就是家庭环境多年所培育出来的文化自信。

其实,认同完全可以被称作一定的文化的积累。例如,对自己所信奉的观念的坚持,对于职业的责任感,对于自己所喜爱的商品品牌的信赖而不愿更换,对某种体育竞赛的某个选手或某项球赛的球队的支持等,都可以看成是一种认同。这同样反映了一种文化自信。

这样,我们对认同的认识就加深了,对于社会上各种认同现象的了解也就深刻了。①

第二节 对人力资本概念的全面了解

一、人力资本概述

20世纪60年代以前,经济学家们虽然有人关注教育、人的培养、劳动力素质,甚至国民教育素质等问题,认同教育的重要意义,但还未正式使用人力资本这个术语。人力资本这个术语是20世纪60—70年代内流行起来的。

人力资本概念的传播是经济学理论的一个重大的进步。在这以前,经济学界在讨论资本时,所关心的只是物质资本,也就是生产资料所构成的资本,包括厂房所占用的土地、厂房、设备、

---

① 在本书第八章第一节"共同命运观的提出"中,对这些问题将有进一步的论述。

原材料、燃料、动力以及零配件、运输手段等。所有这些物质资本都是由货币转化而来的,因此货币资本的投入被看成是不可缺少的。哪一个国家的货币资本投入多,这个国家在经济发展中就居于前列,哪一个企业或企业集团拥有更多的货币资本,并把货币资本转化为先进的厂房、设备、原材料等,这个企业或企业集团就能不断壮大,在市场上处于领先状态。

20世纪60—70年代以后,关于资本的概念增添了新的内容,即把人力资本纳入了资本的范围。人力资本,用最简明扼要的语言来表述,是指体现于人身上的知识、技能、经验和智慧,也包括了人的品质、人的责任感、人的刻苦勤奋以及人的不满足现有的知识水平和技术水平而愿意不断学习的精神。这些都被视为人力资本的重要内容。

有了人力资本,特别是人力资本中涉及人的品质、人的责任感、人的刻苦勤奋精神和不断求知、学习的积极性等方面,人力资本的内涵就丰富多了。在一些经济学家看来,与物质资本相比,人力资本越来越重要。工业化越是向前推进,人力资本就越显得重要。人们通常举证说,战争期间,一个国家可能受到巨大损失,如铁路被炸毁了,桥梁被炸断了,港口设施被摧毁了,企业厂房设备和居民住宅甚至整个城镇被炸为一片废墟,但只要人力资本仍在,并致力于重建,铁路、大桥、港口设施、厂房设备、居民住宅以及整个城镇都能很快重建,甚至建设得比战前更好。这就是人力资本重要作用的体现。如果一个国家没有足够的人力资本,没有高素质的人力资本,那就难以把战争废墟变为新建的城镇。

经济学家还认为,随着工业化的进展和信息化的推广,人力资本的重要作用比过去任何时期都更加突出。这也是以往所不能比拟的。例如,专利的增多、技术新领域的开辟以及高技能的劳动者在全体劳动者中的比例的增加,都是前所未有的。过去认为没有劳动力就难以维持经济增长,现在则认为,没有高端的科学家的引领,没有高度熟练的技师技工的操作,就不可能使产业升级、产品升级。这就促使各国对高端人才的需求增长,相形之下,高端人才的供给则跟不上需求的增速。这种情况也是一百年前、五十年前,甚至十年以前所不能想象的。

不仅如此,科学技术的发展和信息化的推广,也对每一个工作岗位上的工作者的纪律性和共事合作精神有更加严格的要求。如果工作者缺乏纪律,或缺乏共事合作精神,甚至自行其是,不能同其他工作人员配合,或者不能适应先进技术条件下对刻苦学习的要求,都会被淘汰出局。这同样是过去不曾出现过的。

由此可见,科学技术越进步、信息化的范围越广阔,对工作者(不管是科学家、工程师、管理人员,还是技师技工)的素质和技能越有更高的要求。关键仍然在于既要有工作人员艰苦学习新知识、新技能的决心和毅力,也需要全社会有这种勤于学习和研究的氛围,形成一种社会风气。这种社会风气也是一种督促和无形的压力。一旦形成了全国上下热衷学习、研究的风气,工作人员就会半自觉地甚至自觉地卷入学习、深造的潮流之中。

这样,人力资本无论对个人来说,还是对劳动者集体、工作者集体来说,都会进入日益增长的阶段。不同地区相比有的可能增长得快一些、多一些,也有的地区可能增长得慢一些、幅度小一些。但不管怎样,人力资本的增长肯定会成为各个地区的一致趋势。这是可以预料的。

二、人力资本的累积就是文化的累积

人力资本是如何累积起来的？根据近年来经济学界的研究，主要依靠以下三个途径：

一是学习，包括在各级学校中的学习和脱离学校后的自学。通过学习，知识增加了，技能也增长了。所以学习被认为是基本的方式，有助于使一个人的人力资本增加。

二是工作经验的积累。离开学校以后，人们一般都参加了工作，包括受雇受聘于某个单位或企业，或自行经营，如务农、经营企业或从商，也包括从事自由职业，如从事写作、艺术创作、开诊所等。一个人一生中的职业是可能更换的，行业或个人的专长也是可以变化的。这样，他的经验也可能来自多个方面。个人经验的不断积累，是个人人力资本内容的充实，意味着个人知识和技能的增长。

三是社会、家庭、朋友们等不断施加的有益的影响，使个人的社会责任感不断提升，也使得个人的诚信不断增强。当然，在个人一生中，会受到家庭成员、朋友、同事、同学等人的正面影响，但也不排斥来自外界的负面影响。这主要取决于每一个人如何对待这种负面影响，有些人在不同的负面影响之下堕落了，但更多的人却能排除各种不同的负面影响，坚持自己的正确道路走下去。因此，在讨论一个人品行的端正与否、道德修养的高下、社会责任感的有无或大小时，不能忽视人的一生中所受到的社会、家庭、朋友、同事、同学的影响和个人的自制力。"近朱者赤，近墨者黑"，周围人群对于个人品行的影响是不可忽视的。这是人力资本成长过程中往往容易被漏掉的一个方面。

综上所述,在讨论人力资本的累积时,上述三个途径都应当被考虑在内。学习(包括自学)无疑是基本途径,个人工作经验的增加同样重要,而且随着年龄的增长,个人工作经验对人力资本的增加所占的比重一般也会增加。除此以外,我们同样不应当忽视社会、家庭、朋友对一个人不断施加的正面影响或负面影响。三个途径的并存,可以说,对人一生的人力资本状况的影响都不可略去不论。

需要进一步探讨的是人力资本的累积就是文化的累积。这可以从两个方面来分析:一是从个人的角度来看,二是从社会的角度来看。这两个方面往往是联系在一起的。

先从个人的角度来分析。如上所说,只要个人勤于学习,无论是进入学校学习还是努力自学,都能够使学识丰富,技能长进。这既是个人人力资本的增添,也是文化的累积。个人工作经验不断累积,同样是文化累积的例证。更重要的是一个人在学校上学期间、工作期间和同朋友、同乡、同事之间来往时,受到他们的正面影响而积累的个人品行的提高,这更是个人的人力资本增加的体现,因此也可以称为个人的文化积累的一部分。人力资本积累和文化积累的结合,实际上对个人一生的品质的提升是一件大事,其意义绝不可低估。

再从社会的角度来分析。当社会上大多数人都能自觉地学习知识、学习技能,并能从个人的工作中积累经验,渐渐成为熟练的工作人员时,社会中的人力资本存量会不断增长,通常所说的"人口红利"就会增长。在这种情况下,"旧人口红利"将转化为"新人口红利"。这里所说的"旧人口红利",是指依靠工资成本较低的廉价农村劳动力供应而使经济得到支撑而产生的"人口红利"。这里所说的"新人口红利",则是指工作人员(包括体力劳动者在内)由于知识增长、技术水平上升和工作熟练而产生的效果。"新人口红利"的不断涌现,是经济得以不断发展的新的支柱。

更重要的是,当社会风气不断转换,人们都在社会风气的影响下,讲道德修养,讲互助友爱,互帮互学,讲诚信,讲社会责任感,讲家庭责任感等,这样,社会和谐就成为社会风气的结果。社会就会涌现新的"红利",也就是通常所说的或所盼望的"社会和谐红利"。

"社会和谐红利"是社会主义核心价值观的体现。这是社会共同企望的,这正是文化积累的成果,也是人们的文化自信的反映。

三、再论文化自信和人力资本的关系

正如前面所说,人力资本在经济发展和社会和谐方面的积极作用,远不是从技术进步和工作者能力提升的角度所能说清楚的,文化自信只能由此得到部分的解释。要全面地说明文化自信的产生和在社会经济中发挥的作用,更重要的是以下三点:一是文化的优良传统,二是道德力量在社会调节中所起的不可忽视的作用,三是制度自信。

现从这三个方面做进一步的阐释。

(一) 文化的优良传统

文化的优良传统是历朝历代祖先们所传承下来的。尽管他们生活于不同年代,工作、劳动于不同的领域,但处处留下了优良的传统。有些记载于乡规民约之中,有些被写入了典籍,还有些纯粹是口头相传,但人们把它们记在心里。这些实际上都是珍贵的文化遗产。文化遗产在历朝历代经历了筛选,如同筛选金矿矿砂一样,把经得起历史评价的文化一代代传下去。这正是中华民族的骄傲。

(二)道德力量在社会调节中的作用

前面在谈到市场调节、政府调节这两种调节时曾经提到过第三种调节,即道德力量的调节。前面还提到,道德力量的调节又称文化调节。在市场调节和政府调节尚未出现的原始社会内,道德力量调节是当时唯一的调节。在市场调节、政府调节起作用的场合仍然需要有道德力量的调节作用作为配合,否则市场调节和政府调节都可能发生效率的减退现象。因此,道德力量调节的作用往往是促进市场调节和政府调节发挥作用的。这一点也被中国历史和现实所证明。

(三)制度自信

文化自信的源泉不能离开所依靠的制度自信。在封建制度下,尽管人们可以有文化自信,但由于不合理的封建制度的干扰和阻碍,人们的积极性难以充分发挥,血统论、等级制、身份制、权威的压抑、专制统治等,也极大地挫伤了人们的文化自信。这在封建制度下已经成为束缚人们思想和行为的桎梏。即使在建立社会主义制度之后,如果法制不健全、体制不合理、官员不尽职等现象继续存在,人们对社会主义制度的自信就会减少,从而文化自信也会深受影响。可见,人们对社会主义制度的自信不是自然而然产生的。这应当是同法制建设、体制改革的深化密切有关。

改革开放以来,尤其是中共十八大以来,关于法治建设的进度大大加快了,依法治国成为全民的共识,而市场化的改革也一直在加紧推行,市场调节在资源配置中起决定性作用的改革进展,使经济中发生了巨大变化。简政放权不仅体现于国家把现在法律法规和规章制度中不符合市场化的内容或取消或改变,而且还体现于政府权力清单、政府责任清单和负面清单的公布,大大调动了人民群众的积极性,扼制了政府及其工作人员的乱作为、不作为的现象。这样就增加了公众对社会主义制度的自信。制度自信增强了,文化自信也增强了,这就是社会走向和谐、稳定、繁荣和经济走向持续发展的保证。

人力资本在这样的基础上,必然不断充实其内涵,人力资本的作用也将随着文化自信和制度自信的增强而进入新的平台,这是完全可以预料的。

第三节 培育年轻一代的创新精神

一、从效率标准和道德标准的统一谈起

在经济学发展和演进的过程中,有关效率标准和道德标准的争议一直没有停止过。由于经济学被认为是旨在研究资源配置的有效性和合理性的科学,所以资源配置效率被不少经济学家看成是首要的任务。至于道德问题,则被一些经济学家认为是经济学研究以外的课题,从而道德方面的问题就不在考虑之列了。当然,一些研究制度经济学的专家们则持有不同的看法,认为道德判断也是经济学的研究对象。这是因为,经济学需要

研究经济学的规范,效率标准的探索固然重要,但那只是实证研究,而道德标准却是规范研究,实证研究和规范研究是不可割裂的。否则,经济学就无法解释现实生活中许多同规范有关的问题。换言之,经济学中既需要实证研究,也需要规范研究。实证研究要说明的是"是什么"、"不是什么",规范研究要说明的是"应当如何如何"、"不应当如何如何"。关于这些,本书前面已有说明。

按照规范经济学的原则,效率标准和道德标准是互补的,只有效率标准而没有道德标准,经济发展的目标就被限制于以效率增长为"是"、为"善"的框架内。同样的道理,效率下降就是"非"、就是"恶"。这样,怎么可能正确地评价人们的经济活动和经济给人们带来的结果呢?不妨举两个常见的例子。

一个例子是:为了增加GDP,一个地区挖掘大量煤炭,用于建立火力发电厂,供应电力。单纯从投入与产出之比来看,GDP可能是增长的,因此从效率标准来看,煤产量、发电量都增长了,显然应列为"善"。然而,为什么不从环境恶化的角度来考察呢?环境恶化会对该地区的居民生活质量造成什么样的恶果,给当地的人们健康带来什么样的危害,这些难道不应当考虑在内吗?从道德标准来看,这是一个有社会责任感的经济学家、政治学家、社会学家都不能不予以指责的问题。

再举一个例子。有的地区有大片湿地。当地政府为了增产粮食,着手把湿地变成农田。从生产的角度看,结果是大片湿地变成农田,粮食的确增产了,GDP也增多了,但湿地消失后的损失,有谁加以测算呢?也就是说,湿地消失会给当地居民带来多么严重的损失是未测算的。湿地对当地的危害可能是长期的,候鸟栖息地的消失对生态的破坏也难以估算。所以这是经济发展过程中应当牢记的教训。单纯以效率标准来计算是远远不够的。

类似的例子还很多。从这里我们可以了解到,效率标准和道德标准实际上是不可分开的。这才有利于既有实证分析,又有规范分析,做到效率标准和道德标准的统一。

为了使这个问题分析研究得深化,让我们以农民的创业创新和人力资本的增长为例,在农民人力资本的提升方面进行进一步的探讨。

二、伟大的实践:让数以千百万计的农民成为创业者和创新者

几千年来,农民作为最基层的生产者一直处于辛苦劳动而得不到社会关怀和照顾的状态。封建制度下农民的恶劣处境,这里就不必叙述了。就以1949年新中国成立以后广大农民的处境谈起。自从确立社会主义计划经济体制以来,在人民公社制度之下,农民的积极性受到抑制,农民被束缚于人民公社之中,城乡二元户籍制度堵塞了他们自主发展、自主经营的机会。加之,在长时期内,对农村的投入不足,农村的面貌变化不大,农民收入低下,农村教育设施差,农村劳动生产率增长缓慢,甚至多年劳动生产率不变而人口却在不断增加,等等。一直到中共十一届三中全会以后,由于农村家庭承包制的推行,农村情况才开始发生变化。

1979年开始实行农村家庭承包制以后,农村出现了一系列新的做法。其中,最明显和最有影响的是两点:一是在家庭承包

制基础上,农民有机会也有可能离开农村,进入城镇和建筑工地务工,收入一般高于在农村种地所得;二是即使农民不外出务工,而留在农村中务农,那么与过去人民公社制度下比较,也有了较大的自主性,例如可以养鱼养虾、养鸡养鸭、养猪养羊,可以种树种花,还可以编制手工艺品。这些工作既调动了农民的积极性,也告诉农民要学知识、学技术、学市场规则、学法律,此外还必须学会如何与人共事、共处,"诚信为本"这个概念也在农民参与市场经营这个过程中深入人心了。由此看来,在改革开放以后,一部分省(市、自治区)的农村在实行家庭承包制以后,到中共十八大开幕之前,大约三十多年的时间内,的确发生了巨大的变化。这应该归功于农村的改革开放,归功于农村政策的转变。

这三十多年内,中国农村、农业、农民的变化主要反映于沿海、沿江地区和大中城市周边地区。农村的区域发展差异仍然比较大,主要是三个原因造成的。第一个原因是,各个地区的自然差别日益明显,西部地区、几省交界地区、土地和淡水资源贫瘠地区、少数民族聚居地区,由于长期以来同市场的联系较少,政府扶贫投入有限,当地文化闭塞,所以同沿海沿江地区、大中城市周边地区相比较,差距越来越大。第二个原因是,上述这些贫困地区找不到合适的致富门路,农民想致富,既缺少资金,又缺少技能,农村劳动力即使进城务工,也只能担任重体力劳动的搬运工、粗工或采矿工。第三个原因,也许是最重要的原因,就是整个农村还受到城乡二元户籍制度的束缚,土地确权工作尚未展开,土地流转同样是一个禁区,农民自身是难以突破禁区的。

所有这些原因,在中共十八大之后,都开始发生变化。也就是说,改革开放30多年来的农村、农业、农民的处境固然是比过去大大改善了,但仍受到相当大的抑制。这些只有在中共十八大以后,随着改革的深入才有所转变。

中共十八大以后,农村、农业、农民处境的改善,主要来自以下四项重要的改革。它们是:

(一)农村的土地确权。这场改革最早开始于浙江农村,它把多年以来在农村一直含糊不清的土地承包经营权、宅基地使用权以及农民在自家宅基地上建筑的房屋的财产权通过土地确权而确定下来。本来,农民这么多年的承包经营权、宅基地使用权和自家宅基地上的自建房屋的财产权都是模糊的,名义上都是"集体所有",但从来没有落实,农民始终没有财产权。承包地和宅基地说征用就被征用了,说圈占就被圈占了。宅基地上自建的房屋说拆除就被拆除了。这就是农村的实际状况。现在,对浙江杭嘉湖三市的调研中发现,农村土地确权后,通过重新测量,农民对承包地有了合法的经营权,对宅基地有了合法的使用权,对于自家宅基地上自建的房屋有了财产权。这在杭嘉湖三市的农村和农民看来,是最大的喜事。农民们都说:这样一来,再也不担心土地被圈走和房屋被拆毁了。他们有了三权(承包地经营权、宅基地使用权、宅基地上自建房屋的财产权)和三证(承包经营证、宅基地使用证和宅基地上自建房屋的产权证),心就定了。

(二)农民土地流转,走规模经营和创业创新之路。这在土地确权之前是不能想象的。土地确权后,土地流转成为可行的做法。这样就产生了两种结果。一是有意务农的农民通过租赁、转包、代管等方式,使家庭农场面积扩大了。他们精耕细作,使用先进农业技术,提高了农场的全要素生产效率,投资收益提升了。二是一些农民认为自己转营工商业或服务业可能获得的收益比经营农业、养殖业、水果业更多,于是把土地转给愿意务农的农户或农业企业去做,自己转为工商业、服务业的投资者和经营者。无论是农民自己搞规模经营的家庭农场,还是他们转向工商业、服务业,都有成功的案例。这些案例在社会上和农村中有很大的示范作用,带动了更多的农民也在土地可以流转的条件下创业和创新。

(三)最近,对实行已经多年的城乡二元户籍制度的改革终于开始了。这是鼓励农民进入城镇并促进家庭团聚的重大改革举措。土地流转之后,农民愿意在城镇居住、开作坊、经营商业、兴办服务业企业等,已是大势所趋。前面提到过去曾经流行一个术语,叫作"海归",是指去海外留学,取得学位,回国工作的留学生。现在又流行一个术语,叫作"城归",是指从农村外出,到城镇和建筑工地务工,或自主经营工商业、服务业的人员,在有了一定的技能,并积蓄了一定的资金后,回到了家乡,重新调整了自己的工作,成为创业者、创新者。城乡二元户籍制度改革以后,他们另有打算:或者,他们为了与家人团聚,迁移到城镇落户;或者,他们就近在本地经营家庭农场、家庭果园、家庭蔬菜园、家庭养殖业;或者,他们就近在本地经营商店、作坊、小微企业、服务性企业。这是他们的创业创新的活动,使生活越来越好。

(四)他们在外出务工期间,对市场状况逐渐有了新的认识,自己的工作经验也增长了,更重要的是他们在外出务工期间结交了一些朋友。由于大家都是外出务工者,他们经过商议后,决心合伙创业,或在农村组成合作组织创业。这要比单独创业的效益好,影响大。有些人逐渐成为有一定知名度的企业家,还有人到国外去投资创业,但仍忘不了在国内城市中当年务工的经历。他们自称自己的成长过程同作为外出农民工的经历是分不开的。

以上所列举的四个方面的农村、农业、农民的变化,向我们显示了今天的农民无论在视界上还是在抱负上都不是二十多年前、十多年前的模样了。改革的进展所带来的农村、农业、农民的变化,是二十多年前想不到的。所以在这一段我使用的标题是:"伟大的实践:让数以千百万计的农民成为创业者和创新者"。

三、农民是一种职业,而不是一种身份

城乡二元户籍制度的改革仍在逐步推进中,但目前已经可以看到广大农民欢迎这一改革。我们在一些较大的工业城市中,听到管工业的干部说,现在他们遇到了一个新的难题,就是技师和技工外流到其他城市去了。为什么会这样?经过调研后,发现这些技师和技工之所以纷纷向其他工业城市迁移,是有深刻原因的。

据了解,不少老工业城市在若干年前兴办工业企业时,最早的技师和技工是从外地招募来的。他们进城之前多半是附近乡村里的农民,本来他们只会种田,工业技能是进城和进入工厂以后学到的。当时还没有城乡二元户籍制度,所以他们进城进厂后很容易拥有城镇户籍,他们的配偶和子女也跟随他们进城了,也登记为城镇户籍。这些是几十年前的真实情况。1958年城乡二元户籍制度确立后,上述情况不再存在。

正如前面已经指出的,城乡二元户籍制度确立后,农民因户籍问题的存在而演变为一种身份,一般情况下,农民难以转化为城镇户籍,即使实行农村家庭承包制和农民有可能外出务工以后,他们的农村户籍未改,他们无法拥有城镇户籍,融入城镇社会。然而,由于农民工在一些工业城市中经过多年的工作,已成为这些工业城市中的工业企业的骨干力量,有些还成为熟练技工,城市已经离不开他们,这样,这些农民如果离开城市和工厂,城市和工厂都认为是一种损失。这个矛盾至今尚未完全解决。城乡二元户籍制度改革既被农民工及其家属认为必要,也被农民工中的技工、熟练工人认为必要。城市和工业企业因挽留这些农民工而采取过渡的办法,农民工则为转移到条件较放宽的城市工作而解决自身和家属的户籍而努力。

由此可以了解,城乡二元户籍制度的改变已是大势所趋,近期内应当予以解决。

农民是一种职业而不是一种身份,看来已势不可挡。对中国今后而言,农民是职业的标志而不是身份,意义是深远的。

最重要的是,当农民不再是一种身份而是一种职业时,公平对待一切居民的新型社会就形成了。这是多少年来农民所期待的事实。宪法所载明的各种权利也就得以确立。过去之所以做不到这一点,远的不说,就从中华人民共和国成立之日算起,农民的权利之所以同城市居民不一样,原因可能是地区不同、交通状况不同、与外界交流情况不同,但不能否认的是城乡二元户籍制度在这里起了重要的甚至是决定性作用。农民的身份就只能在有限的领域内活动,即使是进城务工,也受到户籍限制,他们本人和家属都无法融入城市社会。这显然不符合公平的原则。

所以，在农民不再是一种身份而仅仅是一种职业之后，他们的积极性将大大增加，他们的公平获得感也将扎扎实实地存在。这在今后的工作和生活中会引导农民中的许多人转换职业。转换职业，包括从事工业、商业、服务业或其他职业。农民如果不再从事农业，他们的职业变了，从此也就不是"农民"了。

我曾在江苏、浙江、广东三省做过调研。我看到，在江苏长江北岸一些乡村里，当地的农田不是本地农民种的，而是苏北的农民来耕种的。本地的农民干什么去了？据调查，他们有的到企业干活了，有的到理发、澡堂、餐馆、运输单位工作去了，还有些经营小型超市、商店、作坊了。他们的职业不再是农业，所以也就不再是农民了。

在浙江考察时和在广东考察时，在农村中所看到的种田情形与此相似。耕种土地的，不是本地的农民。田没有荒芜，总有人来种。在浙江看到的是安徽来的农民，在广东看到的是江西来的农民。浙江农村的农民到城里开店开作坊去了，有的到工厂务工去了。广东农村的农民也如此。在这种情况下，来浙江种地的安徽农民仍是以农业为职业，但浙江当地的农民却不再以农业为职业。他们外出务工务商，职业相应地在变化。广东也是类似的情况。这表明，农民改变职业，应当是新常态的一种常见的现象。

农民换职业是文化自信的一种反映。这也是多年养成的。当 20 世纪 90 年代初农民大量涌入城镇和建筑工地时，我曾带着研究生在深圳、东莞、佛山、中山、珠海等城市进行调研。当时，我们问这些来自湖南、湖北、江西、广西的"农民工"：为什么前来珠江三角洲务工？有什么设想和规划？绝大多数人说：积点钱,回乡盖房子,然后就回家耕田了。还有的人说,盖好房子,就娶个妻子,生个儿子,一家舒舒服服过日子。但到了 21 世纪初,在深圳等地我和新的研究生碰到外省前来的"农民工"时,我们问他们有什么打算时,他们当中不少人说:闯市场,学本领,合伙开店,当个小老板也不错啊。还有人说,积攒了一点钱,在外面找对象,能买个房子,小一点也没关系,一家人不分开了。他们未必舍得下农村的老房子,更丢不下家里的老小,但一心想的是在外面创业,想到的是"换个职业"。这就是农民有了文化自信,认为自己一样可以成为市场中的创业者,能够在市场环境中适应下来。这是很可贵的理念,也是适应改革开放大潮的。

今天,在城乡二元户籍制度改革深化的过程中,有些农民已经获得城市居住证,或正在申请城市居住证的过程中,农民改变职业越来越普遍。甚至还有不少农民所考虑的不一定是"转变职业",而可能是"兼职"。"兼职"二字如何理解,这是指:农民既从事农耕、种植、养殖、种菜等生产行为,又从事工业、商业、服务业等活动。不久前,我在浙江嘉兴和福建泉州一些市镇进行调研时发现,那里有一些农户就是这样"兼业"的。比如说,家里既有养殖场,有菜园,还有果树,同时还在镇上有小商店或小作坊。这就是"兼业"。我问他们:"你们忙得过来吗?"他们笑着回答说:"我们雇人,有什么忙不过来?"他们还告诉我:"雇的工人中,有的帮我养鸡养猪,有的帮我在店里卖东西,还有的帮我去采购,去运输。"这样的例子可能不仅出现在浙江或福建,其他省市一定也有。这表明中国的社会越来越市场化了。

农民们无论是"转换职业"还是"兼业",都是参与了市场活动的结果。他们原来在偏远的村寨里,或者在大山沟里,他们的市场知识是亲身经历而积累起来的。这就是文化的积累,文化积累使他们敢于"转换职业",或敢于"兼职"。他们在市场环境中受到了教育,也懂得了规矩。他们的文化自信是学来的,也是在闯荡和拼搏中体验出来的,因为市场是一个大学校。

中国的职业结构多年以来是不合理的。简要地说,就是农民占的比重太高,农民本身的人数也太多。世界上任何一个发达国家,哪有这么高比例的农民人数?哪有这么多的以农业为职业的人?社会主义计划经济体制的年代里,农民想转变职业,异常困难,而且招工指标是政府拨给的。所以这种不合理的状况一直拖延到农村土地确权工作开展之前,拖延到城乡二元户籍制度改革开始之时。现在,我们已经看到了农民"转换职业"和"兼业"所引起的变化了。最大的变化之一就是多年来中国农民在全人口中所占的比重逐渐变小。这种职业结构终于开始变化了。

中国农民的"转换职业"和"兼业"的效应目前还只是初步显现。再过10年、20年,那时的中国社会将是什么情况,我们很难预料,但可以断定,真正意义的职业农民(或称专业农民)也许会降到人口的10%以下。而由此带来的中国经济的变化,可以归纳为三个字:"现代化"。

第四节 新型的企业家群体

一、企业家的定义

企业家这个名词是原籍奥地利,后来移居美国的著名经济学家熊彼特最早使用的。在熊彼特看来,经济增长的动力是创新。没有创新,经济就会停滞,经济也就死气沉沉。只要有创新,不仅会有经济的增长,也会有经济的波动,但增长和波动总是交替的,波动有时会带来经济的衰退,但这只不过是增长带来的结果,因为新一轮的创新一定会出现,又会引起再一次经济增长。那样一来,经济增长、经济波动、经济停滞,再到经济的再度增长,就形成了经济周期。所以熊彼特认为创新是经济增长的真正的动力,波动和停滞无非是创新的准备阶段,是创新前的间隙而已。

熊彼特认为,创新是企业家推动的,企业家和创新者是同义语,企业家就是创新者,创新者也就自然而然地成为企业家。熊彼特还给企业家下了一个定义,企业家应当是一个有眼光、有胆识、有组织能力的人。有眼光,指的是能发现潜在利益之所在,从而能够了解经济的走势。有胆识,指的是在发现潜在利益之所在以后,能够冒风险,去挖掘潜在利益,使之变为现实利益。如果一个人虽能发现潜在利益之所在,但却不敢投资去实现利益,那就不是一个企业家。至于有组织能力,实际上就是指:作为一个企业家应当能够把各种生产要素组合在一起,使潜在利益成为现实利益。熊彼特认为,企业家的任务,归根到底就是重新组合生产要素,使效率提高,使经济增长,并取得新利益,也就是潜在利益。因此,创新必定是生产要素重新组合的结果,企业家作为创新者的同义语,就是着手重新组合生产要素的人。[1]

---

[1] 本书第九章第一节中,还将进一步论述"生产要素的重新组合"问题。

二、企业家的社会责任感

前面在讨论效率标准和道德标准的统一时,已经做了说明。在这里,专就企业家的社会责任感问题做进一步的说明。

经常流行这样一种说法,即认为一个人进入市场从事工商业活动后,效率标准是天赋的,道德标准是后天养成和成为个人行为的原则的。也就是说,一个从事工商业活动的人(这里可以称为大大小小的企业家)天生就向往追逐盈利,以利润多少为动力;而在工商业经营的实践中逐渐才感觉到,不仅要逐"利",还需要循"义"。"逐利"就是一种天生的效率标准,工商业者中无一例外;"循义"则是后来才觉悟到自己还应当考虑一个人的社会责任,即应当有社会公益的担当,对社会责任越来越重视,并投入到社会公益活动中,于是得出效率标准和道德标准并重的必要性。因此,先"逐利",再"循义"是一个规律。绝大多数从事工商业的人都有这样的经历。

这种看法在社会上是流行的,但这里忽略了一个问题:先"利"和后"义",不一定有规律性,因为一个人从小受到的家庭教育和社会教育的作用被忽视了。要知道,有关社会责任感这样的概念,应当从孩子的幼年时代就培育养成。家庭教育的任务就包括了对孩子进行公益教育、担当责任教育和帮助弱者、穷人的教育,而不能任孩子自由发展而忽略了社会上什么是应该做的,什么是不应该做的。家长的首要任务应当是自己有家庭责任感,以正确的观点教育孩子,而且应当从孩子幼年做起。家长们应当具有的家庭责任感,是社会责任感的一个不可缺少的组成部分。

再说，孩子从上小学起，以后读中学，再进入大学。在这个过程中，他的知识增加了，但他的家庭责任感和社会责任感，却不一定要等到他参加工作时才产生。

此外，一个人并不是只有经营工商业企业或其他行业的企业才会逐渐产生社会责任感。比如说，要讲诚信，不以劣充好，不生产和出售假货、伪劣商品等，这种道德标准应当是一进入市场活动范围就应当有的。更不是一个人在上述市场活动中赚了钱之后才想起自己应当帮助弱势群体、贫困群体，从事公益事业，而是从开始进入市场活动时就应当把"不赚昧心钱"这条准则放在心里。社会责任的担当，是不以赚钱多少为准的。

简单地说，任何一个人都有两条底线：一条是法律底线，另一条是道德底线。法律底线必须遵守，不能突破；道德底线也必须遵守，不能突破。这两条不可逾越的底线的遵守，与自己的财产多少无关。人人如此，没有例外。①

懂得这些，就是担负了社会责任感的人，而不管他从事什么职业。

三、关于第三次分配的讨论

在这里，我们有必要对第三次分配做一些论述。前面已经指出：市场调节是第一次调节，是依靠市场供求这只无形之手进行的调节；政府调节是第二次调节，是依靠法律、法规、规章制度这只有形的手进行的调节；道德力量、习惯、文化进行的调节是第三次调节，它既是一种无形的调节（如自律就是典型的无形的

---

① 本书第四章第二节已提及这一问题，这里做了进一步的阐述。

道德力量的调节),也是一种有形的道德调节(如乡规民约、居民社区的守则等)。相应地,社会收入分配同样有一次分配、二次分配、三次分配之分。

收入的第一次分配是指市场调节下的收入分配。收入按其构成可以分为工资、薪酬以及与工资和薪酬联系在一起的奖金、补贴等。市场依据什么来确定不同性质的收入多少呢?市场所依据的各类人员所提供的生产要素的数量和质量,质量就是效率的反映。也就是说,生产要素提供者所提供的生产要素的数量、质量和效率,经过市场的评价,成为收入的第一次分配。

社会收入的第二次分配是政府主持下的收入再分配。任何一个国家、任何一个政府,都有自己的政策和目标,政策是为目标的实现而制定的。为了实现这一目标,其中包括了为筹集经费,为缩小社会各阶层的收入差距,为尽可能让低收入家庭也能够活下去,政府可以采取如下的收入调节政策,例如,一方面向达到一定收入数额的个人征收个人所得税,向转移财产的个人征收遗产税、赠予税、财产转移税等,另一方面给低收入者或低收入家庭以补助、救济或津贴,以促进社会收入分配的协调。这就是政府主持下的收入第二次分配。在经济学书籍中,通常把第二次分配之后的个人收入称作个人可支配收入。个人可支配收入由个人自行支配,或用于消费支出,或用于投资,或用于储蓄。

然而,社会收入的分配和再分配并未到此为止。个人有可能把自己的可支配收入用于公益、慈善事业,用于捐赠,用于对个人指定对象的赠予,如帮助某个地区、接济某类低收入家庭,等等。这就是收入的第三次分配。

由此可知,社会上实际存在着三次分配:第一次分配是市场调节下的收入分配,第二次分配是政府调节下的收入分配,第三次分配是个人在得到纳税后的可支配收入时,出于自愿和爱心,出于社会责任感,而做出的捐赠。

个人的自愿捐赠是什么性质的？这些捐赠是出于道德力量的效应的体现。有些人是实名捐赠的,也有些人是不透露姓名的捐赠。二者都是在道德力量感召下或激励下的捐献,捐献的数目有多有少,这不改变第三次分配的性质,所有这类捐献,如个人向自己的家乡和家乡低收入家庭的捐献,向残疾人福利组织捐献,向灾区人民捐献,或者向贫困地区人民捐献,向母校捐献,等等,都是受道德力量影响而自发、自觉的行为,是高度社会责任感的一种体现。

四、第三次分配的社会经济意义

由于第三次分配是人们出于自觉自愿的一种捐赠,因此它的影响是广泛的。它的影响、它所发挥作用的领域是市场调节和政府调节无法比拟的,也是市场调节与政府调节力所不及的。由于第三次分配是道德力量起作用的结果,也就是文化调节的结果,所以它是一种带有社会对某些困难家庭、贫困地区、特定人群(如残疾人)关心的收入转移,带有人情味的收入转移,而不像市场调节那样是一种冷冰冰的生产要素转移后的收入转移,也不像政府调节那样是依靠法律、法规、规章制度的收入转移。从而在第三次分配过程中,能增加人们之间的相互关心。

不妨举两件小事作为例证。一件事是:在湘西怀化地区通道县调研时,我们发现当地乡村有一项设施,即乡村道路上每隔一定的距离就有一个亭子,称作"烤火亭"。这里是侗族聚居地区,冬季山区很冷,因此根据侗族的风俗习惯,每隔几里路,就建有一个亭子,里面有条凳,供旅客休息,还有炭盆,供游客烤火取暖。取暖的木炭是农民各户捐献出来的。没有人把这些木炭偷走,木炭堆积在亭内,快用完了,自有农民添上。据说"烤火亭"的历史很久了,代代传存至今,成为侗族乡村的一种惯例。大家提供木炭,穷人家少拿一些来,富裕人家多送一些来。这就是道德力量起作用的一个例证。

另一个例子也是在湖南看到的。湖南乡间,特别是一些山村,常有溪水流过,水流很急,来往行人要过河,既没有桥,也没有私人的摆渡船可雇。但我们在湘中新化、溆浦几个县的丘陵地带的乡村考察时发现,那里的汉族农民往往在小河小溪岸边放一只可以由乘客自己用绳索拉动往来于两岸的小木船,没有人看管,也不收钱。这只渡船是村里农民捐的。这也是一种公益事业,为来往行人增加方便。

其实,过去长时期内,一些商业城市常有义坟、义冢之类的设施。外地来此的人员一旦因各种原因在本城市去世后,可以由同乡们出力,将其埋葬于义坟、义冢,供家人和乡亲们悼念。这就是一种义举,所以称为义坟、义冢。

应当指出,仅有市场调节下的收入第一次分配或仅有政府调节下的收入第二次分配,在促进社会协调和提高城乡居民生活质量方面肯定会留下若干空白区,这种空白区无疑只能靠公益事业、慈善事业的发展来弥补,靠广大人民群众对社会弱势群体的关心和资助来缓解社会的不协调。民间的捐赠将形成一种追加的救助投入,而且其范围会比政府调节更广。

从收入第三次分配对社会观念的影响来看,社会对"幸福"的看法一直在缓慢地变化之中。经济学早就说明:生产本身不是目的,因为人不是单纯作为劳动力而生活在世上的。人不是为了生产,生产是为了人。生产的目的是使人们的生活不断得到改善,使人们得到关心和培养。如果只顾生产出越来越多的产品,而人们的生活水平没有提高,人们的生活质量反而因环境污染、生态破坏严重而不断下降,这就不符合生产的目的。同样的道理,在生产继续增长的同时,如果人们的教育水平没有多少提高,人们的文化素质反而越来越下降,那样,很难认为这符合生产的目的。根据生产目的的论述可以了解到,对于社会每一个成员来说,重要的不是社会的产值增长了多少,而是如何使社会产值的增长被用来改善人民的生活状况,使人民走向普遍的小康和富裕,有较高的文化水平、教育水平,如何有更高的生活质量,如何在和谐的社会环境中生活。

在传统观念中,"幸福"总是同一个人的收入多少联系在一起,似乎收入越多就越"幸福",其实这种观念是片面的。实际上,在经济发展和收入水平普遍提高以后,"幸福"便有了新的含义,人们对社会和谐的要求就更高。仅靠市场调节或政府调节不一定能满足人们对社会和谐的要求,仅靠收入的第一次分配和收入的第二次分配也不一定能增加人们的社会和谐感和"幸福感"。道德力量的作用、人们的社会责任感的普遍提升、公益慈善事业的推进等在这种情况下受到重视,是不可替代的。①

---

① 在下面第八章第三节中,将会对"幸福"的含义做进一步的探讨。

中国古代留下了四句很有深意的话:"儿女不如我,留钱干什么?儿女胜似我,留钱干什么?"也就是说:儿女不成才,不求上进,把财产留给他们,岂不是更助长了这些败家子的奢侈享乐?如果儿女都有好的品质,都有才干,又何必把财产留给他们呢?因为他们已超过我了。这四句话实际上反映了中国古代流传下来的忠告,值得大家思考。

五、第三次分配的增长是可以预期的

经常听到这样一种议论,说西方发达国家中对公益慈善事业的捐赠总量比我国社会各界对公益慈善事业的捐赠要多。怎样看待这一点?可以从以下三个方面做些分析。

第一,西方发达国家的工业化和农业机械化已有一二百年了,那里从企业家到一般中产阶层的形成也在百年以上。他们收入水平较高,家庭积累的财产也比较多。

相形之下,中国的工业化和农业机械化的开始年份比西方发达国家要晚得多。中华人民共和国建立后,长期实行社会主义计划经济体制,原来的民族资本企业改为公私合营企业,后来又纳入国有资本企业体系。改革开放以后,民营企业才有所发展,中产阶层才逐渐开始形成。在这种情况下,中国社会上向公益事业、慈善事业的捐赠金额也只能逐渐增多,这是完全可以理解的。

第二,采取摊派方式强制企业和民间做出"捐献"的状况,在中国形成已久。要知道,真正意义上的第三次收入分配,即向社会捐献,应出于自愿,摊派式的捐献不符合本意,反而会引起被强制捐赠者的反感。在西方发达国家目前已不存在这种做法了。所以新颁布的《中华人民共和国慈善法》坚持自愿原则,还"慈善"以本来面貌。这是非常必要的。公益事业、慈善事业的发展,以及社会上向公益慈善事业捐赠的金额的增长,指日可待。

第三,公益组织、慈善组织,在接受企业和居民个人的捐赠时,以及在支出这些收入时,都必须账目清晰,经得起审计,经得起核查,不得有违法行为。最近通过的《慈善法》,必须严格执行。要知道,在过去这些年中,中国的企业和居民个人之所以对原来的慈善组织有不信任感,一个重要的原因在于他们不放心,担心自己捐赠的货币和财物被用到不该用的地方或项目去了,甚至被贪污强占。现在,在《慈善法》实施后,这个问题解决了,顾虑消除了,可以预料公众和企业的捐赠是会迅速增长的。

综上所述,我们可以得出如下论断,即随着我国经济的发展和改革的深化,随着法制建设的推进,尽管目前我国社会各界(包括企业和个人)的捐赠总额还比不上西方发达国家,但这一数字肯定会逐步上升。中国的企业(特别是民营企业)和中产阶层人士,会尽自己力量,在社会责任感的驱使下,不断增加自己的积蓄,并拿出更大的份额用于第三次分配。

六、企业文化和企业自信

中国的企业文化是有悠久历史的,过去建立的不少著名老字号企业,在企业文化建设方面有自己的特色,其中最有代表性的是以下四个方面的企业文化建设:

一是诚信教育。"诚信为本"被那些老字号一直当作经营中最宝贵的经验而代代传承下来。在一些老字号的招牌下面,经常有这样八个字:"货真价实,童叟无欺"。据介绍,这体现的就是"诚信为本"。

二是让职工有归属感。在考察一些老字号时,发现那些老字号的企业之所以这么多年能发展壮大,老职工尽心尽责起着很大的作用。归属感的树立不完全是同乡关系、亲属关系或邻里关系,也不在于有"干股"(即劳力股),而在于企业内部的融洽气氛和互帮互助、互敬互爱的传统。

三是企业纪律严明,该罚则罚、该奖则奖,即使是店主的子侄也不例外。常见的例子就是店主的子侄在店内随意支钱,作为个人游乐、送礼或赌博之用,一旦被查出,轻则勒令归还,训斥一顿;重则逐出家族,不得回来。这在皖南一带是经常听商界说起的。正因为如此,徽商才久盛不衰。

四是店主置有公田,作为照顾老年退休职工的养老、治病、丧葬之用。在一些老字号中,职工老年有依靠,是职工忠于店主和企业的一个重要原因。即使在战乱时期,生意萧条,企业赚不了什么钱,但职工跳槽的不多,原因就在于职工对企业已认同,把自己看作本店的一分子,愿意同本企业同甘苦。

尽管以上所谈到的都是中国过去的传统企业文化,但有几点是值得注意的:第一,传统的企业文化是商界人士带头培育起来的,得到店主、合伙人和职工的一致拥护而逐渐生根、发芽、开花、结果。它经历过战乱,也经历过战乱之后的经济恢复增长时期。它之所以能在商界被越来越多企业的店主、合伙人和职工们所拥护,自有其道理。简单地说,它符合中国传统文化的精神,如诚信、互助、敬业等。第二,这样一些规章制度也是符合当时商界所遵循的惯例的。这是因为,市场是竞争性的场合,优胜劣汰的规律被大家公认,因此,传统的企业文化表明了企业的生存之道。谁破坏了商界的规则,以不正确的手法赚取不义之财,就会受到大家的共同抵制,包括被商界共同抵制,最后成为众人不齿的失败者,并被人们引以为戒。

当然,这已经是过去的情况了,但直到如今,仍被民间所恪守,这不能不被看作是企业文化自信的力量的体现。

在改革开放后的三十多年内,国内已经涌现出一批又一批的新型企业家,他们是改革开放后的产物,同时也是在中国这块土地上成长起来的。目前,中国社会上流行着"九二派"这个术语。这是指,1992年春季,在邓小平视察广东以后的春风的影响下,中国出现了所谓"体制外的"企业家群体。他们年轻,通常有较高的学历,有些人一向在体制内工作,并担任一定的职务。他们对国外的情况比较了解。此外,他们对资金的筹集方式也有较多的认识,并取得了成绩。这些人自1992年起,投身于创业创新(包括技术创新、管理创新、营销创新等),民营企业建成了,特别是高新技术民营企业建成了,这是1992年起中国经济所发生的一个显著变化。

1992年是一个转折点,或者说,是一个新起点。从1993年起,有越来越多的有志从事民营企业的人,相继脱离了"体制内",转为"体制外",其中一些人做出了成绩,成了新型企业家。

我曾到其中某些企业去调研,发现这些企业都重视企业文化,都有自己的经验和自信。我认为这对于今后民营企业的发展是有很大的借鉴意义或示范意义的。评价新型企业和新型企业家,首先看创新实践和创新精神。此外,一个企业家,如果缺少社会责任感,不可能把企业做强做精做大,也不可能把职工们同企业本身融为一体。这些企业都有自己的信念、自己的办事准则和自己的员工守则。这就是新型企业的企业文化和企业文化自信。

至于广大小微企业,从20世纪80年代起,随着改革开放的启动,它们在全国各地,尤其是在沿海省市和沿江城市最先出现。其中,有摆摊经营的,有开设小店小作坊的,还有搞运输的。另外,从那时起,不少乡镇农民办了大量乡镇企业,自筹资金,自建厂房,自购设备,自寻销路。这些乡镇企业的管理者、经营者都是农民身份,他们在乡镇企业发展的过程中发挥了自己的才干,也做出了成绩。后来,为了使乡镇企业的产权清晰,乡镇企业一般引进了股份制或股份合作制。有些乡镇企业因经营不善,或者改组为民营企业,或者被个别或少数投资者收购。这样,民营企业,包括一大批小微企业,从进入21世纪以后,以新的面貌展现在人们面前,小微企业从此跨入了一个新的发展阶段。浙江义乌、福建晋江、广东珠江三角洲就是明显的例子。

大型民营企业有自身的特点,有自己的企业凝聚力和自己的企业文化。数量更多但规模小得多的小微企业,虽然不像那些著名的大型民营企业一样建立了自己有特色的企业文化,但这并不等于小微企业没有企业文化,没有适应于新形势下的企业凝聚力。一方面,它们在激烈的市场竞争中懂得了"抱团"的必要性。在市场竞争中,这些小微企业采取"抱团"的做法,如"抱团取暖"、"抱团过冬"、"抱团互助"、"抱团传经"等。通过实践的检验,不少小微企业通过"抱团"而闯过了难关。另一方面,许多小微企业在实践中已经懂得了利用网络这个平台的意义。有了网络这个平台,小微企业不仅能降低生产成本、营销成本和雇工成本,而且能结识更多的新朋友、新同行、新合作伙伴,为自己扩大业务做好准备。

难道"抱团"不是一种企业文化吗？难道利用网络不是自己生存和发展的新途径吗？由此可见，众多的小微企业也有它们自己的企业文化。小微企业同大型民营企业一样，都是改革开放以后在祖国各地成长起来的。小微企业和大型民营企业一样，有动力，有自信，有积极性，有自己的抱负，有自己对远景的向往。企业规模大小虽然有异，但拼搏的精神并无不同，对企业文化的自信也是相似的。所以在讨论企业文化和企业自信时，不要忽略小微企业这一部分。

第七章 文化制衡

第一节 道德制衡和文化制衡是同义语

一、道德制衡的含义

道德制衡和道德约束的意义是一样的。

对社会上的任何一个人来说,既然生活在这个社会中,自然成为这个大群体的一分子,就应当在遵守法律、法规、规章制度而外,还遵守这个大群体的规矩和约定俗成的行为守则。社会是一个大群体,下面又分成各式各样的中小群体、微群体。有的中小群体、微群体是自然形成的,任何一个人生来就不可能不属于这样的中小群体和微群体,生来就是这样的中小群体、微群体的一分子,如宗族、家族、家庭。有的中小群体、微群体是人们后天加入的,而且在加入后就成为这样的中小群体、微群体的一分子,如学校、工作单位、行业组织、师徒关系、学术团体,也包括宗教组织、军队、党派、帮会等。一旦加入这些中小群体、微群体,有的可以退出,有的则不可退出。加入者只要不退出所加入的群体,就必须遵守该群体的章程、规则、纪律,受该群体的约束。

但不能认为所有这些有关个人加入某一群体之后所受到的

约束都是道德约束,只能说某些约束仅仅是道德约束,另有一些约束是权力的约束。道德约束是自觉的、自愿的,权力约束则是强制的、不可反对的。

比如说,处于政府的管理之下,政府的权力就是强制的约束,否则就会受惩罚。这里又可以分为两大类,即民主的、法治的政府所行使的约束和专制的政府所行使的约束。民主的、法治的政府所行使的约束权力有一定的法律、法规、规章制度可依,有一定的程序可依,而专制的政府所行使的约束权力则纯粹出于统治者的决策,政府的权力本身就带有随意性,任意而为。

道德约束可以用更简练的语言来表述,这就是前面已经提到的两条底线,即法律底线和道德底线。没有权力的约束,人们可能任意越过法律底线,社会将出现紊乱无序的状态。没有道德的约束,人们可能任意越过道德底线,社会同样会紊乱无序。

根据经济学界的研究,在社会经济生活中,每一个参加经济活动的人都会有自己的预期。预期给人以希望,给人以鼓励,使人们定出有形或无形的规划,然后按照这种规划来制定近期、中期甚至长期的奋斗目标。人人有预期,有希望,有激情,社会的经济活动就涌现出来了。同样的道理,社会经济活动中,最让人担心的是经济秩序的紊乱。经济秩序一旦紊乱,人们的预期也就跟着紊乱了,原来的投资规划、消费规划、储蓄规划也都实现不了。在这种情况下,社会经济活动肯定会出现混乱,因为前景究竟会如何变化,每个人都处于不知所措的境地,从而只会产生大家都不愿意看到的一种后果,这就是"走一步,看一步",相信命运,相信运气。在这种情况下,受害者几乎都是原来的弱势群体,是穷人,是破产者、失业者。整个社会出现谁也不相信谁的局面,这一历史教训是人人不会忘记的。

道德约束一旦不存在了,要恢复它,是异常困难的。要重建道德规范,可能会拖若干年。

二、道德制衡的作用

道德制衡或道德约束的作用其实远远不限于一个人要遵守法律底线和道德底线。一个人如果缺少道德约束,不仅会任意越过法律底线和道德底线,不仅会破坏社会上的公众预期,导致预期紊乱,而且还会导致权力的滥用和监督的失效。

就以政府及其工作人员的权力为例。政府及其工作人员的权力,并不是道德规范所赋予的,而是法律所赋予的。根据政府权力的性质,应当首先强调的是"法未授权不可为","法未授权而为就是乱作为"。根据政府及其所属部门和工作人员的责任清单,法律的授权应当细化,包括文件的批准程序和期限等。有了责任清单,既可以制止政府及其所属部门的乱作为,也可以制止政府及其所属部门的不作为,即失职。

在任何国家,一方面要依据法律法规赋予政府官员及其治下的部门、机构必要的权力,以便他们实现政府的目标,另一方面又要对这些官员,包括所属部门和机构工作人员,进行约束和监督,以防止他们滥用手中的权力或渎职、失职。政府官员和政府下属部门、机构的工作人员必须遵守守则,加强自律,严格要求自己。这种约束,一方面是权力约束,另一方面就是道德约束。对他们来说,权力约束和道德约束是统一的。为了做到这一点,权力约束(也可称之为法律法规和规章制度的约束)和道德约束不可偏废。

第七章　文化制衡

在这里,一个至关重要的问题是,政府本身也不能违背法律,政府官员必须从两个方面接受制约和监督。其中,一个方面是政府作为一个组织,对这个组织内的所有成员进行约束和监督,任何官员不能例外。另一个方面是接受社会的制约和监督,任何政府成员都不能免除社会的监督。要知道,权力是在越过了法律界限和道德界限之外被滥用的。这必须引起所有行使权力的单位和个人的警觉。

同时还必须注意到,对于滥用权力的官员或政府机构的工作人员,应有一定的处分,以显示法律的权威性,但同样有必要的是对因为滥用权力而遭到损害的人实行赔偿制度。确立对受害者的赔偿制度是对权力的又一种限制。需要指出的是,国家对受害者的赔偿是国家承担的,对滥用权力者的处罚(对受害者的赔偿)是另一种性质的赔偿,二者有区别,不能混淆。虽然滥用权力者承担个人赔偿在执行中有一定的限制或困难,但有赔款的处罚仍然是一种可以实施的制度,有助于减少滥用权力的事件的发生。

根据我国近年来加大反腐斗争力度的经验,可以肯定的是,社会的监督、舆论的监督在反腐中的作用是不可忽视的。但公众能不能不畏权势,不怕报复,仗义执言呢?公众敢不敢同滥用权力、以权谋私的掌权者进行抗争呢?这可以被看成是整体的国民素质问题。如果大多数人不敢揭发政府机构工作人员徇私枉法行为,害怕打击报复,只敢私下发牢骚,对于个别人的挺身而出和揭发他们的劣行只是心里赞同,但不敢参与揭发和斗争,那就反映国民素质尚有待提高。只有当社会上有越来越多的人从公共利益出发,敢于同滥用权力的贪官进行斗争,才能带来整体国民素质的提高,这时的公众监督才是切实有效的。因此,不能忽视国民素质提高的意义。社会道德制衡也只有在国民素质不断提高的基础上才能发挥对滥用权力者的约束作用和惩戒。

通过以上的分析,我们清楚地懂得,道德制衡之所以能够充分发挥作用,是与法治环境和人人自律不可分的。制衡离不开法治环境的形成,也离不开每个社会成员的自律。自律就是以道德规范所形成的行为准则来约束自己、激励自己。行为准则需要人们的认同、接受和付诸实施。道德制衡既需要人们对于行使权力的政府官员和一切政府机构中的工作人员的监督,更需要或首先需要社会成员的自律。常言说得好:"己不正何以正人?"这就是道德制衡的前提,即公众的自律为对掌握权力者的监督创造了前提。

三、为什么道德制衡就是文化制衡?

让我们先从信仰问题谈起。这里所说的信仰,主要是指对一种理想、原则、伦理观念的坚持,从而一方面约束自己的行为,另一方面对违背道德规范的人(不仅指掌权者)进行抵制、谴责和斗争。正是出于这种信仰,大大增强了社会的约束和监督。

这里所说的信仰无疑也把宗教信仰包括在内。无论是佛教、道教、基督教、伊斯兰教还是其他宗教(如犹太教等),通常都是把人间的哲理和规范纳入应当遵守的戒条之内。既然所遵守的是人间的哲理,那么虔诚的某一宗教信徒完全有可能同信奉某些人生哲理的非宗教信徒在自律方面有共识,在宣扬道德规范方面有共识。这些都是道德制衡观念的产物。

从这个意义上说,道德制衡和自律都是文化力量的凝聚和发挥。

信仰在社会制衡或文化制衡中的作用不限于此。我们还可以从群体的角度对社会制衡和文化制衡问题做进一步探讨。

一般说来,当人们生活在社会上某个群体之中的时候,对该群体的理想、原则和伦理观念的信仰总是同相应的行为结合在一起的。有信仰的人,在认同了该群体之后,总会在行动上有所表现,这就会形成实现群体目标时的一种精神动力和支撑力。对群体目标的实现也会产生个人的进取精神和不断的追求。原因在于信仰的激励,认为自己的理想必胜、原则必胜、伦理必胜。同样的道理,当群体目标和个人目标合而为一之时,他们不会轻易地退出该群体或自认失败。前面已经指出,在移民大迁移的过程中,处处可以看到群体认同的表现。前面曾经提到的中国从西晋动乱以后中原一批又一批家族南下的历史,已经说明了移民群体的韧性和不畏艰苦的精神。道德制衡在移民过程中自始至终起着作用。这同样体现了文化制衡的作用。所以把道德制衡和文化制衡看作同义语,是合情合理的。

前面还谈到,信仰在人们的社会生活中的作用,可以同人们的创业精神、创新精神、战斗精神、抗灾救灾精神、互助互爱精神等交织在一起,融合在一起,而不问人们是否信仰某一宗教。不信宗教的人同样会有坚定的对某一人生哲理的信仰。这就是文化的作用。信仰对于有信仰者本人,始终既是一种信仰,又是一种约束和一种激励,既是对本人行为的约束和对个人行为的激励,也是对群体中其他成员的行为的约束和行为的激励。

总之,完全可以把道德制衡和文化制衡看成是同义语。而且也只有这样,才能深刻地认识道德制衡和文化制衡的意义。

第二节 "经济人假设"和"社会人假设"

一、"经济人假设"的含义

"经济人假设"是古典经济学中很早就已存在的一种假设。它是指:在经济活动中每一个人都从自己的处境、目标和愿望出发,以此安排自己的行为和制定自己的发展规划,包括近期的安排和较长时期的安排。具体地说,每一个参与市场活动的人都被假设为"经济人"。那么,究竟什么是"经济人"呢?就是说,一个"经济人"总是从个人利益的最大化出发的:在投资方面,总希望成本最小,收益最大;在消费方面,总希望能以最小的支出获得最大的满足;在储蓄方面,总希望利率最高,风险最小。

在"经济人假设"之下,并没有一定要坑人、害人的打算,而只是一心一意维护自身的利益。也就是:人人都为了自身利益的增加,就一定会遵守公认的秩序,不做任何违法的事,客观上必然就有益于他人,因为所有的人都以市场参与者的身份同他人打交道。古典经济学推崇"经济人假设",实际上是利己又利人的假设。如果人人如此,市场秩序就得以维持下来了。市场秩序的正常化,是有利于任何一个市场参与者的。

由此得出一个至关重要的结论:在古典经济学家看来,"经济人假设"并不是鼓励人们自私,而是在说明一个原则,即如果所有的投资者都力求规避风险,力求以最小的成本而得到最大的效益,那是促进经济增长,有益于其他人的好事;同样的道理,如果所有的消费者都力求认真挑选,力求以最低的价格而得到最大的满足,那是促进市场繁荣,有益于其他人的好事;或者,如果所有的储蓄者都力求慎重考虑,能以最低的风险而得到更多的收益,那也是既促进个人生活的改善,又促进经济稳定和增长的好事。经济秩序将由此得到牢固的基础,这将有益于全社会。

在古典经济学家那里,他们推崇"经济人假设"并没有崇扬"自私自利"的观念和作风的意图,而主要是说明这样一点,即"经济人假设"具有普遍性,利己是出发点,利己和利人不可分,因为利人是最终的、客观的结果。

二、"社会人假设"的含义

"经济人假设"流行了很多年。人们从实践中察觉到它有缺陷,有不足,甚至有误导。这些缺陷、不足和误导在于:人并不完全是所谓的"经济人",人还是"社会人"。人作为"经济人",可能遵照"经济人"的原则,从成本最低化和经济效益最大化的角度来安排自己的投资、消费和储蓄行为。但人作为"社会人"却有自己的另一番考虑,即不遵守"经济人"原则行事。因此,在某些场合,人并不按"经济人假设"来投资、消费和储蓄,而按照"社会人"的方式来安排自己的活动。

举一个与投资有关的例子。比如说,有 A 和 B 两个地方可供投资者选择。A 的投资成本比 B 低,A 的投资收益比 B 高。如果按照"经济人假设",这个人在投资地点的选择中,肯定是会选择 A 作为投资地点。但结果是选择了 B。这岂不是违背常理了吗?不是这样,投资者可能有各种各样的想法:

比如说,B是投资者的故乡,但如今依旧比较穷困,劳动者就业困难,因此,这个人作为投资者心中感到自己应尽到社会责任,即在这里建立一个企业,既增加当地的就业,又增加当地的GDP,并增加当地的税收。他决定在B投资而不在A投资,是出于"社会人"的考虑,而并非出于"经济人"的假设。

再如,某人过去在B生活过或工作过,当时自己很潦倒,欠了乡亲一些债,没有偿还,就离开了B而外出。隔了这么多年,自己成为一个企业家了,但一回想起年轻时在B地的经历,心中总有一些内疚,觉得对不起乡亲们。所以现在在考虑投资时,他决定选择B,捐赠一座学校或一个图书馆,或捐赠一所医院,心里才感到平静,于是他就这么做了。不能不认为这个人是出于"社会人"的考虑,而不是从"经济人假设"出发来进行投资的。

再举一个与消费行为有关的例证。美国著名经济学家凡勃伦(1857—1929年)曾有一本著作,名为《有闲阶级论》(1899年出版),他在书中提出了炫耀性消费的观念。凡勃伦指出,在社会上存在着炫耀性消费,即这种消费并不是为了满足自己衣食住行等生理上的需求,而是为了炫耀自己,讲排场,抬高自己的社会地位而消费支出。例如,购买和穿着华丽的服装,出门坐装饰豪华的马车,其目的是为了向行人或不认识的人显示自己有钱财,有家产,有高贵的门第。这种炫耀性消费显然不同于大多数消费者的日常生活消费和过年过节过生日时喜庆日的消费。日常生活消费和节日喜庆日的消费,也许符合"经济人假设"的要求,因为在日常生活消费甚至节日喜庆日消费时,消费者是追求消费支出的最小化和获得满足的最大化的。然而在炫耀性消费时,那样讲排场、讲气派,那样挥霍,就很难用"经济人假设"

来解释,而只能用"社会人假设"来说明了。这是因为,炫耀性消费者这时已经不再是普通的"经济人",而已经是以"社会人"的身份出现在众人的面前了。他的消费目的同炫耀自己的身份、社会地位或家族门第结合在一起,这已经成为一种畸形的消费了。

由此看来,炫耀性消费是不正常的,只有把它看成是"社会人假设"的结果才符合实际。这也表明,当我们谈到"社会人假设"时,可能发现有两种性质完全不同的"社会人假设":一种是前面在谈到投资地点选择时所说的出于社会责任感或"个人愧疚感"性质的"社会人假设",另一种就是诸如进行炫耀性消费时的"社会人假设"。出于"社会责任感"或"个人愧疚感"的"社会人假设"是正面效应的体现,而炫耀性消费则是负面效应的体现。

"社会人假设"实际上是比较复杂的。还可以从消费者的角度举一个例子,这就是由农村陋习而引起的消费陋习。不久前,我同全国政协经济委员会的一些委员到陕南、辽西和内蒙古通辽市等地农村进行调研。当地的农村基层干部向我们反映:"送份子钱"已经成为一"灾"。什么叫"份子钱"?据他们说,就是同村乡邻家中有红白喜事的(如结婚、生子女、满月、周岁、老人寿诞、家中有人去世,等等),村民、亲友邻居都要送钱,称"份子钱"。这个习惯过去就有,那时每家送钱不过几角、一元、二元,后来涨到五元、十元,现在连五十元都拿不出手,通常都是一百元(因一百元纸币是红色的,表示吉利。有时竟高到三百元、五百元)。这就成了沉重的负担。有些外出务工的村民,春节不敢回家,因为一年在外辛辛苦苦,好不容易赚了一些钱,一送"份子钱"就送完了。所以"送份子钱"成为沉重的负担。

我们问村干部,难道不能不送吗？他们回答说:"这成了惯例了,怎么废除？"

我感到这种"送份子钱"的惯例是很难用"经济人假设"来解释的,而只能用"社会人假设"来说明,因为这是建立在传统习俗之上的一种惯例性的支出。为什么要送"份子钱"？这是因为村民都是"村"这个群体中的一分子,他们如果不送"份子钱",就被同村的人所讥笑,这与他们今后在村里的人际关系有关。只有今后各个村都改变了这种习惯,才能终止"送份子钱"现象。

这表明："社会人假设"的范围不止于公益性、慈善性的支出,也不止于炫耀性消费,还应当把民间惯例所造成的送礼支出包括在内。

三、"经济人假设"和"社会人假设"的长期并存

以上对"经济人假设"和"社会人假设"的含义做了说明。对这两种假设很难做出谁是谁非、谁正确谁错误的判断。二者各有适用范围,各有发挥作用的领域。无论哪一种假设都有可持续存在的理由,因此只能说这两种假设将会长期并存。

正如前面已经说明的,"经济人假设"本身并没有是与非的性质,它只是说明人们在参与市场活动和经济生活时会遵守"成本最小,效益最大"的原则行事。"经济人假设"并不意味着要投资者和消费者"唯利是图",甚至坑人害人,而只是说要人们规避风险,少受损失,力求提升效率,增加效益。这既是人之常情,又是经营之道。

"社会人假设"的出发点和"经济人假设"不一样。"社会人

假设"的前提是:任何一个人,当他成年之后,他参加任何市场竞争、任何经济活动时,他既是一个"经济人",又是一个"社会人",因为他离不开社会这个大群体,也离不开社会中各种各样的较小的群体,他既是若干个较小群体的一个成员,还可能是某一个较小群体的积极参与者。在这种场合,他会以群体中的一员而表现出自己的愿望、理由或处世原则。比如说,他有信仰,有一般的人际关系或特殊的人际关系。他的观念会使这些人际关系发生变化。作为"社会人",他的情绪也会发生某种变化,他的行为也会因此而改变。这样就可解释为什么他会在社会责任感的感染下热心于公益事业、慈善事业而捐献,不按"经济人假设"所要求的那样考虑"成本最小化"和"效益最大化"。与此相类似的是:当他在参加社会活动,在与社会这个大群体的成员相处,或与社会大群体之下的较小群体的成员相处时,会有炫耀性消费的举措,或者会顺从传统消费习惯而有"送份子钱"这种行为,他的"社会人"的行为完全反映了他的消费行为有时候是非理性的。这是他的"社会人"特征的反映,不足为奇。

实际上,早在1955年,美国经济学家赫伯特·西蒙就"经济人假设"提出了一个修正意见,即"有限理性"假设。西蒙的"有限理性"是对"经济人假设"的修正。"有限理性"假设是指:由于人的主观认识能力有限,以及由于客观环境的复杂多变,所以"成本最小化"和"收益最大化"的最优决策难以实现,人们往往只能退而求其次,"次优决策"从而有更大的现实性。加之,最优决策至多只适用于单一目标,在多目标的前提下,根本无法求得最优,次优便是最佳选择。例如,买针、买时装、食堂买饭菜。

沿着西蒙的"有限理性"的思路,以后的西方经济学家又提出"第三优"假设,即西蒙的"次优决策"还不能解决现实中的问题,应当有选择"第三优"的心理准备。这就是说,西蒙学说仍被认为是脱离现实生活的,因为"次优"仍然难以找到,不如再退一步,采用"第三优"可能更符合实际。

但至今为止,尽管"经济人假设"遭到人们的质疑,并且西蒙提出了"次优决策"理论,也就是"有限理性"假设,总的说来,还不能动摇"经济人假设",更不必说否定"经济人假设"了。即使出现了"社会人假设",也只能是"经济人假设"的另一种补充,说明任何一个人既是"经济人",又是"社会人"。他作为"经济人",在经济生活和市场竞争中按"成本最小化"和"效益最大化"的原则去投资,去消费,去储蓄(正如前面提到的,储蓄只是一种过渡方式,因储蓄最终仍会分解为投资和消费的)。"次优决策"或"有限理性"也只是对"经济人假设"做一些修正,本质上仍然没有突破"经济人假设"的范围。至于人作为"社会人",他会有另一套考虑,做出这种决策或那种决策,但并不影响"经济人假设"的存在。

也许今后若干年内,作为"社会人"的决策者会有不少新的投资理念、投资方式或新的消费理念、消费方式,至多只能说人对自己作为"社会人"的责任和行为有了新的认识。"经济人假设"和"社会人假设"仍将长期并存。

四、关于家族企业"两本账"的分析

这里准备讨论有关家族企业兴起和发展中的决策问题,它可以引起我们对"经济人假设"和"社会人假设"的进一步的了解。

从家族企业的兴起和发展过程中可以看到,家族企业从来不是完全受"经济人假设"支配的。为什么会涌现出诸多家族企业,无非是以下三个原因:

一是家长有凝聚力,又能干,能够带领家族成员一起创业。家族成员佩服家长本人,听他的话,受他指挥,家族企业就这样兴起了。

二是家庭成员在创业时期是齐心协力的,有很强的向心力,因为在创业时期如果不团结,离心力大,家族企业通常办不起来。即使勉强把家族企业办起来了,如果成员们勾心斗角,吵着要分家,家族企业很快就会衰败,对任何成员都不会有好处。

三是家族企业要兴盛,必须要有自己的特色,有自己的所长,在市场中讲诚信,要守法。为此,以家长为首的领导层必须制定一系列规章制度,大家遵守,谁也不能例外。如果违背了守则,即使最亲近的儿孙子侄,也照章处置。于是就建立了企业文化。家族企业就这样一步一步扩大,并能继续维持下去。

古今中外,不少家族企业都因为具有上述三个条件而成了闻名远近的"老字号"。

然而,家族企业并不是仅仅依靠"经济人假设"而兴盛起来的。对家长来说,从创业之时起,就负有双重使命。家族企业所担负的双重使命,与现代企业制度是不符合的。但家族企业却正是依靠双重使命的实现而能够延续好多年。

双重使命中的第一个使命,是创业者要遵循市场规则行事。诚信守法是最重要的。在诚信守法的前提下,家族企业必须按"经济人假设"行事,力求做到"成本最小化,效益最大化",做精做强,有竞争力,能在激烈的市场竞争中站稳脚跟,并赢得好评。

这是家族企业的立身之道。任何以家长为首的家族企业领导层都不会违背这一原则。

双重使命中的另一个使命是：在家族企业不断成长和壮大过程中，不让家族中某一支继续贫穷下去（或者是因为那一支的男丁少，或能力差，或病人多等）。也就是说，家长作为家族企业的创始人并担任着家族企业的主管，有责任要照顾家族成员中的弱者，不要让他们掉队，不要让这些弱者得不到家族企业在发展中获得的红利。这就表明家长心中有两本账：一是"经济账"，二是"家族账"。"经济账"指的是家族企业在经营中所获得的利益，如何让家族企业能继续兴旺，赚更多的钱。"家族账"又可以被说成是"家族群体的责任账"，例如让家族成员中的弱者能得到照顾，早日摆脱贫穷的处境，也能分享到福利，使生活逐渐改善。虽然这还说不上是家族企业的"社会责任账"，但依然可以说成是"家族群体的责任账"。这一本账同"经济人假设"没有必然的联系。两本账的同时存在，正表明了家族企业的特点。

"家族账"的存在确实是家族企业的一大特点，因为家族在用自己经营收入和利润办家族的福利。用家族企业的经营收入和利润帮助真正的弱者，如帮助孤儿寡母，家族成员不会有什么意见。但把家族成员中的穷人一律养起来，家族成员是不服气的，因为有的成员之所以穷困，是因为染上了恶习，如赌博、嫖娼、抽鸦片。对这样的家族成员也给予补贴、分红，某些家族成员是不同意的。怎么办？于是有些家族成员吵闹着分家析产，即把分家析产后的家族企业变小，家族成员把较小的企业各自经营一处，自立门户。这样，"家族账"涉及的范围就较窄了。

然而，这种分家析产后的家族企业尽管规模较小了，"家族账"一般仍保留下来,即分家析产后的家族企业依然要为家族成员承担福利支出,只不过要照顾和分享红利的人数少了。一般的家族企业很难改变"家族账"的做法。除非改为现代企业制度,否则"家族账"的做法很难消失。

有些家族企业在分家析产之后经营成绩好,但子孙繁衍也快,隔了几代人,家族企业可能又恢复到分家析产前那样的规模,从而又引起一部分家族成员的不满,认为"家族账"的做法不能起到奖勤惩懒的作用,家族企业中的"吃大锅饭"现象又盛行起来,于是一部分家族成员又吵闹着要求分家析产。这是家族企业难以长期安宁的主要原因。

从家族企业的兴起到若干年后的分家析产,再从分家析产后的复兴,又过了若干年后再度分家析产……这是家族企业兴衰过程中屡见不鲜的现象,它反映了家族企业在制度上带有一定的矛盾,也就是"经济人假设"和"社会人假设"之间既共存,又抵触的现实。

唯一的解决方式就是家族企业的转型,即实行真正意义上的现代企业制度:产权清晰,法人治理结构健全,采取职业经理人制度,同时承担社会责任,而不是像以往那样主要承担"家族群体责任"。

五、"经济人假设"和"社会人假设"并存情况下的文化制衡

前面已经提到在实际的经济生活和市场竞争中,"经济人假设"和"社会人假设"是长期并存的。关于家族企业,在很大程度上是一个特例,因为家族企业一般存在着"家族群体责任",以致

隔了若干年就会爆发一次家族企业的内部争斗,要求分家析产。这种情况在这里可以撇开不论。

"经济人假设"和"社会人假设"二者长期并存的前景如何?可以做出如下的判断,这就是:"经济人假设"虽然仍会长期存在,但随着经济学对"经济人假设"的疑点越来越多,如西蒙的"有限理性"假设和"次优决策"理论、凯恩斯的"动物精神"冲动(凯恩斯指出,人们的投资决策往往不是理性的,而是"动物精神"的产物,即出于一种冲动,与动物无异),以及后来的实验经济学家和行为经济学家提出的质疑,认为投资和消费等行为难以预料。这些观点都表明"经济人假设"需要有更多的实践或事实作为证据,才能减少人们的疑点。

至于"社会人假设",同样是受到质疑的。这是因为,人作为"社会人",但"社会人"究竟意味着什么,却很难说清楚。人虽然是社会这个大群体的一员,但他会有什么样的家庭背景,在家庭中受到什么样的影响,从小养成什么样的习惯,会有哪些偏好,在踏进社会后,又同哪些人有过接触,有什么样的经历,有什么样的错误行为或正义行为,这些都是事先不可知的。何况,社会是一个大群体,而社会上还存在着各种各样的较小的群体,如信奉哪一个宗教,参加哪一个政党,生活在什么样的社区,结识了哪些朋友,养成了哪些良好的习惯或不良的习惯,等等,这些能被预测么?能根据这些资料判断某个人会以什么样的"社会人"身份进行经济社会活动么?不可能对他的"社会人"效应做出预料。这岂不是一个永恒的"谜"么?即使做出某种推测,但会有多大的效果呢?因此可以这样认为,说某人的某些行为符合"社会人假设"而不符合"经济人假设",这主要是一种"事后的判断",很难说这是"事前"预测的成绩。

由此看来,无论是"经济人假设"还是"社会人假设"都是有缺陷的。在这两个研究领域内,迄今还有许多疑点或不足之处需要我们去探讨,去验证。

正因为"经济人假设"和"社会人假设"不仅会长期存在,而且会各自在原有的基础上发生变化,并会相互补充,所以现在不是对"经济人假设"和"社会人假设"之争下结论的时候。实验经济学和行为经济学的探讨会深入下去,但同样不可能对这两种假设的正误做出裁决。历史将证实这一点。

然而,我们至少可以从"经济人假设"和"社会人假设"的争论中发现一点,即这两种假设的长期并存和争论不休反映了文化制衡的作用。

我们可以这样理解:"经济人假设"虽然有缺陷和不足之处,但仍有其适用性,所以能在某种情况下成为人们经济生活和市场竞争中的指导;"社会人假设"虽然涉及面过广,会有各种各样的"社会人",但在某种情况下也成为人们在社会生活和处理人际关系时的指导。这样,"经济人假设"和"社会人假设"实际上成为相互配合、相互补充的两种指导原则。这就是这两种假设的文化制衡。

具体地说,这里所说的文化制衡至少有两方面的含义:

一方面,两种假设并存告诉所有的人,经济生活和社会生活是不一样的,在经济生活中适用的原则未必适用于社会生活之中,在社会生活中适用的原则也未必适用于经济生活之中。因此,两种假设的并存,对人们的生活和行为有配合和补充之处。这就是一种文化制衡。

另一方面,两种假设并存还告诉所有的人,每一种假设既有其适用性,也有其不足之处,而随着经济的发展和科学技术的进步,尤其是教育的普及和人们对生活质量越来越关注,人们的"社会人"意识会逐渐增强。这样,人们的社会责任感的提升会对"经济人假设"的不足之处有所补充,也会使人们对"社会人假设"有日益深入的认识。尽管这一过程是缓慢的,但无论如何也应看成是一种文化制衡,即市场调节和政府调节都有不足,道德力量调节的重要性将越来越明显,人作为"社会人"的意识也必然随之深化。这同样是一种文化制衡。比如说,人们对扶贫济贫的热情会持久不衰,对生态保护的重视有增无减,对公益慈善事业的捐赠会越来越多等,都是例证。换句话说,人作为"社会人"将不断发挥自己的作用。这也可以称为文化制衡的深化和细化。

第三节 小业主思想和社会经济的均衡

一、社会的亢进因素和抑制因素

关于经济的波动,我们除了要研究宏观经济和微观经济之间由不适应趋向于适应或基本适应的过程而外,还必须研究社会经济的自我调理功能。

任何一个社会经济,就如同一个人的身体一样,都有一种自我调节以恢复均衡的功能,只是在某些情况下,调整和恢复均衡的过程较长,在另一些情况下,调整和恢复均衡的过程较短,但这并不构成实质上的区别,因为情况不同,恢复到正常均衡状态的难易程度是不一样的,这无碍于调整的照常进行。

然而,在人身上,一旦这种自我调理的功能消失了或减弱了,人生病了,究竟什么时候病人能恢复正常状态,就很难说了。也许必须动大手术才能复原,也许动大手术后可以保住命,但人体却再也不能恢复原状了。

进一步讨论,人体的自我调理的功能如果细分一下,可以分为亢进性的功能和抑制性的功能,两种功能同时存在。

亢进性功能是指外向的、活动的、积极作用的发挥。抑制性功能是指内向的、保守的、消极作用的发挥。一般情况下,两种功能同时发生作用,使人体自我调理,保持和恢复均衡。这就是说,在正常状态下,一个人既不会过度亢进,也不会过于抑制,而且即使有时亢进大于抑制或抑制大于亢进,在经过一个自我调理过程后也会自然恢复到常态。只要人体的这种自我调理功能尚未衰退和消失,人体总是倾向于均衡的。但绝对的均衡、持久的均衡对人体来说通常是不可能的事,人体总是通过自我调理而呈现为动态均衡、相对均衡。人生病时的打针服药,甚至动手术,主要是帮助体内自我调理的功能恢复作用,发挥作用。

实际上,社会经济和人体一样,要依靠自我调理才可能维持动态均衡、相对均衡。社会经济的自我调理功能同样可以细分为扩张性的(亢进性的)功能和收敛性的(抑制性的)功能,二者也是相互配合、相互制约、相互补充的。正因为有了这两种功能的制约和补充,社会经济在运行过程中尽管有波动,但大体上还能够维持动态均衡、相对均衡。

不妨设想一下,如果社会经济中只有扩张性的功能起作用,而没有收敛性的功能起作用,或者收敛性功能的机制失灵了,不言而喻,社会经济将过度膨胀,人们将过度兴奋,投资狂热不仅出现了,而且热度不断上升,整个社会经济就像个热热闹闹的大赌场,最终达到不可收拾的地步,导致社会经济的崩溃。反之,如果社会经济中只有收敛性的功能起作用,而没有扩张性的功能起作用,或者扩张性功能的机制失灵了,同样,社会经济将过度收缩,死气沉沉,经济变冷了,没有生气,没有活力,没有创新,没有希望。社会经济必将处于停滞、衰退的状态,这也会导致社会经济的崩溃,并难以收拾。

由此可见,任何一种社会经济,只有既存在着扩张性的(亢进性的)机制和功能,同时又存在着收敛性的(抑制性的)机制和功能,才能既可以防止经济过热,又可以防止经济过冷,不怕经济有所波动,但仍会倾向于均衡。当然,这只能是一种动态的均衡、相对的均衡。[①]

从这个意义上说,这也是文化制衡的反映。亢进性的、扩张性的经济行为和市场活动反映的是一种文化、一种居民的诉求和愿望,而抑制性的、收敛性的经济行为和市场活动,同样反映了一种文化、一种居民的守成心理、一种保守的理念。

二、小业主思想的作用

小业主思想或称小业主意识,在讨论经济增长和 GDP 扩大时,有时被一些评论者看成是消极的思想或意识。理由是:他们"目光短浅","胸无大志","小富即安","见好就收",而且"不愿

[①] 参看厉以宁:《社会主义政治经济学》,商务印书馆,1986 年版,第 321—325 页。

创新"、"过于害怕风险",等等。似乎小业主们是经济中的保守力量,是经济增长的"拉后腿"者的典型。

这种看法和评价是不正确的。为什么?因为忘记了或根本不了解经济中需要有抑制性的或收敛性的机制起缓冲作用。

要知道,社会经济活动中存在着大量微观经济单位,其中包括了企业和个人。企业中,从单位的数量来说,大企业在数量上只占少数,也许只有百分之几,绝大多数是中小企业,甚至是微型企业。中小企业和微型企业的投资者和经营者几乎都是小业主,即具有小业主思想、意识的人。再以个人来说,在成年人中,绝大多数在投资理念和消费理念上并没有个人的独立想法,而是所谓的"从众、从上、从书本、从经验"。也就是说,他们多多少少带有小业主的思想、意识。这至少是目前中国社会的实际情况。

根据以上的论述,可以了解小业主思想和意识在社会经济中的作用不可低估。评论界经常从中国近年来证券市场的结构性特点出发来评论中国证券市场的波动,这就是散户太多,机构投资者太少。因此,跟风买进和卖出,股市一旦"热起来",就显现这些小股民的急躁和疯狂,而一旦"冷下去",同样会显现这些小股民的心灰意懒。小股民明显地具有跟风的特色,这是小业主思想、意识的反映。

与此同时,在实际生活中确实有相当多的小股民抱着"小富即安"、"见好就收"的想法,在证券市场上小有获益就收兵了。他们害怕风险,以稳妥为重,市场波动时期,他们手持现金,伺机而动。当股市惨跌时,他们暗自高兴,认为自己保住了财富,有了主动机会,待机再发。这种"小富即安"、"见好就收"的小业主思想、意识,实际上形成了社会的一种缓冲机制,使社会经济既不至于因过热而达到不可收拾的地步,也不至于因过冷而陷入难以重新热起来的长期停滞的困境。

在上海和深圳两地调研时,我们发现一个很有趣的现象,即今天在股市上炒股的人主要是新手,他们过去不曾炒过股,他们缺乏经验,即使其中有些人年纪很大,但刚退休,不久前才加入股民行列。在股市暴跌中损失较多的,就包括他们在内。但他们在积累经验,慢慢成熟起来。他们开始不懂得"见好就收",现在才懂。这样,他们也就自然而然地加入了"缓冲"力量之中了。市场会教导出一批"保守"队伍。

毫无疑问,从小额投资者的经济行为来看,这些微观经济单位(包括中小微企业和众多的小额投资者)是分散的。正因为他们的投资活动分散,并无规律可循,所以有时反映了社会经济的扩张性,有时又反映了社会经济的收敛性。这就形成了市场波动的不规则,使观察家、评论家难以预测。这不一定是坏事。可以设想,如果没有大批分散的带有小业主思想、意识的中小微企业和个人,只有投资的冲动而缺乏投资的抑制、收敛,经济过热现象达到不可收拾的地步是难免的。同样的道理,如果没有大批分散的带有小业主思想和意识的中小微企业和个人,一旦经济陷入停滞的困境,怎么能重新振兴呢?只依靠大企业和有智慧又有资本的大企业投资者,他们能使经济再度兴旺吗?看来也是力所不及的。

这就清楚地表明,中小微企业和个人毕竟是大多数。防止经济过热和过冷,都离不开那些"小富即安"、"见好就收"的小业主思想和意识的持有者。

三、企业家精神的作用

企业家精神同小业主思想、意识既是对立的,又是配合的。这是文化制衡的一种反映,在社会经济生活中屡见不鲜。[①]

关于企业家精神的重要作用,众所周知,在于生产要素重新组合,在于发现新的营利机会,在于开辟新市场,在于创新。经济之所以能够摆脱停滞不前的状态,与技术创新、产品创新、产业创新、原材料和动力创新升级、企业管理、营销管理有关,创新就是企业家努力的结果,也是企业家精神的反映。那么,这和小业主思想、意识有什么联系呢?可以从以下三个方面来论述。

第一,正如前面已经提到的,社会经济本身有自我调理的功能,也就是自我调理的机制,即扩张性(亢进性)的功能和机制与收敛性(抑制性)的功能和机制。社会经济之所以不会沦于过热或过冷的境地,全靠自我调理的功能和机制的存在。企业家志在创新,志在重新组合生产要素,这就是促进经济更上一个台阶的动力。只要创新有了效果,就会带动广大中小微企业和个人投资者朝着产业升级、产品升级、物流升级和营销更新的方向努力。这些带有小业主思想、意识的大批微观经济单位(包括中小微企业和个人)都会受到鼓舞,参与环境生产要素的重新组合,包括提供创新的产前、产中和产后服务,提供零配件的生产、服务设施的供应、服务工作的增加以及物流、销售等方面施力,从而形成新的经济增长格局。可以说,只有发明家、企业家和企业家精神而缺乏大批微观经济单位的配合,新的经济增长格局是

[①] 尽管本书第六章第四节中已对企业家概念做了阐释,但在这里仍有必要对企业家概念进行更深入的探讨。

形不成的。说这些微观经济单位善于"跟风",善于"自寻商机",善于"找到适合于自己的位置",这符合实际情况。所以说,新的经济增长格局的形成,不能全都归功于发明家和企业家,这里也有大批微观经济单位(中小微企业和个人投资者们)的功劳在内。

第二,当更新颖的创新出现之后,也就是当开始新一轮的生产要素重新组合之后,不仅企业家们在忙于争取获得新的营利机会,而且也触动了微观经济单位(中小微企业和个人投资者们)新的考虑。他们之中有些人出于各种不同的原因而没有参与前一轮的创新热潮,从而白白地错过了一次有利于自身发展的机会,这一次机会不能再错过了。他们会参与新一轮的创新热潮,包括参与产前、产中、产后的服务,或提供零配件、改善服务设施和增强服务工作,以及提供物流、销售等方面的服务,从而促进形成新一轮的经济增长格局出现,同时也增加了自己的盈利。这些微观经济单位的"跟风而进"固然是小业主思想、意识的一种反映,但同样是新一轮创新对所有热衷于"利好"的形势的指引。所以未赶上前一轮创新步伐的那些微观经济单位的"跟进",是正常的。

第三,以上所说的企业家精神和小业主思想、意识的相互补充、相互配合,是社会经济发展过程中的常规,也是文化制衡的反映。然而还有这样一种可能发生的变动,即某一创新在出现后正在红火阶段,由于风传宏观经济政策有所调整,调整的后果对该创新项目的推广不利,或者,由于风传国外有同类的新产品、新工艺、新产业已问世,其质量、性能、耐久力都超过我国的同类产品等,该种国产的新产品将显得落后,在这种情况下,该种国产创新产品的市场遇到了挑战。最先反映出来的是国内创新的大企业，它们将寻找对策，接着"跟风"而动的便是参与为该种创新进行国内配套、协作的中小微企业，它们可能抱着"见好就收"、"不利则撤"的想法，陆续安排好退路，也可能从"避免更大风险"的考虑出发，把资本转向其他领域。至于小额投资的个人，同样会从自身投资安全的角度来调整投资方向。这一切都是有可能发生的。小业主思想和意识指引下的那些微观经济单位的对策不一定是坏事，而更可能被看成是一种信号，即"该进则进，该退即退"。这对于社会经济的调整或自我调整未尝没有好处。对于从事该项创新的企业来说，也可以使自己的头脑更清醒一些，趁早做出新的安排。

四、对微观经济单位的活力的再认识

以上，我们对社会经济中的企业家和企业家精神做了分析，也对中小微企业和个人作为绝大多数微观经济单位的小业主思想和意识做了分析。它们合在一起，使社会经济中的自我调理功能和机制能够充分发挥作用，使社会经济既不可能因扩张再扩张而陷于崩溃，也不可能因收敛再收敛而陷入死气沉沉。

以上我们还明确地说明，社会经济中既需要有开拓性的企业家和企业家精神，在某种情况下也需要有收敛性的、保守性的小业主思想和意识，这样社会经济才能通过自我调整而平稳地发展。

这表明，盈利和亏损固然与经营管理的好坏有关，也与社会经济形势的变化有关。盈利与亏损不一定是经营本身与经营的错误所造成的，也可能与客观经济形势的变化出乎预料之外而经营管理者始料不及有关。但不管怎样,经营管理仍是十分重要的,任何企业和个人投资者都不能忽略。

这里可以进一步讨论微观经济单位的活力问题。在讨论微观经济单位时,首先应当指出,既然是指企业和个人而言,无疑应当把大型企业和中小微企业都包括在内,在个人方面也就不应只指包括投资者在内的各类投资者,也应当把各类消费者包括在内。

企业和个人都是微观经济单位,他们的活力体现于企业的活力和个人的活力,而社会经济之所以有自我调理的功能和机制,全都同企业和个人有活力与否相联系。企业的活力是指企业在生产和经营中有主动性、积极性,能够主动地、积极地调整生产规模,改进技术,改进管理,改进营销,拓宽市场,并能根据企业情况增加给职工的工资,实行人才激励制度。个人的活力是指个人作为生产要素的供给者和市场商品的消费者,在经济生活中有主动性和积极性,既能够主动地、积极地贡献自己的才能、技艺和智慧,也能根据自己的需求购买所需要的生产资料和生活资料。无论是企业还是个人,他们的生产活动、经营活动还有消费活动,归根到底是同经济利益(盈利程度或消费满足程度)密切联系在一起的。这就是微观经济单位活力的源泉。

进一步说,微观经济单位的主动性和积极性固然可以使企业和个人有活力,进而使社会经济有自我调理的功能和机制,但企业和个人的活力不只来自企业和个人的主动性和积极性。这种主动性和积极性的受阻与否,既同企业和个人的经营亏损与否有关,又同企业和个人作为"社会人"的社会责任感有关。下面分别加以解释。

(一) 经营亏损的负面影响

企业和个人经营的亏损,原因很多,有些与企业和个人经营不善甚至经营无方有关,但有些并非来自企业和个人经营的不善。比如说,国家的宏观经济政策调整了,政府增税了,能源和原材料价格上涨了,就是导致企业和个人经营亏损的原因。又如,市场竞争过程中,新产品、新工艺出现了,甚至它们来自国外,从而引起企业的亏损。这是企业事先未预料到的。或者,虽然企业事先有所察觉,但着手创新晚了,在市场竞争中败下阵来。再如,尽管社会的消费时尚和消费习惯的变动一般是缓慢的,但随着经济的增长和公众收入水平的提升,这一变化的速度有加快的趋势,于是跟不上消费时尚和消费习惯的变动的企业或个人经营者会受到冲击,也会发生亏损现象。

以上只不过举了三个例子,但从中已经可以了解,行业的亏损、企业的亏损以及个人经营者的亏损往往不能归因于经营不善或经营无方,而只能认为这些亏损有时是难以避免的。

这对企业和个人有什么影响呢?可以简要地说,企业和个人(作为生产要素的提供者或经营者)的盈亏对自身经济利益的影响通常是对称的。假定企业和个人盈利,那么盈利的企业和个人将会由此激发出力争更多盈利的主动性和积极性,他们将成为"扩张性"的追加投资者、生产者和生产要素供给者,使社会经济上行。反之,假定企业和个人亏损,那么亏损由企业和个人承担,直到该企业和个人破产为止。企业和个人都以自己承受亏损为准则,如果企业不负盈亏、个人不负盈亏,而以国家承受亏损,那就谈不上有活力。企业和个人如果没有活力,社会经济也就没有真正意义上的自我调理功能和机制。

换一个角度来说,只有自负亏损的企业才是真正的企业,只有自负亏损的个人,才是真正的生产要素供给者和投资者。

(二)企业和个人的社会责任感对经济运行的影响

企业和个人在社会经济中不仅会以"经济人"的身份出现,而且也会以"社会人"的身份出现。当他们以"经济人"身份出现时,只有自负盈亏才能使他们有活力,也有压力。有活力才有主动性、积极性,才能不断调整自己的经济行为,趋利避害,力争有更多的盈利和更低的成本。但当他们有社会责任感并付诸行动时,他们是以"社会人"的身份出现的,他们的行为方式会随之改变。对于捐赠给公益事业和慈善事业的支出,虽然捐赠完全出于自愿而不是有关部门的强制性摊派的结果,但他们既然做出了决策,那就不可避免地由自己承担费用。这是符合"社会人假设"的,前面已经提及。这里需要进一步说明的是:在企业和个人以"社会人"身份对公益事业、慈善事业做出捐赠时,他们是不是也会有"收益"还是"亏损"的想法呢?如果具有"收益"和"亏损"的想法或计算,是不是有损于自己的社会形象呢?

不能简单地认为,企业和个人在捐赠过程中不应该考虑这种经济上的支出是否与自己的"收益"或"亏损"有关。可能有以下三种不同的情况:

一是捐赠者一心扑在公益事业和慈善事业上,认为自己应当尽社会责任,不考虑货币的支出和自己财产状况的变动。这种情况是确实存在的。

二是捐赠者认为,自己捐赠了一笔钱,但觉得还是值得的,比如说得到了社会的赞扬,受得了受益者的尊重,赢得了好名声,这就是无形的"收益"。如果有这种想法,也不是什么坏事,同样是合情合理的。只要公益事业、慈善事业确实得到了赞助，客观效果是好的，捐赠者即使有这种想法，也属于人之常情，无可厚非，不必揣测捐赠者心中有什么想法。

三是捐赠者认为，自己捐献一笔钱，除了赞助了公益事业、慈善事业而外，也可能对自己未来事业的发展有所帮助。比如说，这笔钱是指定捐赠给某一地区扶贫的，这很可能有利于今后在这里投资、开拓市场，为本企业或本人今后在这一地区的发展创造条件。这就把捐赠同自己今后的发展联系在一起了。如果捐赠者心中有这种想法，也是可以的，只要以后在这里投资、开发时遵守法律法规，不出现官商权钱交易和行贿之事，就没有问题。

由此可见，一个企业或个人做出捐赠时，应只看效果，不必揣测他有什么考虑，什么打算，什么意图。捐赠者既然是一个"社会人"，他自然而然地会有"社会人"的各种想法。何必去揣测他内心深处会有什么想法？

从社会经济中有"经济人假设"和"社会人假设"两种假设的并存来看，或者从社会经济中有企业家精神和小业主思想、意识的并存来看，社会经济之所以会经常处在动态均衡、相对均衡的状态，正是由于社会经济中有"扩张性的"和"收敛性的"两种功能和机制在起作用，这才不会走向过热而导致不可收拾的局面或过冷而导致死气沉沉的局面。也正是由于上述的三个"并存"，即"经济人假设"和"社会人假设"并存，企业家精神和小业主思想、意识并存，以及"扩张性"（亢进性）功能和机制、"收敛性"（抑制性或保守性）功能和机制并存，社会经济才能正常地运行下去。

第四节 文化制衡的持久性

一、不同年龄的人对文化的认识差距

年长的和年轻的成为两组不同的判断者或评论者,是自古以来就存在的"代沟"现象。但在封建时代,年轻一辈不敢违背年长一辈的看法,所以"代沟"虽然存在,却在大多数人之中,"代沟"只是一种代际隔阂,还没有形成真正的"代沟"。在中国,直到辛亥革命,推翻了清政府,建立了中华民国以后,年长一代和年轻一代之间的代际隔阂才越来越明显。特别是从1915年新文化运动开始后,经过"五四运动"和文化的创新,年轻一代和年长一代的冲突才在全国各大中城市中公开化。关于这一过程,本书前面已经做了论述,这里就不再重复了。

大中城市内愈演愈烈的年轻一代与年长一代之间"代沟"的公开化,集中于以下三个问题上。一是女子是不是可以进学校受教育。年长一代的保守派中往往坚持所谓"女子无才便是德"的古训,女子是不可以进学校受教育的。在这以前,幼女是否缠足的问题已经引起争论,经过争论终于使"放足"的主张取得了胜利,但女子上学与否的争论持续时间较长,开放是陆陆续续进行的,但终于突破了障碍,大中城市内开办了女校。这次"代沟"冲突中,年轻一代获胜了。二是婚姻自主、婚姻自由问题。年长一代中的保守派坚持婚姻由家长说了算,坚持由父母做主。年轻一代普遍不愿由父母包办婚姻,斗争不绝,以致社会上发生众多的"子女抗命,离家出走"的事件,甚至还有不少自杀抗争的例

子。最终,在争论持续较长时间之后,年轻一代终于在婚姻自由方面取得胜利,但这仅限于知识界,而且仅限于大中城市内。三是妇女就业问题。自从女子学堂建立后,进学堂读书的妇女人数越来越多,她们学成后要求参加工作,从而妇女就业又成了社会关注的问题。年轻一代,包括女子学堂的毕业生,都认为女子有了知识,就可以自由寻找就业岗位,甚至自己创业。但年长的一辈中总有些保守、守旧的、以老眼光看社会、看妇女的人,认为许多让妇女抛头露面的工作是不适于妇女的。于是代际之间又发生了冲突。但这种冲突的结果仍是年轻一代胜利,因为时代已经变了,舆论也已经变了。妇女自由就业、自主创业,渐渐成为社会风气。

以上所说的代际隔阂、代际冲突大体上从北伐战争开始后就经历了一个由隔阂、冲突而趋于缓和的过程。这是因为,在长时间的社会觉醒过程中,年长一辈中有越来越多的人懂得了死守"古训"已经不符合现实形势了,死守旧观念只能酿成家族的分裂和家庭的悲剧,而不可能使年轻一代转变自己的想法,更不可能扭转社会前进的趋势。更重要的是,自从1931年日本侵占东三省,挑起淞沪战争("一·二八事变"),长城抗战,以及1937年日本在卢沟桥发动"七七事变"之后,全国上下都把救亡置于首位,年轻人走上抗日救亡的疆场,年长一辈也不再像过去那样同年轻一代发生冲突,转而支持年轻人参加抗战活动。代际隔阂、代际冲突也就缓和了,淡化了。

在这里还应当注意到这样一种新的情况,这就是:在抗日战争之前,代际隔阂、代际冲突主要发生在大中城市内,尤其是沿海沿江的大中城市内,那里往往开风气之先。而自从抗日战争爆发后,代际之间关系的变化也在广大农村中发生了。农村中,年长一代的守旧通常与宗族和家族势力的牢固有关,年轻一代的新思想、新观念、新精神因受到宗族和家族势力牢固的限制,很难表现出来,甚至很难在农村立足。抗日战争爆发后情况发生了很大变化。

变化之一表现于:抗日战争是全民的战争,全国上下同仇敌忾,把日寇赶出中国成为全民的心愿。沦陷区的城市和乡村都遭受苦难。农民纷纷投身于"出粮出人"的热潮之中。在抗日战争中,八路军和新四军建立了多个根据地,农民和城市居民一样,受到教育,一心支援前线。农村中的年长一代和年轻一代都为抗战做贡献。这种情况下,还有什么"代沟"可言呢?在国民党统治下的后方,农民除了缴纳粮食以外,还出劳役(修路,运物资,修工事等),出兵力(包括被抓壮丁),这时也就不存在什么"代沟"了。

变化之二表现于:抗日战争开始后,沿海一些城市和乡村的居民纷纷逃难到后方,他们带去了资金、机器设备、知识、技术和市场交易的经验和习惯,使国民党统治区的城市和农村都发生一定的变化,有些逃难者把家庭放在乡下,把工厂设在山沟(作者当时随家庭逃难到湘西沅陵县,就住在太常村,而没有住在城区;作者念书的长沙雅礼中学初中部就迁移到沅陵的白田头村,远离城区)。这些都对后方的农民发生影响,有些农村的风气逐渐改变了。

由此可见,抗日战争时期,无论是革命根据地的农村还是国民党统治下的后方农村都处于逐渐变化之中。这段历史是不能忘记的。

当然,"代沟"如今仍存在。尽管中华人民共和国建立至今(2018年)已经69年了,今天的"代沟"已经完全不同于抗日战争以前那二十多年中国社会所存在的"代沟",因为当时的代际隔阂和代际冲突主要反映为年长一代的死守"古训"和陈规陋习,引起年轻一代的抗争,而目前存在的所谓"代沟"在性质上与过去的"代沟"不同,并不一定反映为年长一代是顽固的、僵化的、保守的,而隔阂主要集中在对文艺作品的欣赏和评价,对目前社会上流行的某些做法的看法,或者涉及家庭生活方式、对幼儿的教育方式等有不一致之处。这种隔阂不涉及两代人的价值观中谁进步谁保守,或谁开放谁固执、谁正确谁错误之类的问题。因此,代际隔阂是会长期存在的,即使长期存在,各有各的生活方式,但两代人的和睦不会变化。

从文化制衡的角度来看,抗日战争以前中国沿海沿江大中城市内的代际隔阂、代际冲突的存在固然涉及年长一代(指大多数长者)和年轻一代(指大多数年轻人)之间的认识差距,可以说成是守旧和顺应社会变化之争、坚持"古训"和坚持进步之争,但两代人的文化不同、作风不同、行为不同并不一定对社会的进步产生消极的、负面的影响。原因在于:当时的这种"代沟"来自中国社会变化的渐进性和中国宗族势力、家族势力退出历史舞台的滞后性,因此,年长一代中不少人仍拘泥于"古训"、家规之中,而年轻一代中不少人则受到新文化、新潮流、新知识的影响,走在前列。两种文化(旧文化和新文化)的较量便不可避免,而时代却回避不了旧文化和新文化的冲突,历史必然显示出新文化的优势,而旧文化经过较量后也会推陈出新,把其中有价值的部分传承下来,而把不合时宜的部分筛选出去。这也是文化制衡的一种表现。

至于现在社会上出现的"代沟",由于不涉及谁是谁非的问题,这种代际隔阂可以协调,也可能一直存在。这从另一个角度表明,两代人的隔阂也有协调一致和相互谅解的可能,即使在一定时间内仍会共存,这未尝不是一种文化制衡,最终的结果是促进文化的进步。

二、不同职业的人对文化的认识差距

正如不同年龄的人之间可能有"代沟"一样,不同职业的人也可以存在对同一事物、同一现象的不同想法、不同态度。这种情况已经存在许多年了,比如说,行业不同而导致的行业工资水平的差别,职业不同而导致的社会对职业评价的差别,职位升迁可能性的大小而导致的对职业的社会地位高低的不同看法,以及行业不同而导致的职工工资外收入(包括行业中的津贴、补助、奖金和企业发放的各种福利费)。由此形成了二元劳工市场。

二元劳工市场是指:劳工市场一分为二,即高级劳工市场和低级劳工市场。两个劳工市场的区别在于:

第一,高级劳工市场中的职工工资水平高,低级劳工市场中的职工工资水平低;

第二,高级劳工市场中的职工所享受的福利较多,低级劳工市场中的职工所享受的福利较少,甚至没有福利待遇;

第三,高级劳工市场中的职工有较多的学习机会,他们能不断提高自己的知识水平、技术水平,低级劳工市场中的职工几乎没有什么学习机会,他们从事的是体力劳动、重复劳动;

第四,高级劳工市场中的职工在企业内的职务、职称有较多机会提高,可以一步一步被提升上去,低级劳工市场中的职工则几乎很少有提升机会,如果从事某种劳动,可能直到退休都是如此。

因此,高级劳工市场中的职工和低级劳工市场中的职工几乎是截然隔绝的两类劳动者,低级劳工市场中的职工很难转入高级劳工市场。

这样就产生了以下两种后果:

一是低级劳工市场中的职工是缺少社会垂直流动性的。他们几乎没有再学习的机会,没有转入高级劳工市场的可能。他们收入低,孩子受教育和深造机会少,于是形成了实际上的"职业世袭"现象,即父辈一生从事低级的体力劳动,儿子也只能从事类似的工作,甚至孙子将来也只能这样。对他们来说,没有机会改变这种"世袭"的职业。

二是这种状况引起了低级劳工市场中的职工及其家属、子女等人的埋怨、愤恨。他们认为这是不公平的,但又没有能力改变这种情况。长久下来就会形成社会不安定的后果。

通常认为,在高级劳工市场内就业的是"白领工作者",而在低级劳工市场内就业的是"蓝领工作者","白领"的社会地位高于"蓝领"。

这种情况在西方国家,从工业化时期起就形成了。到目前为止,中国社会上也出现了类似情况。我们前几年在深圳、珠江三角洲其他城市进行调研,就发现了"农民工"的子弟仍以"农民工"的身份参加工作。

然而,社会毕竟在进步之中,经济毕竟在增长之中,近年内,无论在西欧国家还是在中国都发生了一些新情况,有助于二元劳工市场的调整和变革。

在西欧,一个明显的变化是国家的社会保障范围的扩大,尽管福利支出的不断增长不利于财政的稳定,但对于低级劳工市场中的劳动者而言,却是一件有利于提高劳动者收入的好事。与此同时,不少工矿企业的劳动状况也有所改善,能用机器人的,都采用了机器人,于是劳动者工作条件也好转了。此外,教育的普及使体力劳动者家中的孩子能受到较多的教育并有机会进入高等学校,于是"职业世袭"的现象消失了或大大减少了。但相形之下,又出现了新问题。一是本国的年轻人挑职业的现象越来越普遍,他们宁肯靠国家救济也不愿从事体力劳动或到工作环境较差的岗位去工作。加之,大批来自非洲、亚洲和拉丁美洲的移民为寻找工作而涌入西欧国家,填补了职业空位,甚至挤掉了西欧国家年轻人的就业。这些问题的妥善解决是不容易的。

在近年来的中国,低级劳工市场虽然自从改革开放之后已存在三十年以上了,但近年来也发生了一些变化。一是低级劳工市场的供给在逐年减少,而需求却仍然同过去差不多。为什么会这样?主要是因为"农民工"已不像过去那些年份那么多了。过去,由于"农民工"大量离开本村,纷纷进入沿海沿江城镇寻找工作,供给量较大,所以企业能雇到工资水平低的简单劳动者、体力劳动者。但近年来情况发生变化。外出务工的"农民工"减少,供给不足,企业为了能雇到简单劳动者、体力劳动者,不得不付出较高的工资。即使如此,市场上的简单劳动者、体力劳动者待雇的人数仍在减少,以至于企业和雇用保姆、"月嫂"的家庭惊呼中国城镇中雇人越来越难,有些经济学研究人员做出了"中国的人口红利已经枯竭和不复存在"的论断。

实际上,这只是工业化发展过程中一个难以避免的阶段性现象。中国的二元劳工市场正开始转型,低级劳工市场本身已发生变化,不再与工业化前期的低级劳工市场一模一样了。

根据西方发达国家工业化后期低级劳工市场的演变经历,可以得出下述结论,即如前所述,本国的简单劳动者、体力劳动者供给越来越少,他们受到较好的教育后不愿再从事简单劳动、体力劳动,而且有可能从事高级劳工市场中的工作,或者宁肯靠家庭的赡养,择业为上,等待就业,依靠社会福利生活。替代他们的是大批来自非洲、亚洲和拉丁美洲国家的移民,后者成了简单劳动和体力劳动的供给者。我们在西班牙、法国、德国、丹麦的调研中,看到了这种现象。

在现阶段的中国,我们同样发现了类似的低级劳工市场的变化。但明显的区别在于没有大批来自发展中国家的移民进入国内的低级劳工市场。而且也没有发现有较多的城乡居民宁肯依赖"社会保障"而不愿找就业岗位的现象。造成低级劳工市场供给不足的一个重要原因是:城乡年轻一代宁愿接受职业技术培训或考取职业技术学校,到待遇较好的各类企业去谋取职位,或自行创业,独自或同合作伙伴一起办起小微企业,以创业来解决自己的就业问题。加之,也正如前面已经提到的,进入城镇务工已经多年的"农民工"中,有些已经回乡创业了,或者在城镇中创业了,他们就属于社会上常提到的"亦城亦乡"一族。他们对农村中的年轻人有很大的示范效应。进入低级劳工市场充当简单劳动者、体力劳动者的城乡年轻人越来越少。这是一件好事,预示着中国劳动者的职业结构正在发生变化。一个蓝领中产阶级正在形成之中,"新的人口红利"也正在涌现。

其实,就业方式也正在变化。新就业者中不少人正在寻找适合自己的就业方式。企业仍在招聘人,特别是新兴产业、短板产业对有一技之长的职工需求不减,但同过去有区别的是:有些受聘者是在自己家中的工作者,不需要招聘方提供办公场所,不需要每天按时去上班下班。他们以合同的方式接受招聘者的任务,在家中工作,按时交出成果。他们自己置备电脑就行了。他们从招聘方那里取得"计件劳务费"。企业还有必要为每一个受聘的工作者租下那么多间的写字楼房间吗?又如,网上购物开展后,快递行业盛行了,全国一下子增添数以百万计的快递员,他们自备一辆电动摩托车就够了,靠合同和完成的工作量取得收入。他们不需要有办公室,也不需要由聘任单位为他们每人发一辆电动摩托车。

电脑正在迅速普及。当传统意义上的体力劳动者在网上完成自己的工作时,能说得清楚他们究竟是属于"蓝领"还是"白领"?连他们也不清楚"蓝领"究竟有什么定义,"白领"又有什么定义。

"蓝领"和"白领"的区分是工业化时期的职业概念,目前已经有所淡化,二者之间的界限也越来越模糊。特别是随着"蓝领中产阶级"的形成及其队伍的壮大,"蓝领"和"白领"的区分将越来越困难。不少人都有这样的想法:工业化时期普遍使用的"蓝领"、"白领"概念过时了,在信息化时代、后工业化时代,它们都将消失。

由此可以说,在信息化时代、后工业化时代,二元劳工市场这种说法也将失去意义,至少在西方发达国家会这样。劳工市场仍将存在,但不再存在所谓的"低级劳工市场",以往曾经用来定义"低级劳工市场"的条件(如工资低、福利少、没有学习机会、提升的希望不存在)也会渐渐不再存在。

这也是中国社会经济发展的前景。

三、对文化制衡持久性的进一步认识

根据前面所述,"经济人假设"和"社会人假设"会长期并存,并会相互补充、相互配合;企业家精神和小业主思想、意识也是长期并存,各有发挥作用的领域,同样是相互补充、相互配合的。接着,前面分析到,不同年龄的人之间会存在"代沟"。尽管由于时代的不同,不同时代所出现的"代沟"有不同的含义,但目前的所谓"代沟"主要是因为人们对文化本身和文化制衡的认识存在着一定的差距才产生的。这意味着文化制衡始终在社会经济中发挥作用,从而使两代人之间的代际隔阂和代际冲突得到化解。至于不同职业的人之间的差距,二元劳工市场的参与者之间的认识方面的差距,同样会随着社会经济的发展,经历工业化时代转向信息化、后工业化时代后,由于低级劳工市场上供求关系的变化、社会福利和社会保障范围的扩大,特别是义务教育和职业技术教育的推广、垂直流动渠道的逐渐通畅以及低级劳工市场中的工作条件的改善等原因,在本国劳动者的职业选择方面发生与过去相比的重大变化。传统意义上的"蓝领"与"白领"之间的界限不仅模糊了,而且淡化了。这种情况可以看成是社会经济的进步。

由此可以认为,"代沟"的存在确实反映了两种文化;二元劳工市场的出现,既反映了两种社会地位的存在和两种收入水平的存在，同时也反映了两种文化的存在。两种文化的冲突虽然是事实，但两种文化之间不仅有冲突，而且也有相互补充和配合之处，这就是文化制衡。文化制衡不仅反映于代际隔阂和代际冲突在较长时期内的缓和，而且也显示了冲突双方之间的融合，即在一种观念中包含了另一种原来属于对方的观念的某些内容。

二元劳工市场的变化同样可以说明类似的问题。在工业化刚开始时，高级劳工市场和低级劳工市场是明显对立的。"白领"和"蓝领"俨然表现为两个劳工阵营，前者的社会地位明显地高于后者，后者想转为前者几乎是不可能的。但经历了长期的工业化，到工业化时期逐渐被信息化、后工业化取代后，文化的制衡显示出它的力量，二元劳工市场中的"白领"和"蓝领"间的差别缩小了，淡化了，以至于最后消失了。这难道不是文化制衡的效应么？

第八章 文化和管理的最高境界

第一节 共同命运观的提出

一、共同命运观的含义

前面已多次提到,人是社会成员一分子,人是社会这个大群体中的一员;在社会大群体之下,有各种各样的小群体,某个人可能是某些小群体的成员。因此就出现了"认同"这个名词。简要地说,认同就是指个人同社会这个大群体和大群体之下相关小群体之间的关系。一个人,无论他是参加了某些小群体,还是除了家族、家庭以外可能没有参加任何其他小群体,认同都是一直存在的,例如他是某一个国家的国民、社会的成员,这就是说,他认同的对象是某一个国家和社会。又如,他还是某个宗教的信奉者、教徒,他也是某个微观经济单位的成员(企业单位、事业单位的工作人员或投资人、合伙人)。这就形成了他同某个宗教、某个微观经济单位的成员的关系,他同后者也有认同关系。这里所说的认同,不是形式上的,而是实质上的。所谓实质上的,就是指成员对于所认同的大群体或某一小群体,存在着共同命运观。

对家族、家庭这一群体而言,一个人生在什么样的家族中或什么样的家庭中,不由本人决定,也不能更改,除非因各种原因而被家长遗弃,或被家长过继或赠予某个家庭。所以这种关系并非后来能改变的。子女对父母或祖辈的认同由此产生。子女长大成人后,政治观念、宗教信仰、生活方式可能与父母、祖辈有认识上的差距,但认同关系的基础,即血缘关系却始终不变。正是在这种情况下,一个家族的成员,尤其是一个家庭的成员,不可避免地会产生共同命运观。

同一个群体的成员的认同,是同共同命运观直接联系在一起的。认同程度的高低反映了一个人对该群体的命运或遭遇的关心程度,也就是认同程度的多少。比如说,家庭中儿女如果长大了很孝顺,父母遇到了困难,他们的儿女会一心一意为父母排忧解难而不计较个人的处境。但在另一种情况下,例如父母保守固执,反对儿女的自择配偶行为,而儿女则坚持婚姻自主,离家外出,两代人之间就有代际隔阂了。即使如此,在父母遇到困难(如火灾、洪水、遭劫匪等)时,儿女在外仍有可能念起父母当初的养育之恩,给予救济或其他帮助。这仍应归功于家庭这个群体的共同命运观。

再以一个企业同所雇职工之间的关系为例。这个企业有若干名职工,尽管职工们来自天南地北,是企业招聘来的,但如果企业文化开展得好,企业在生产经营中诚信守法,职工对企业的认同程度较高,那么一旦企业因经营不善而陷于困难时,职工们出于较高的认同感,会关心企业的命运,把企业的困难视为自己的困难,出主意,想办法,并在自己的工作中尽心尽力。这就是群体成员同群体有共同命运观的表现。

由此可以认为,群体成员同群体(无论是大群体还是小群体)的共同命运观不一定是出于利益的考虑。

二、超越利益的考虑

从更宽阔的角度来考察,国民对国家的态度具有深层次的意义。一个人生下来就确定了国籍。因此,就国家和国民之间关系而言,一般说来在一生之中基本不会变化。有移民国外的家庭,家庭成员迁往国外,有些人就更换了国籍,但原来的国籍还有很大的影响,他们经常被称原籍的后裔。有些人虽然移居国外,但仍然保留其国籍,他们的身份是原籍国的侨民。国民,包括侨居外国的侨民,对自己的国家有认同。这种认同在绝大多数情况下是同他们的共同命运观分不开的。

在这里应当说明,国家和政府并不是同一个概念。政府由谁掌权,掌权者是否关心国民、关注民生,是否维护国家的利益、国民的利益,由掌权者的性质而定。国民可能拥护某届政府,也可能不拥护下一届政府,甚至有可能反对下一届政府,但这与国民是否认同这个国家,甚至在外国侵略时为保护自己国家而献身不是一回事。以中国近现代史为例。1840年鸦片战争爆发以后,朝政腐败,统治阶级昏聩,但国民是爱国的,对国家是认同的。在帝国主义侵略我国,国家处于危急关头时,尽管国民对清政府、民国政府有种种不满,甚至想推翻它们,但在国家遭外敌侵略时依然奋不顾身地抗击入侵者,充分反映了国民对国家的共同命运观。由此看来,国民对国家的认同绝不是用"利益"两个字就能做出解释的。国民的爱国心、国家的荣誉感、社会的凝聚力,以及各阶层人民的责任感,都远远超越国民对个人利益的考虑。

为了进一步说明国民或群体成员的超越利益的考虑，我们把一个人同某种群体（包括大群体和小群体）之间的关系进行较深入的分析。一个人之所以会成为某个群体的成员，大体上可分为四种不同的情况：

1. 不可选择的；
2. 可选择的；
3. 由不可选择的变为可选择的；
4. 由可选择的变为不可选择的。

以上四种情况都存在于现实生活之中。

不可选择的是指：一个人之所以属于某个群体，是不以个人意志为转移的，他对此没有选择的余地。例如，一个人出生在某个国家、某个城市或乡村、某个家族、某个家庭，有哪些亲属，他本人是无法选择的。如果生在计划经济体制时期的中国，那时重出身，重阶级，重户籍，那么这个人出生后在当时的情况下，几乎就决定了他幼年、少年、青年时期的经历。年幼时的家庭生活条件和生活环境都是注定的，他无力改变。他学习于何地，将来会在什么岗位上工作，这些也是自己不可选择的。

可选择的是指：在计划经济体制下，由于城乡户籍不同，作为农村户籍，可选择的余地受到很大的限制，但也不一定完全不可选择，比如进入青年时期以后，虽然有农村户籍的束缚，但青年甚至中年的农民为了谋生可以自行到边疆地区或有闲置土地的地区去务工务农。他们被习惯地称作"盲流"。由计划经济体制向市场经济体制转变过程中，可选择的机会日益增加。一个人在达到一定年龄之后，在学习、工作、生活方面有越来越多的可选择余地，如选择什么学校、什么专业，取得何种学历、何种学位,将来从事何种职位,从而会同什么样的群体发生关系,这些都是可以选择的。还有,一个人成年后,选择什么样的配偶,也逐渐成为一种社会风气,不由家长们决定。至于参加什么党派、什么社会团体、是否自主创业等,同样由自己决定。在宗教信仰自由的条件下,这也是可选择的,包括不信奉任何宗教。

由不可选择的变为可选择的,则是一种比较特殊的情况。常见的例子是国籍的更换。一个人的国籍,在他出生时是不以他本人的意志为转移,但成年之后却有可选择的机会:可以由某一国的国籍更改为另一国的国籍。这种情况往往同国际移民有关,与国际移民者自己的选择和符合另一国的移民入籍的规定有关。如果移民入籍办妥了,他所要认同的大群体也就增加了一个,即除了原籍的国家之外,又增加了新入籍的国家。还可以举一个例子,无论在中国历史上还是外国历史上,都有过某些职业是世袭的,尤其是手工工匠和军人这两种职业,子承父业是惯例,不以父子本人的意志为转移,但后来,放松了这种职业世袭的做法,人们(手工工匠和军人等世袭职业户)可以自行选择自己的职业了,这样,他们所要认同的群体也就改变了。

由可选择的变为不可选择的,也许是更加特殊的情况。比如说,某些秘密的教派组织、某些黑社会组织形式的帮会组织,或者其他带有神秘色彩的团体,是不允许自己的成员脱离本组织的。它们甚至采取宣誓的形式来说明加入该组织以后的不准脱离本组织的处罚规定,否则将被抓获,处以极刑,以巩固本组织。也就是说,一个人在未加入这种组织或团体时,是自由的,但一旦他做出选择,成为这样的组织或团体的成员后,就必须终生认同,不得离去,离去被视为叛逆,遭到追杀。

当一个人生下来就不可选择地成为某一个群体（从国家到家族、家庭）的成员时，是谈不到利益考虑或超越利益考虑之类的问题的，因为他纯粹是不由自主地从属于这些群体。他长大后，如果继续是自己所归属的那个原来的群体之一员，那么他会产生对国家的认同感和对本家族、本家庭的认同感，这种认同感就是共同命运观，也就是通常所说的国家责任感、家族责任感、家庭责任感，而并非出于个人利益的考虑，否则他有可能因个人利益的考量而最后走上背叛国家、背叛家族和家庭的邪路。

至于一个人在经过个人利益的考虑后，丧失了国家责任感、家族责任感、家庭责任感，其结果，便是其成为一个受到人们唾弃、耻笑的卖国贼，或成为家族和家庭的败类、叛徒，死后也带着这个极不光彩的骂名而被拒入祠堂和族人墓地。当然，这种情况也是存在的。抗日战争中就有若干卖国投敌的汉奸。他们就是这样一种人。

实际上，一个人之所以会在大是大非面前不考虑个人的利益而有超越个人利益的想法和做法，可能出自一种信念，也可能出自一种理性的选择，还有可能出于一种荣誉感。

这里所说的出自信念的考虑，是指信念的养成非一朝一夕的事情，信念是多年养成的。这里所说的出自一种理性的选择，是指一个人经过自己的思考，在可供选择的条件下，选择了某个群体而成为该群体的成员。这通常是指选择某个学术团体、公益组织或符合自己的道德判断标准的政治组织、文化组织的行为。他对这样的团体或组织有高度的认同感。这里所说的出于一种荣誉感，是指一个人认为某个群体在社会上的声望高，受人们敬重,而且该群体的事业是符合自己的道德判断标准的,从而加入了这个群体。

所以上述的个人对所加入的群体的认同,基本上都是超越个人利益的选择。而且,无论是出于信念,或是出于理性的选择,还是出于荣誉感,都不是相互排斥的,它们之间可以有交叉,有重叠。这就是可选择的认同的特征,也是社会生活中常见的现象。

三、起点公平性和结果公平性

下面,让我们转入对公平的考虑。通常有两种公平概念,一是起点的公平性,另一是结果的公平性。二者不可混淆,但却是相互联系的,有时是互补的。

什么是起点的公平性?大体上可以从一个简明扼要的说法做出解释,这就是"大家都站在一条起跑线上"。从经济学的角度来解释,就是机会均等。

以计划经济体制下的情况为例,由于实行了两种户籍制度,就产生了起点的不公平。例如,农民的户籍是不同于城市户籍的,在企业招工时,不少场合只对城市户籍的适龄者开放,农民不在招收之列,这显然是起点的不公平的表现。

即使在中国改革开放以后,农民可以外出务工了,但"农民工"在城市中被雇用后,依然不能融入城市社会,他们和自己的配偶、子女无法同城市居民一样。他们的孩子在城市中不能在公立学校受义务教育。这仍是起点的不公平性的反映。

再举一个例子。在恢复高考后,所有的高中毕业生都有资格报考高等学校。一般认为,这样一来,起点就公平了。真的如此吗？并非如此。比如说，两个高中毕业生，一个是在大城市的教育质量较高的中学读书的，那里的师资力量强，教学设备齐全，教学环境较好，另一个是在某个边远省份所属县城高中毕业的，那里的师资力量弱，教学设备差，教学环境较差。那么，能说他们二人是站在同一条起跑线上吗？如果这两个学生以同等的分数考取了某个名牌大学同一个院系，可以肯定第二个学生的天资或努力程度是超过第一个学生的，因为他是在不平等的起跑线上起跑的。换言之，如果第二个学生能有机会也生活在大城市，有机会在大城市中的教育质量较高的高中读书，他的高考成绩可能高于第一个学生。

怎么办？这就需要使教育经费有合理的配置，逐渐提高边远省份所属县镇的中学水平。否则教育和升学考试中的起点不公平状况很难改变。

什么是结果的公平性？一般的解释是：前提仍是机会均等，结果的公平性应是机会均等和公平竞争的结果。用经济学的术语是指：在机会均等和公平竞争的前提下，一切职位让竞争者中最有资格或最优秀的竞争者取得；在交易中，收入按所提供的生产要素的数量和质量而取得。这样来理解结果的公平性，那么差别虽然存在，却是合理的。在市场竞争中，应当按公平竞争中的获胜者名单录取。

在日常生活中，公平的结果只有一种情况可以不按竞争来判断，这就是涉及人的生存权的场合。比如说，一个城市因长期干旱而严重缺水，水必须定量分配，每人每天供应一小桶水，而且是平均分配。这就是公平。又如，某个村庄被洪水淹没，村民的住所都被冲毁了，村民们到山上避难，缺少粮食。这时，邻村运来馒头作为救济。怎么分配？每人每餐两个馒头，平均分配。这就是公平。灾民没有争议，都认为这是合情合理的。

这两个例子（一是缺水时平均分水，二是断粮时平均分配馒头）之所以采取平均分配方式，是因为它们涉及人的生存权问题。假定不是平均分配，而是谁家有钱，或谁家势力大，可以多买些水，多买些馒头，那就不公平了。人的生存权是相同的，不能说谁有钱有势，就能活下去，谁无钱无势就应饿死、渴死。

所以在特殊条件下，平均分配就是公平：既是起点公平，又是结果公平。而在一般情况下，平均主义分配的结果就不能称作公平。

在机会均等和公平竞争的条件下，假定只有机会均等而没有结果的平等；或者，假定只有名义上的机会均等，实际上起点因各种原因的存在而并不平等，以至于结果也无法平等，这就会引起不少人的不满，于是对群体的认同就难以做到了，共同命运观也难以实现。这都是在群体目标实施过程中需要探讨和解决的问题。

四、市场经济条件下缩小城乡收入差距的对策

对社会这个大群体而言，人们有共同命运观的一个重要条件是缩小贫富差别。在市场经济条件下的现代中国社会，缩小贫富差别主要是缩小多年来形成的城乡收入差距。这是一个不可回避的大问题。

新中国成立前的那些年内，城乡收入差距的存在是不足奇怪的，因为农民作为社会的底层，受尽地主的盘剥。为什么这时的农民能同仇敌忾地参加抗日战争呢？主要是大敌当前，救亡

提到最重要的位置,共同命运观激起了抗日救国的热情,因此无论底层社会对当时的国民政府的经济政策有多大的不满,但工农群众都投入了抗日的阵营。

新中国成立后实行计划经济体制的那些年内,城乡收入差距的继续存在同城乡二元户籍制度的实施有很大关系,加上某些年份政策的失误,造成了饥荒,农民生活极其困难。但20世纪60年代以后政府对农村的政策做了调整,终于使农民的状况稍有改善。

改革开放开始于1979年,即中共十一届三中全会以后。变化首先开始于农村实行了家庭承包制。农村承包制调动了广大农户的生产积极性,农民收入增加了,农产品增产了,实行多年的粮票、油票、肉票、布票的体制也逐步取消了。但这带来了一个问题,即中国社会的城乡收入差距为什么没有缩小,反而越来越扩大了呢?而且直到中共十八大召开之前(即2012年以前),这个趋势一直没有停下来呢?这就不能不引起经济学界和政府部门的思考。要知道,城乡收入差距的继续扩大是不利于社会稳定和经济持续发展的,而且也阻碍中国成为一个富国强国。

我2013年出版的《中国经济双重转型之路》一书对这个问题进行了分析。我的看法如下:[①]

在经济学中,有三种资本概念,即物质资本、人力资本、社会资本。物质资本,包括货币投入后转化而成的生产资料,如厂房、设备、原材料等。人力资本是指体现在人身上的知识、技术、经验和智慧。社会资本是指一种无形资本,是指人际关系、人的

---

① 参看厉以宁:《中国经济双重转型之路》,中国人民大学出版社,2013年版,第五章第一节。

信誉。物质资本、人力资本、社会资本这三种资本结合起来,就能创造财富。

然而,从现阶段中国城乡的比较来看,三种资本中的任何一种资本都是城市居民占优势,农村和农民都居于劣势。

以物质资本为例。城里的土地是国有的,祖传的民间房屋有产权,有房产证;城市居民新购的商品房同样有产权,有房产证。如果城市居民想创业,房产证一抵押,创业的资本就可以从银行信贷中取得。而多年以来,农民的耕地、宅基地、宅基地上的自建房屋都是集体所有的,除改革试验区以外,土地不能抵押,宅基地上的自建住房都无法抵押,所以农民是没有财产权的。农民想创业,第一桶金来自何处?这就是农民难以创业致富的现状。

再以人力资本为例。人力资本的形成主要是靠受教育。但在现阶段,教育资源的配置一直是偏向于城市,尤其是大城市,农村是偏少的。义务教育方面,城市的中小学,师资和设施都优于农村,而农村的学校都处于师资和设施差的状况。因此农民的人力资本远不如城市。

还可以用社会资本来说明。城市居民如果想闯荡市场,自行创业,总有熟人,什么"亲戚的亲戚"、"朋友的朋友",都可以帮一把、拉一把。农民的社会资本少,特别是住在山沟里的农民,想进入市场,对市场状况既不熟悉,又没有人际关系可帮自己,当然不如城市居民。

由此可见,中国改革开放以后,城乡收入差距之所以会越来越大,是完全可以理解的。有什么措施呢?

一是农村实行土地确权,让农民通过确权获得承包土地的承包经营权、宅基地的使用权、宅基地上自建住房的房产权。这样,不仅可以使广大农民安下心来,不再担心土地被任意圈占和住房被强行拆毁,而且可以通过抵押贷款,改善经营和自行创新。如果愿意外出务工或创业,还可以在土地确权以后进行土地流转(如转包、租赁、入股等方式),从而取得资金。这些都使农民手中的物质资本数额上升。

二是教育资源配置应当走向均衡,让县级(尤其是贫困县)有较多的教育经费来改善中小学的师资和设施。同时应当大力发展职业技术教育,包括增设职业技术学院和职业技术学校,以增加农民及其子弟所拥有的人力资本存量,以便缩小城乡居民在人力资本方面的差距。

三是鼓励农民参与市场活动,自行创业,这样一来,他们的社会资本就越来越多了。同时应当告诉一切市场经济的参与者:社会资本要靠自己去寻找,去积累,其中最重要的是要有信誉,信誉是自己挣来的。信誉建立了,一个人就会有源源不断的社会资本。

当然,除了上述这些涉及物质资本、人力资本、社会资本的城乡收入差距逐步缩小以外,还必须重视政府的二次分配和来自社会各界的三次分配的作用的发挥。按照2016年3月十二届全国人大四次会议通过的"十三五"规划,2020年要全面建成小康社会,使贫困县摘掉贫困帽子,因此必须动员全国力量来完成全面建成小康社会的任务。

具体的措施可以归纳为以下六个方面:

(一)精准扶贫。这是指,要汲取以往的扶贫的教训,即不能再像过去那样遍撒扶贫资金,像"大水漫灌"那样,效果不大,而应改为"滴灌",使一定的扶贫资金产生更大的效益。

(二)提高金融扶贫的效率。这是指,要让各类金融机构把农村信贷放到重要位置,使农民贷款容易,使信贷有针对性,解决"最后一公里"的问题。

(三)积极扶持农村推广农业经营多样化。要因地制宜发展粮食种植、养殖、果园、蔬菜供给、菌类生产和花卉种植等,让每一个村庄都有适合自己的特色产业,以增加农户的收入。发展农业产业的资金,除了财政的扶贫经费以外,还有农村信贷、村民合作、企业预付货款等。同时应鼓励民营企业参与农村扶贫工作。

(四)政府有关部门在农田水利、农业机械化、农村互联网设施建设、农民技术培训、农村社会保障等方面,制定规划,稳步推进。这将有助于农村、农业、农民都得到实惠。同时,在有条件的地区,大力发展旅游业,帮助农村有条件的人家开家庭旅店、家庭餐厅、家庭茶馆等。

(五)鼓励农民中在城镇务工、开小作坊或经营服务业的,在城市中安家落户,让他们有条件买到城市中的廉价房或租到廉租房。这项措施在大中城市可以结合户籍制度改革(即户籍一元化,不再分城市户口和农村户口)一并解决。如上所述,积分制落户对大城市甚至中等城市都是适用的。

(六)在广大地区,当农村已经实现城乡社会保障一体化后,可以把这些村庄先改为新社区,然后分区推进,完成由城乡二元户籍制度转变为城乡户籍一元化。中国的农村、农业、农民从此将统一地转为一元化的户籍。这就顺利实现了多年以来未能实行的一元化户籍制度。

城乡收入差距缩小的社会意义和政治意义是十分明显的。可以预见,中国将成为和谐的社会,人们的共同命运观也会持久地发挥作用。

第二节 管理的三个原则

一、强制原则及其效应

在论述了个人同群体之间的认同和共同命运观的确定之后,我们准备就管理中的三个原则(即强制原则、激励原则、适应原则)进行探讨,并通过三原则的探讨进而阐述管理的最高境界问题。

先探讨强制原则。在管理的三个原则中,强制原则是最低层次的原则,但却是不可舍弃的原则,它的要点是强制实行,而强制实行的依据是规章制度和纪律。

无论是国家的管理、地方政府的管理、企业的管理还是社会团体、事业单位的管理,都必须有一定的规章制度,有一定的纪律。国家的管理和地方政府的管理,所依据的是法律法规。法律法规没有授权的,中央政府和地方政府全都不能行使自己的权力,因为政府的权力是法律法规所给予的。这就是强制原则的体现。中央政府和地方政府在获得法律法规的授权后,它们和所属部门依法行使法律法规所授予的权力,但同时还出现了责任问题。责任中包括:政府及其部门行使权力应遵守一定的程序而不能不遵守程序而任意作为,也不能不遵守审批的日期限界而拖延不批。再说,法律法规都有修改的问题,法律是由全国人大通过的,因此修改法律的权力在全国人大。这是不得违背的。

企业也有自己的规章制度、自己的纪律。企业的规章制度和纪律同样具有强制性。这对于维持企业的生产经营是必要的。比如,不准迟到早退,不准旷工,不准违背操作规程,不准酗酒和打架斗殴,不准贪污公款以及营私舞弊等。企业有自己的处罚条件,如罚款、降职降级、减少工资,直到解聘、开除。没有规章制度,没有纪律,或虽有规章制度但不实行,或虽有纪律但因人而异,这样一来,企业的生产经营的秩序就乱了,企业的效率也就必然下降。这是任何一个企业所不愿意发生的事情。

再说社会团体和事业单位的管理,强制原则和纪律也是不可缺少的。理由就不必细说了,最大的理由就是没有强制原则和纪律有可能导致正常工作秩序的恶化,进而带来效率的降低。

二、激励原则及其效应

激励原则是管理的第二层次所采取的方法的依据。前面已经说过,强制原则属于管理原则的第一层次。它是必要的,而且人人都应守纪律,遵循既定的规章制度,否则正常工作秩序会恶化,进而会带来效率的降低。但仅靠强制原则是不够的。于是就出现了管理的第二层次,即激励原则。

从经济学的角度分析,动力在很大程度上来自物质利益。这里所说的动力,是指从事生产经营或提供生产要素(包括资本、劳动力、土地等)的主动性、积极性。这里所说的物质利益,是指从事生产经营或提供生产要素(包括资本、劳动力、土地等)的人实际得到的收入的增加。动力是同从事生产经营或提供生产要素的人的主动性、积极性,以及他们收入的增加(物质利益)联结在一起的。在市场经济中,上述这种联系是正常的。

正如前面已经阐述的,有关动力来自物质利益的假说仍有缺陷,因为它只限于正常的经济活动中,而未把特殊的情况考虑在内。在市场经济条件下,一个国家在遭到外国侵略时,人们会不计较物质利益的多少而献身于反侵略战争。又如,在一场巨大的自然灾害面前,人们会不顾物质利益而努力抢救伤员,抢救灾民。再如,在移民过程中,人们会把团体的利益放在首位,创造移民地区的生产效率和经济增长速度而把个人的物质利益放在一边。这些情况,前面都提到了。

需要补充的一点是:物质利益的作用可能是递减的。这是指,人们在物质利益逐步增长和自己生活状况日益改善的条件下,物质利益可能不再像过去生活贫困时那样成为个人主动性、积极性的主要推动力量了。也就是说,"经济人假设"可能继续起作用,但人作为"社会人",他可能有"社会人"的一些需求而并非单纯地为了物质利益而加班加点地工作。在这种新的情况下,我们就不能仅仅从物质利益的角度来分析动力的形成。

我在所著《社会主义政治经济学》一书中提出了"广义利益"的假说。① "广义利益"既包括物质利益,又包括非物质利益。对任何生产经营者和任何提供生产要素的人来说,货币收入的增加固然重要,但随着收入的增加和生活的改善,他会越来越重视非物质利益,如精神上的鼓励、社会上的名声和荣誉、社会责任感的实现而带来的内心的宽慰等。可见,非物质利益同物质

---

① 参看厉以宁:《社会主义政治经济学》,商务印书馆,1986年版,第396—397页。

利益在动力的结构中,二者各自所占的比重是会变动的。在现实经济生活中可以发现不少这样的事例。

对于非物质利益还可能出现这样一个疑问,这就是前面并未提到的,当个人不以个人所得的物质利益作为动力,而以国家的富强和安全、集体的幸福和舒适作为动力或作为主要动力时,管理中的激励原则是否存在呢?激励原则是不是就不再起作用了呢?

对这个疑问,可以做出如下的解释:

第一,就整个经济活动来说,不能认为物质利益的激励作用对所有的劳动者、经营者、管理者都有递减的现象,更不可能出现所有的劳动者、经营者、管理者都不再重视物质利益的激励作用这样的现象。

第二,即使对一部分劳动者、经营者、管理者来说,由于认识的提高、生活状况的改善、个人收入水平的上升等原因而不那么重视物质利益的激励,但从广义利益的角度来看,精神上的鼓励、嘉奖同样是一种激励。这是不可忽略的。

第三,从劳动者、经营者、管理者的社会责任感,爱国、爱家乡、爱企业的精神来看,社会责任感的实现是社会的受益,爱国、爱家乡、爱企业的精神的发挥是有益于国家、家乡、企业的。这仍然可以从"广义利益"的假设得到解释。而"广义利益"的假设同样可以说明动力的源泉和持续。

三、适应原则及其效应

下面让我们接着讨论管理的适应原则。如上所述,强制原则是管理的第一层次,激励原则是管理的第二层次,而适应原则是管理的第三层次,也就是管理的最高层次。

什么是适应原则?用最简明扼要的解释,管理由两个方面构成,一个方面是管理的主体,另一个方面是管理的客体。管理的主体是管理部门、管理单位,也就是通常所说的管理者。管理的客体是被管理者。适应是指管理者同被管理者相互适应,和谐共处,最终融为一体:被管理者认同管理者,管理者认同被管理者。因此,适应原则又被看成是认同原则:既然相互认同了,那就是"一家人"了。

按照强制原则,企业有企业的规章制度,如工作前不准酗酒,否则上班时被查出有酒醉的表现应受到处罚,这就是纪律,企业员工都必须遵守。但按照适应原则,就是另一种处理方式。比如,事前已经通过企业当局做了思想教育工作,让广大员工懂得一个道理,即上班前酗酒,在上班后容易出事故,容易受伤,甚至出大事故,员工本人和周围的人有生命危险。因此,员工应当懂得,上班前不得酗酒,"是企业为我好",是企业对员工的关心和爱护。这样,员工们就会自觉地遵守纪律,遵守厂规。

进一步说,当企业员工懂得企业制定的厂规和企业纪律的含义在于保证企业员工的安全,也在于提高企业的生产效率,这将促进企业的产品增产并且增加盈利,也使自己的就业稳定和企业盈利上升,对员工们都有利,于是员工们就会自觉地遵守纪律,使企业的纪律成为全企业上上下下都遵守的规章。如果员工们通过实践而觉得纪律中有哪些规定不尽合理,也可以向管理者提出修改的建议。这就做到企业上下一致,达到了管理的主体同管理的客体互相适应、互相认同的境地。

无论是管理的强制原则还是管理的激励原则,虽然也可以看成是一种文化现象,但毕竟不能反映管理中双方在文化上的融洽、和谐和认同。只有达到了双方适应和认同的水平,才能真正成为新型的企业文化。一些著名的企业,不问企业规模大小和在市场中占多大的份额,它们之所以被称为和谐和协调的有文化的企业,不是仅仅依靠强制原则和激励原则。它们一定是重视了旨在"适应"、"认同"的文化的作用。

适应原则所代表的是一种新文化。旧文化,不管是什么样的旧文化,在理论上都强调以管理方为主,从而形成以管理者为中心,被管理者仅仅是一种依附方或服从者,依附方对管理方听命、服从。从这个意义上说,官本位、等级制构成了管理权力行使的依据。这与适应原则或认同原则是格格不入的。

适应原则或认同原则之所以是新文化的体现,核心之处是把管理方和被管理方置于公平的地位,抛弃了管理者尊和被管理者卑的格局,把双方的和谐和融洽,以及管理者和被管理者双方同样自立、自主、自尊作为管理的原则。这是符合真正意义上的管理方和被管理方的平等的。换言之,管理的适应原则体现了管理的公平和公正本意。

四、管理的最高境界

管理的最高境界并不是单纯的投入和产出的比较而能判断的,也不是单纯以企业盈利率的高低作为标准的。管理的最高境界在于管理是无形的管理,它能把管理者和被管理者不知不觉地融为一体,使管理者和被管理者能齐心合力地、自觉地为同一个目标而贡献力量。

这并不是指只需要适应原则而要舍弃规章制度和纪律守

则,也不是指不需要采取激励原则,而是指:在管理方和被管理方达到相互适应和相互认同的程度时,管理就进入一个新的境界,双方相互配合,相互体谅,从而形成了管理的新境界,也就是管理的最高境界。

前面已经提到,对任何一个企业来说都需要有创业精神和企业家精神。企业家无疑是最初的创业者,企业家对生产要素的重新组合,既是创业,又是创新。但这种情况往往发生在企业初创时。这时,企业的员工作为管理的客体,即被管理者,通常处于服从、听话的情况下。由于企业刚刚建立,员工是新招聘来的,能够服从和听话就已经很不错了。企业的创业需要创业精神,这种精神基本上来自企业家本人。企业文化这时处于开始形成阶段,未能发挥应有的作用。

可以把最初的创业精神称作"第一次创业精神"。它是伴随着企业家的第一次创业实践而形成的。在许多场合,"第一次创业精神"未能长久存在或保持。为什么呢?或者是由于创业者认为自己最初的目标已经达到了,赚钱了,企业在市场上已经立足了,没有必要把创业活动坚持下去。另一个原因是创业者不知道市场竞争是无止境的,当自己已经达到最初目标的同时,新的领域、新的竞争对手,尤其是新的技术、新的工艺、新的产品正在不断涌现,自己的地位早已受到挑战者的威胁,等到自己察觉已经晚了,于是当初的市场份额就会丢掉,曾经辉煌的日子也就一去不复返了。

因此,有眼光、有智慧的企业家不会以最初目标的达到而自满。他们一定积极地筹划、准备"第二次创业"、"第三次创业"……不断的创业和创新需要有毅力,有魄力,还需要员工的积极性。如果说第一次创业时，企业管理者，特别是投资者、创业者是主导人物，新招聘来的员工是被管理方，是服从、听话的对象，那么到第二次创业、第三次创业时，员工的服从、听话固然仍有助于企业的新的创业活动，但已经不够了。这时更需要的是员工的积极性、员工的智慧、员工的建议、员工的配合、员工的适应和认同。这是因为，第二次创业、第三次创业都不同于企业的第一次创业。第一次创业是企业创办者做出的决策，员工是新招聘来的，机器设备和厂房都是企业创办者选购和建造的。这时还谈不到采纳员工的建议。第二次创业和第三次创业则与此不同了。如果企业文化工作开展得好，员工作为被管理方与企业管理方之间的关系如果在适应和认同方面已经有所进步，员工有可能提出自己的建议，企业在第二次创业和第三次创业过程中将会受益。这已被不少企业所认可。

以上我们所讨论的主要是从企业角度看待管理方和被管理方之间的关系。接着，让我们从社会的角度来考察类似的问题。这就是如何通过适应和认同来认识社会内在的缓冲机制和疏导机制。

从社会的角度看，管理方包括各级政府在内，被管理方包括所有的国民以及各类各种规模的企业单位、事业单位、社会团体。这里同样存在管理三原则：强制原则、激励原则和适应原则。适应原则同样是管理的第三层次。然而，在宏观经济的管理中，一个突出的问题是如何建立社会内在的缓冲机制和疏导机制。依靠强制原则不够，依靠激励原则也不够。重要的在于依靠管理的适应原则。

要知道，社会的稳定与和谐需要有一种新的平衡力量。什么是新的平衡力量？我在1982年出版的《二十世纪的英国经济："英国病"研究》一书中曾提出了如下的观点[①]：社会上的公众是一种新的平衡力量。具体地说，公众是以社会成员的身份、公民的身份提出自己的意见的。比如说，当企业造成环境污染，附近居民受到威胁和损害时，企业与附近居民之间的矛盾加深。这时，政府作为管理方可能对企业施加压力，命令企业停产或关闭，但企业中的员工却可能因此而失业，于是企业员工会向政府部门提出保证员工就业的要求，政府在这种情况下常常处于两难境地：居民埋怨政府不作为，员工埋怨政府对这个问题操之过急，企业往往以员工安置作为借口，希望逐步解决环境污染问题。在这种情况下，公众之所以能够发挥协调各方关系的平衡作用，主要因为公众总是从维护社会秩序和社会生活质量的角度来考虑问题。公众考虑得更多的是公共目标和公共利益。居住在有污染地带附近的居民，是公众的一部分；造成污染的企业的员工，也是公众的一部分；相关企业的投资者和管理层、决策层，本身也是公众的组成部分。至于地方政府，他们是公众的代表选举出来的，他们的行为都要受到公众的制约。于是协商机制便在公众参与的情况下发生作用。协商解决问题，合情合理，这就是社会内在缓冲机制、疏导机制的作用的体现。通过公众的协调和关注，难以缓解的矛盾终于缓解了，这样，社会也就恢复了新的平衡。[②]

公众发挥自己特有的平衡作用，同时也是个人（包括环境污

[①] 参看罗志如、厉以宁：《二十世纪的英国经济："英国病"研究》，人民出版社，1982年版，第461—462页。
[②] 关于社会内在的缓冲机制、疏导机制问题，在本书第十章中会有进一步的阐述。

染地区的居民个人、作为污染源的企业的员工个人,也包括污染源的企业投资者、管理者、决策者个人)适应于变动中的社会并建立与变动中的社会相适应的新观念的过程和新发展理念的过程。协商机制实际上体现了新发展理念的推广和落实。

管理的最高境界正是在适应原则的实现中达到的。个人越能适应变动中的社会,越容易接受与变动中的社会相适应的新发展理念,个人也就可能转变对人际关系的传统看法而把管理者视为同自己相适应的一方。

从这个意义上说,管理代表一种文化,适应原则作为管理的第三层次、最高层次,代表一种新文化。这种新文化既体现于管理者身上,也体现于被管理者身上。

第三节 管理和人

一、人不是为了生产,生产是为了人

从管理的三个层次的分析不可避免地会涉及生产目的究竟是什么这个重大问题。我在《社会主义政治经济学》一书中的第十九章中提出了一个命题:"人不是为了生产,生产是为了人。"[①]我认为,经济学如果仅仅研究物的生产、物的流通、物的分配和物的使用,固然是有用的,但却远远不够。经济学研究中,最重要的不是对物的研究,而是对人的研究。管理学研究同样如此。管理学不仅要研究物的管理,更重要的是调动人的主

---

① 厉以宁:《社会主义政治经济学》,商务印书馆,1986年版,第十九章。

动性和积极性。人既是管理学研究的主题,也是管理学研究的首要目标,即如何使得对物的管理成为提高人的生活质量的手段。前面讨论过的管理三原则已经基本上对这一问题做了解释。

在这里,我们先从生产目的谈起。

人是社会的成员,更是社会的主体,生产本身不是最终目的,世界不是为了物的生产而存在的。生产是为了人,为了人的幸福。这就是说,任何人都不应被看成是单纯地作为生产力的要素而生活在世界上。人之所以进行生产,其意义远远超过了这一点。换言之,如果不了解生产是使人们有更好的生活条件,生产就失去了意义。

一个社会,假定GDP有较大增长,但却主要用于军事扩张,为侵略外国做准备,而不关心国民生活的改善,不注意国内的社会福利设施建设,不关注国内的贫富差别的扩大,不理会国内教育的普及,这就完全违背生产目的。这样的国家即使在一定时期内可能有GDP上升的"奇迹",但最后必定走上自我毁灭的道路。纳粹德国存在的十多年的历史就是证据。

真正意义上的生产目的,就是让人们受到尊重,得到关心和培养,感受到生活有意义,有价值,他们应当有所创造,有所创新,有所作为,成为全面的人。也正是从这个角度看,宏观生产目的和微观生产目的是一致的。

先说微观生产目的。企业,无论是国有企业、混合所有制企业还是民营企业,也无论企业规模大小和员工人数多少,都必须关心员工,培养员工,也必须在产品质量方面符合标准,不能粗制滥造,欺骗顾客。也就是说,一个企业,如果不顾职工的健康和安全,只把员工当作企业用以营利的劳动力;如果不顾环境的保护,肆意排放或堆积废水、废气、废渣,祸害附近群众,那就不符合生产目的。这样的企业最终必定没有好的下场,不是倒闭就是被取缔。

从宏观生产目的来考察,正如前面所说,对任何一种制度、任何一个国家而言,都应当正确处理人和物之间的主从关系,应当是人支配物而不是物支配人。发展生产,增加 GDP,让人们有更多的物质产品和精神产品,目的是为了人。宏观意义上的生产目的正在于此。因此,单纯依靠 GDP 的增长、再增长,不一定能够消除那种"见物不见人"、"重物轻人"、"物支配人"的现象,也无法制止这种现象的一再出现。

二、关于人们生活的单调化

西方一些国家的历史学家、社会学家和政治学家,很早就注意到人们生活的单调化问题。他们曾经指出,中世纪的欧洲就是生活单调乏味的典型。那时,广大农奴被束缚在庄园上,在庄园主下面的管家们的督促下,服劳役,为庄园主耕地、放牧牛羊。唯一的乐趣就是每逢宗教节日到附近的小镇上去逛集市,看看巡回演出的剧团的表演。有些村庄,农奴们也自己组成业余的戏班子,在圣诞节或其他节日为大家演出,村民们在节日里总算能够欢乐几天。即使是庄园主、贵族们,他们平时住在城堡里,除了去森林、草原打猎外,生活同样是十分单调的。幽深的城堡,只能使住在里面的贵族家庭感到生活单调乏味,甚至孤独异常。中世纪城市兴起后,不少贵族家庭宁肯在城市里添置一座住宅,在那里生活,而不愿长期住在城堡中。

中世纪逐渐转向近代社会,以农耕和手工作坊生产为主的西欧社会开始了工业化。工业化开始后,虽然带来了更多的产品,但生活的单调却又以不同于中世纪的形式重复呈现在人们面前。从某种意义上说,工业化打破了中世纪人们的生活规律,却以一种新的工业社会的生活单调代替了中世纪的生活单调。烟囱林立,黑烟滚滚,废水横流,涌入城市中务工的农民寻找工作,他们带着家属(妇女和儿童)在城市郊区搭棚居住,从而形成了贫民窟、棚户区。农民的孩子没有学校上,或交不起学费而失学。人们从早到晚都在为生活而奔忙,有的去工厂上班,有的在找工作,有的在城镇的街道旁摆地摊,以便挣一点钱养家糊口。晚上收工后,城市的街上到处是小酒店,工人累了一天,在小酒店里饮酒作为消遣。这难道不是生活单调的反映么?没有人喜欢这样的生活。年轻的人情不自禁地会说:"我爷爷一辈的人过的就是这样一种生活。"意思就是工业化改变了人们的生活,使生活比过去更加单调了。

又过了若干年,工业化进入了后期,后工业化和信息化接着在西欧国家开始了。这又是时代的大转变。尽管福利国家这一概念经过第二次世界大战结束以后几十年的努力,在西欧国家陆续实现了,城市面貌改变了,有些国家还走上了绿色经济、绿色社会的道路,但却出现了新的生活单调。尤其是在一些大城市中,人们整天在忙些什么?除了和过去一样,忙于找工作、换工作而外,就是:炒股票,看股市,看手机,发短信,谈秘闻,传信息,论选举,骂政府,比福利,防恐怖……有人说,这岂不是比过去更加生活单调吗?

展望未来,人们甚至比过去还要担惊受怕。普遍采用机器人了,失业不会更严重么?恐怖分子越来越猖獗了,旅游还安全么?核武器扩散了,易于制造了,能说人类不会遭到劫难么?再说,离婚率越来越高了,单亲家庭越来越多了,子女的家庭观念越来越淡薄了,还有什么天伦之乐?

由此看来,一个社会,如果只有物质财富,而精神上的财富却是贫乏的;如果社会只能给人们以物质生活上的某种满足,而不能满足人们在精神生活方面的需求,这样的生活还有什么意义?看起来,生活单调化不是一件小事,而是关系到生产目的,关系到人们生活质量的一件大事,是任何一个国家在经济增长和社会发展中都必须关注的问题。

三、生活质量提高和国民经济各部门的协调发展

生活单调只是生活质量差的现象之一,而生活质量差并不仅仅反映于人们的生活单调上,它的范围远远大于人们的生活单调化。

正确地说,生活质量是反映人们生活和福利状况的一种标志,它包括生活质量的自然方面的内容和社会方面的内容。

生活质量的自然方面的内容,扼要地说包括净化、绿化和美化等。例如,净化是指环境保护和生态恢复。如果一个地区在工业建设和生产中,破坏了环境,任意排放废气、废水和堆积废渣,使居民深受其害,这就反映了人们生活质量的下降,因此必须净化环境,恢复生态原状,如恢复原来的湿地、原有的林地和草原,还给人们一个清洁的环境。绿化是生活质量上升的必要标志,实现绿化就应当抛弃那种滥伐树林、毁坏草原的传统农业生产方式。此外,在人们已经习惯于发展种植业的农业中,尽量

少用,甚至停用化肥和农药,尽可能使用农家肥,利用生物防治虫害等手段。再有,大规模造林,更是实现绿化的途径。美化,则是指在全国城市和乡村的大地上,尽可能把生态状况保持得更好更美,让人们感到风景优美,文化古迹维护得有特色,成为旅游宝地,而且,全国各地都能成为文化之乡、生态之乡。

生活质量的社会方面的内容主要反映于以下四个方面。第一,社会福利设施齐全,人人都能享受到社会福利的成果,生活无虞,生活安定。第二,社会治安状况良好,社会上充满祥和、协调、和谐的气氛。第三,教育普及,文化普及,人们都有知识,爱学习,勤奋工作,举止有礼,敬老扶幼,风气越来越好。第四,生活服务水平越来越提高,无论住在大城市还是住在中小城市,无论住在平原地区的乡村还是住在山区的乡村,生活服务都十分方便,交通都很顺畅。这样,生活质量的社会方面的内容就落实了。这就符合于生产的目的。

生活质量的自然方面的提高和生活质量的社会方面的提高,主要依赖于社会逐年增加用于改善和提高生活质量的投资,追加投资的来源只能是社会的剩余。但社会的剩余是不可能全部用于提高居民生活质量的,否则社会扩大再生产就无法保证。不仅如此,用以提高居民生活质量的各种产业或事业(如文化、教育、卫生、养老、公共服务、环境保护和治理、社会治理等)不可能脱离其他部门的发展而孤立地发展,否则,不仅居民的生活质量无法提高,而且会对国民经济产生十分不利的影响。

由此可以得出如下的结论:那种认为居民生活质量的提高与生产的增长之间存在此长彼消、彼长此消的交替关系,甚至认为唯有降低生产增长速度才能使居民生活质量提高的观点,是过于简单的,也是有碍于居民生活质量的最终提高的。应当全面地、综合地看待这一问题。一方面,从静态的角度看,在社会的剩余总量为既定的条件下,社会用于扩大再生产的资金多了,用于提高居民生活质量的资金就少了。另一方面,从动态的角度看,社会用于扩大再生产的资金较多,社会可以有更多的剩余,从而为居民生活质量的提高准备了物质条件。这表明,社会用于居民生活质量的资金总额之所以有可能随着生产的增长而增长,并且有可能以大于生产增长的幅度增长,其主要原因正在于国民经济各部门的协调发展。

四、从文化的角度来考察居民生活质量的提高

综上所述,管理的三原则是一种文化,尤其是管理的第三原则,即最高原则(适应原则或认同原则)体现了高层次的管理,更是一种文化。除此之外,居民的生活质量的提升也是一种文化。居民生活质量的追求和管理,既然是和生产目的的实现与否以及实现程度紧密联结在一起的,就有必要从文化的角度来深入地进行分析。

前面已经指出,居民的生活质量可以从自然方面考察,也可以从社会方面考察。

从自然方面考察,生活质量的提高或降低,都和人们居住的环境有关,环境的破坏是导致居民生活质量降低的最主要的原因,生态修复,环境保护,生态和环境的治理关系到人们的幸福,这一切都是一种文化的体现。因此,就生活质量的自然方面来看,它所涉及的是文化问题。

再从生活质量的社会方面来考察。生活质量同样涉及环境

和生态问题，但这里所谈的环境，着重于社会环境，这里所谈的生态，也是社会生态。比如说，治安状况恶化，居民生活于不安全的环境中，终日提心吊胆，怕抢劫，怕无缘无故被恐怖分子杀害、在枪战或爆炸中死伤，担心被拘为人质等。这就是无幸福、无生活乐趣的生活，谁愿意生活在这样的社会环境、社会生态之中？

再说，福利设施状况也是衡量居民生活质量的一个标志。虽然中国在改革开放以后用于福利设施建设的投资就在不断增加，受益范围也不断扩大，但中国毕竟是一个发展中国家，需要根据国家的财力来统筹城乡居民的福利保障问题。"福利国家"、"福利社会"这些名词在西欧国家相继采用了，这同它们的国情有关。而中国的社会福利的扩大有必要同中国社会经济相符，应循序渐进，不要不顾实际地向西欧国家看齐。这是应当牢记的。

就业也是居民生活质量的社会方面的一个重要问题。就业通常和社会生活质量同居民对生活质量的预期结合在一起。这主要因为，居民最担心的是经济的严重衰退导致的社会失业率上升。根据社会调查的资料，居民对失业的考虑通常被排在通货膨胀之前。把恶性通货膨胀先撇在一边，在通常情况下，居民们都认为，有通货膨胀，对居民来说只是"吃好吃坏"的问题，或者说是"吃干吃稀"的问题；而失业对居民来说则是"有的吃还是没有的吃"的问题。即使有失业救济金可领，那也是有条件才能领取，而且属于救济性质，数额不多。我们在20世纪90年代中后期曾在湖南省一些县份做过调研，一位失业者（当时湖南省和全国一样，把失业者称为待业者）曾对我们说："有通货膨胀，不妨碍青年人谈恋爱,找对象,结婚成家,如果待业在家,谁会同你谈恋爱,谁愿意同你结婚?"这就是中国的国情、中国青年人的想法。所以当时我曾经讲过这样的话:"失业比通货膨胀更令人担心。"当然,恶性通货膨胀另当别论。

以上所说的这些,综合到一起,清楚地表明不仅管理本身是一种文化,而且居民生活质量的提高也体现为一种文化,因为它体现了人们的一种愿望、一种追求、一种行为准则、一种道德规范以及一种社会评价标准。

五、对"幸福"的进一步认识

有关管理的原则和居民生活质量的讨论,把我们的认识引入到一个新的研究课题,即什么是"幸福",以及如何理解"幸福"。

从生产目的应当是对人的关心和培养出发,我们已经懂得了一个道理:如果社会只顾生产出越来越多的产品,而人们的物质生活和精神生活水平没有提高,那就不符合生产目的的要求。

在传统观念中,"幸福"总是同一个人的收入多少、财产多少联系在一起的,似乎收入越多、财产越多,就越"幸福"。随着人们的觉悟的提高和对生活质量的新认识,对"幸福"的理解也就相应地发生了变化。

认识方面的第一个变化在于:以往通常认为只要收入上升,财产增多,就意味着"幸福"了。后来逐渐有越来越多的人认为,如果生活质量不升反降,例如环境越来越差,废水废气到处排放,人们健康受损,即使一个人或一个家庭的收入增加了,财富增加了,他也不会感到自己比过去"幸福"。又如,社会治安越来越差,居民的安全感减少了,不安全感变大了,即使他们增加了收入或财产,也不会感到自己比过去"幸福"。

认识方面的第二个变化在于:人是合群的,人是群体中一员,家庭就是一个小群体,朋友圈又是一个小群体。一个人,即使收入和财产都增加了,但如果行为不端,或不讲诚信,原来的朋友圈都同自己不来往了;如果家庭因各种不同的原因而破裂了,子女一个个离家出走,夫妇关系也破裂了;在这种情况下,即使收入和财产都比过去多,但朋友圈不来往了,家庭无亲人联系,只剩下孤独二字,还有什么"幸福"可言?

认识方面的第三个变化在于:当人们越来越认识到一个人应当有社会责任感,应当投身于公益事业、慈善事业,应当乐于助人,乐于扶贫济困时,即使自己并不富裕,但社会责任感却能够让自己感到是"幸福"的。这就是对"幸福"的深刻理解。

由此可见,"幸福"不断地会有新的含义而不可能固定(指把收入和财产的增加作为"幸福"的主要标志甚至唯一标志)不变。实际上,"幸福"的新观念是人们相互影响而传播开来的。生活质量的提高意味着"幸福";家庭和谐,友人交往,子女孝顺,社会和谐,都反映了"幸福"。社会责任感化为行动,乐于助人,乐于扶贫济困,这同样意味着"幸福"。建立了新的"幸福观",这是和谐社会的前景。

建立了新的"幸福观"之后,变化不限于上述这些。还可以举出一系列新的观念为例。

比如说,过去人们认为,财产最重要,财产增多反映了"幸福"的增长。但人们在实际生活中越来越认识到,时间比金钱更可贵。为什么?货币可以储存,而时间是不能储存的。人生有限,对一个人来说,过一天就少一天,所以要珍视时间,使时间有效地利用,可以给人们带来更大的作为,产生更多的"幸福"。又如,人总是会老的,如果没有亲情,没有朋友间的友谊,年老后一定会产生孤独感,这样就没有"幸福"可言了。所以老年人一定要懂得"老有所为",发挥余热,在身体状况还能适应时不要脱离群体,使自己既有力所能及的事情可做,又有"地气"可接。这就是"幸福"的反映。再如,在生活中,人渐渐步入老年后,他们对文化生活的要求也会越来越高,他们可能比过去更关心精神生活的享受。如果老年人能以口述或用文字把过去所经历的记述下来,对个人是一种乐趣,对后人也是一种教育。这同样属于"老有所为"的范围,同样也是"幸福"的体现。

有关"幸福"的定义的讨论至今仍在继续之中。各人的理解不同,认识不同,看问题的角度不同,每一个人的经历不同,这都是事实,不可能强求一律。坚持以收入增加、财产增长为"幸福"的人可能不在少数,他们有自己的处境,坚持把"幸福"理解为收入和财产的增长也是可以理解的。如果他们的生活状况和工作环境变了,他们的"幸福观"也会逐步转变。

六、经济学应该是社会启蒙和社会设计的科学

1986年,我在所著《社会主义政治经济学》一书的第二十章"经济学的使命——代结束语"中,提出了一个新观点,即"经济学是社会启蒙的科学和社会设计的科学"。[①] 在相隔三十年之后的今天,在讨论文化经济学时,我再次提到社会研究所涉及的

---

① 厉以宁:《社会主义政治经济学》,商务印书馆,1986年版,第531页。

社会使命问题。

把经济学称为政治经济学,或把政治经济学称为经济学,并没有多大的差别,因为二者的内容是一致的,二者所研究的都是应当如何关心人、培养人,怎样使人得到尊重,怎样实现对人的全面发展。

经济学之所以应当称为社会启蒙科学,是因为经济学在"以人为本"的前提下,一定要使人们懂得在社会经济中什么是"值得向往的"、"应该争取的",什么是"不值得向往的"、"不应该争取的"。具体地说,学习经济学,可以区分为三个不同的层次:

第一个层次是对现存经济制度和现存经济体制的研究。在这一层次上,才能分析现存经济制度下和现存经济体制下的经济运行状况,探讨解决经济运行中的问题。

第二个层次是对经济和社会发展目标的研究。经济和社会发展目标涉及国民经济中的一系列产业的配合和互补问题,在这一基础上,才能认真分析和制定发展规划。

第三个层次是对人在社会中的地位和作用的研究。既然生产目的归根到底是关心人、教育人、培养人,那么学习经济学就是使人们不仅有知识,有专长,而且更重要的是为了使人们能够明辨社会经济中的是非,才能够有方向,实现目标。

三个层次的研究尽管有所差别,但都在"经济学是社会启蒙的科学"的范围之内。尤其是第三个层次的研究,更加具有社会启蒙的性质,因为它告诉人们经济学主张什么,反对什么,肯定什么,否定什么。同时需要明确的是,我们强调经济学的社会启蒙作用,也就是强调经济学的规范研究的重要性,但这不等于说不需要进行经济学的实证研究,也不等于说可以轻视经济学的实证研究。要知道,经济学的实证研究是在一定的规范研究的指导下进行的。实证研究所得出的成果,将会丰富规范研究的内容,使得有关社会的评价、政策的探讨、目标的科学化、是非得失的分析等建立在更具有理论说服力的基础之上。①

由此可以深入地讨论经济学是社会设计的科学的问题。要知道,经济学是"学以致用"的科学,而绝不是空谈大道理的学说。在学习了经济学,并且在明确了什么是"值得向往的"、"应该争取的"之后,就应该去了解,为了使那种"值得向往的"或"应该争取的"目标和远景得以尽快地实现,应该怎么做,应该先做什么、后做什么,如何避免目标实现过程发生这样或那样的错误。这就是经济学的社会设计作用。有了经济学的社会设计,才能使经济学的社会启蒙作用不流于一种空谈。

经济学作为社会设计的科学,将会告诉人们如何进行经济制度的重组和经济体制的改革,如何进行经济建设和社会建设,如何制定科学的、实事求是的发展规划和阶段性目标,并使这些规划中的阶段性目标变为现实,以及如何把人们创造出来的物质财富既有效地用于扩大再生产,又有效地用于提高居民的收入水平和生活质量。从这个意义上说,经济学的社会启蒙作用和社会设计作用是统一的、不可分割的。经济学家应当充分认识到,自己应当有双重使命:一是社会启蒙,即告诉人们为什么要学习经济学,让人们懂得为什么要以此为目标而不应当以彼为目标;二是社会设计,即告诉人们为什么要这样做,而不应当那么做。

---

① 关于经济学研究三层次问题,参看厉以宁:《体制·目标·人:经济学面临的挑战》,黑龙江人民出版社,1986年版,第五章。

一个经济学家应当记住：自己既是社会启蒙者，又是社会设计者。

七、重温管理学的使命

经济学和管理学最早是不分的。在古代，无论在中国还是在欧洲国家，最早都把经济学同管理学放在一起探讨。在中国古代，当人们考虑如何富国强兵时，总是把经济和管理结合在一起讨论，如把食盐、铸铁、农业生产、人口政策、边境贸易、税赋、市场交易的经济政策和管理原则、管理方式结合在一起。在古代欧洲国家，人们在考虑如何管理市场，如何才能管好庄园，如何管理财政，如何开展对外贸易，如何制定税收政策，尤其是借钱是否能收取利息，交易中的价格如何确定等时，同样是把经济政策和管理原则、管理方式结合在一起来讨论的。

古代，无论是中国还是欧洲国家，经济和管理的不分延续了很久。大体上从工业化开始（18世纪70年代左右），近代经济学才正式形成。管理学也因工业化开始后而逐渐从经济学中分离出来，但它同经济学之间的界线仍是不清晰的。这时，经济学仍继续在发展，渐渐分为宏观经济学和微观经济学两大领域，宏观经济学讨论的是国民经济中的问题，微观经济学则作为宏观经济学研究的基础和出发点，着重于价格的形成、生产效率、市场中的竞争和垄断、公平的原则和福利的性质等问题。而管理学的研究侧重于管理学理论方面的重大问题以及当时新开拓的部门和领域，如工商管理、农业管理、市场管理、运输管理、城市管理等。国民经济管理则仍属于经济学的研究内容。劳工市场的管理、经济周期的应对、证券市场和金融的管理等，主要是经济学界感兴趣的问题,但管理学研究者也在考察同类的问题,也把它们当成是自己的研究任务。不妨举三个例子。

第一个例子。自从经济波动和经济周期形成以后,预期对经济学界来说就成为经济运行分析中不可缺少的部分。经济学家和管理学家后来都关注预期行为,都热衷于预期理论和方法的研究。从经济学角度研究预期理论和方法与从管理学角度研究预期理论和方法,有不少相似之处,实际上是分不清的。无论是经济学家还是管理学家都在研究工作中为预期理论和方式的进展做出了贡献。西方经济理论的合理预期(或称理性预期)学说,难道不是经济学界和管理学界共同努力研究的结果吗?

第二个例子。短周期、中周期、长周期理论(又称短波、中波、长波理论)是工业化进展到一定时期以后形成的理论和方法的研究成果。这同样是经济学家和管理学家共同深入研究后才发展起来的。也许可以这样说,经济周期之所以形成短周期、中周期、长周期等不同的解释并得到经济数据的验证,是与经济学家和管理学家从不同的角度进行探讨有关的。研究经济周期不仅有助于说明不同因素在经济周期形成过程中的作用的大小,而且有助于选择有效的对策。这既是经济学问题,也是管理学问题。二者采取的分析方法不同,这可能更有助于经济周期理论和方法的进展。

第三个例子。公共选择理论的产生和发展,不仅有赖于经济学家和管理学家的共同努力,可能更有赖于政治学家、法学家和社会学家的共同努力。这是因为,公共选择理论所涉及的范围很广,内容很多,不是某一个学科所能说清楚的。就以公共选择理论中的寻租理论来说,它就不是单纯的经济学研究,或管理学研究,或法学、政治学、社会学所能概括的。在某种程度上,管理学及其分支(如社会管理、廉政研究、法制化)的重要性可能不亚于经济学及其分支(如公共经济学)。由此看来,在公共选择理论中,经济学、管理学是交织的,或者说互补的、彼此支撑的。

以上三个例子就已足够说明,经济学和管理学实际上有分有合。因此,既然经济学是社会启蒙的科学和社会设计的科学,那么管理学也应当如此:既是社会启蒙的科学,又是社会设计的科学。

于是我们就真正了解了管理学的使命。管理的最高境界是适应,是认同。管理学作为社会启蒙的科学,应当以人为本,而不能仅仅停留于物的管理和物的使用之上。既然管理学应当是社会设计的科学,就应当指导社会成为和谐的社会,指导人成为全面发展的人。

第九章　文化和经济持续发展

第一节　生产要素的重新组合

一、再论经济持续发展的动力

本书第六章"文化自信"的第三节"培育年轻一代的创新精神"和第四节"新型的企业家群体"中,已经讨论了创业和创新是经济持续发展的动力问题,即调动创业者、创新者和广大民众参与创业创新的主动性、积极性,是经济持续发展的动力。在本章中,我准备在前面已经论述的基础上,就这个问题做进一步的分析,并再次强调文化在经济持续发展中的作用。

仍从生产要素的重新组合谈起。

要知道,生产要素的重新组合是同技术的进步紧密地联结在一起的,而且技术进步的速度呈现出必然越来越快的趋势。如果每隔一代(25年)来考察,很明显地看出最近25年的技术进步在文化传承的基础上的速度之快,远远超过了前一个25年,更超过了再往前的25年。一个世纪可以按25年为一代来区别,一共有四个25年,也就是四代人的时间,那么再同20世纪初的25年相比,技术进步简直就不可同日而语了。

生产要素重新组合的加速度,不仅引发了人们经济生活的变化,更重要的是导致人们观念的变化。过去认为是正确的、正常的观念已被看成是需要重新检验,新的观念很可能在技术进步和生产要素重新组合的基础上形成,从而又推动了经济的发展。如此重复不已,所以每一代人实际上处于不断重新思考过去,不断预测经济的变化,以及不断探索生产要素重新组合的途径的状态中。

我曾在1986年出版的《体制·目标·人:经济学面临的挑战》一书中写下了这样一段话:"传统的生产要素概念究竟应当如何解释?它能否概括生产力的全部内容?是否应考虑到新的生产要素?后者是否能概括在某一原有的生产要素之中?"[①]这段话实际上已经隐约地告诉人们:文化可能就是生产要素中未被列入但很可能今后会被列入的生产力的组成部分、生产要素的新的组成部门。

我在该书中接着写道:"新技术革命兴起以后,脑力劳动和体力劳动的界限是否越来越不清楚了?现代生产条件下工人的劳动能否简单地归入脑力劳动还是体力劳动?再如,为什么资本主义世界至今对生产力还有这样大的容量?为什么科学技术有如此迅速而巨大的发展?这与生产要素的重新组合之间又有什么样的关系?"[②]

上述这段话表明,在经济学和管理学的深入研讨中,有关生产要素重新组合确实是一个带有根本性的问题。简单地说,生产要素的重新组合就是创新,生产要素重新组合才能使创新者

[①] 厉以宁:《体制·目标·人:经济学面临的挑战》,黑龙江人民出版社,1986年版,第13页。
[②] 同上书,第13—14页。

和创业者获得潜在利益,这样才能实现经济的持续发展。

二、怎样实现生产要素的重新组合?

这里有必要把人在经济研究中的作用做一扼要的说明:人既是经济学研究和管理学研究的对象,人又是经济学研究和管理学研究的主体。人作为经济研究的对象,应当了解到人文现象与自然现象的区别。一个明显的例子是:假定明天是休息日或节假日,许多人都希望明天是个大晴天,适合于旅游、踏青,然而,明天会不会下雨,是不依旅游者、踏青者的愿望而决定的。哪怕再多的人希望明天是晴天,自然界自有天气变化的规律,该下雨就下雨。而人文现象与此不同。股民们手头有大批股票,大家都说,希望明天股票会上涨,于是多买进股票,股市真的就上涨了。这就是说,人文现象可以根据多数人的行为而改变。人们行为的改变可以使经济发生一定的变化,这就是自然现象与人文现象的不同。

再说,人作为经济学研究和管理学研究的主体,难免具有某种主观的判断,而人在经济生活中会不断调整自己的认识,进而调整自己的决策。人们还会相互影响。一种时尚的产品被推出了,人们会受到亲属、朋友或熟人的影响,或看了广告,就改变了自己的偏好,成为时尚产品的追逐者。此外还应当指出,在经济学和管理学的研究中,假设的前提条件的设定比公式的推导更为重要,价值准则的规定也比数学的演算更有助于问题的探讨。这一点经常容易被忽视。

接着让我们转而研究怎样重新组织生产要素的问题。归根到底,生产要素的重组取决于三个至关重要的条件:一是市场体制,二是人力资源结构,三是资金的投入。

(一)市场体制

历史已经表明,计划经济体制是不利于生产要素的重新组合的。这主要是因为在计划经济体制下企业并非有独立经营权的市场主体,企业依附于各级行政部门,重大的决策需要经企业的上级行政部门批准。这就阻碍了企业进行生产要素重组的主动性、积极性的发挥。因此,不从计划经济体制转变为市场经济体制,不实行市场调节,特别是不承认市场调节应在资源配置中起决定性作用,很难实现生产要素重组。

(二)人力资源结构

要有效地进行生产要素重新组合,第二个重要条件就是必须具备高素质的人力资源,包括科学研究专门人才、管理人才、营销人才、技师、熟练技工。人才的培养不是临时任务,必须有长期的考虑和规划。有了足够的高素质的各类人才,才有可能为生产要素的重新组合创造条件。西方发达国家对基础教育、高等教育和职业技术教育的重视,值得借鉴。

(三)资金的投入

首先要注意到,正因为新技术的研究和采用日益受到重视,所以西方发达国家用于科学技术的研究开发的费用近年来大大增长了。一个企业的全要素生产率的提高,同该企业的研究开发的经费投入有直接的联系。这通常被认为是企业在竞争中能不断扩大市场份额的主要原因。

接着要讨论企业从哪里融资。企业融资的最重要资本供应者是资本市场。资本市场融资通常是国际性的,即资本的供给既可能是国内的投资者,也可能是国际上的投资者。企业只要产品有较高的竞争力，有较大的市场份额，就不愁没有投资者的介入。而来自国内国外的投资者中，不愁没有战略投资者，他们所看中的，既是企业的现状，更是企业的前景：企业的重大技术创新因大量资金涌入就能转换为企业的生产力，企业就能在技术创新的前提下扩大市场份额，增加利润收入。

由于国际经济中，各国经济相互依存的趋势在第二次世界大战结束后有显著的发展，国际经济分工日益由垂直型向水平型转化，所以各国间经济的相互依存关系不但不会削弱，而且还会不断扩大，这正是全球生产要素重新组合的最佳时机。有眼光的企业家都不会错过这些机会。

三、供给侧结构性改革和资源配置

生产要素重新组合也是近年来中国经济双重转型中迫切的任务之一。需求侧的改革和供给侧的改革都很重要，但供给侧的改革更为重要，因为它和结构调整紧密地结合在一起，不调结构，供给侧的改革难以顺利推进。

在中国，供给侧改革是根据国内实际情况而提出的。当中国经济发展进入新常态以后，为了适应当前和今后的情况，不再以 GDP 的高速增长作为主要任务，中国经济将以中高速增长作为目标。在经济运行中，更重要的是经济增长的质量而不是单纯的数量。也就是说，我们要从提高供给的质量出发，通过结构调整，既淘汰落后的、高污染的、过剩的产能，又补齐经济中的短板，加速高新技术产业的发展，使中国从"制造大国"逐渐转变为"创造大国"。所以结构调整就是经济中的重要任务，供给侧改革主要是指供给侧结构性改革。

在经济学中,无论是供给侧改革还是供给侧的结构调整,通常都属于中期性的措施,因为它们都不是短期内就能实现的。[1]

供给侧改革会遇到困难,但困难是可以克服的。具体地说,供给侧的改革主要有两大困难。

一个困难是"去产能",也就是需要关闭产能过剩行业的企业。困难在于怎样安排这些过剩的、亏损的企业中的员工。指导思想和具体的措施是:"与其养亏损的企业,不如养职工。"这是针对亏损的国有企业而言的。产能已经过剩,甚至已严重过剩,国家仍把这些企业养起来,岂不是白白丢钱么?那可是一个个"无底洞",没有效益可言。"养职工"则不同。除了已到退休年龄或即将到退休年龄的职工可以列入社会保障范围支付退休金的队伍以外,中青年职工都可以列入培训人员之列,让他们在接受技术培训后,帮他们转到需要职工的企业去工作。如果他们愿意自谋职业或自行创业,应当给予适当的帮助,如小额信贷、减免税收等。总之,"把职工养起来"应由政府负责,这比"养亏损企业"有效得多。

另一个困难是"补短板",即补齐经济中的短板行业和发展高新技术产业。这就需要鼓励民间资本进入短板行业和高新技术产业,国家在信贷方面和减免税方面给予有效的扶植。在这方面,目前的困难是可以克服的。政府要有信心,民营企业要有信心,投资者也要有信心。

总之,究竟如何理解供给侧改革的要点?一是淘汰、关闭产

---

[1] 在厉以宁著《国民经济管理学》(河北人民出版社,1988年第一版,1997年修订本)中,对结构调整有较详细的论述。

能过剩的、高污染的企业,加速结构调整;二是扶植短板行业、高新技术产业,加速结构调整。双管齐下,定能奏效。

结论是,"壮士断腕"的时刻已经到了:"壮士断腕",必须痛下决心,不再拖延下去。无论过剩的产能来自国有企业、民营企业还是混合所有制企业,该关闭的关闭,一视同仁。

要懂得,市场调节在资源配置中起决定性作用是市场经济体制下的生产要素重新组合所必需的机制。建立这一机制,刻不容缓。时间拖得越久,代价越大,成本越大,难度也越大。

四、对人与人之间关系的再认识

在资源配置重新调整和生产要素重新组合的过程中,人与人之间的关系的再认识也被经济学界和管理学界提出来了。例如,经济增长的代价究竟是什么?经济增长的结果对社会、对人类究竟是利大于弊还是祸大于福?利与弊、祸与福,究竟怎样衡量?以什么为评判的标准?如果确定是弊大于利或祸大于福,那该如何弥补?历史是不可能倒转的,社会不可能走回头路,那该怎么办?所有这些都是难题。

又如,为什么在许多国家至今仍然存在富裕中的贫困?为什么在现代化的大城市中还存着犯罪、暴力、治安恶化,一些青年人道德沦丧、信念尽失、颓废等现状,这些情况是如何产生的?难道只能听之任之而无法消除么?

再以生产要素的重新组合来说,生产要素重新组合既可能促进科技的进步,促进经济的增长和效率的提高,又可能带来消极的、负面的结果。比如说,毒品的制造和贩卖已经形成"产业链"、"销售网",这不就是负面的生产要素重组么?制毒销毒产业的猖獗只是一个例子。在这方面还可以举出不少例子。例如假冒伪劣商品的制造和销售、色情产业的泛滥,甚至人口拐卖,特别是婴儿拐骗和出卖等,都是负面的生产要素重组,也都是负面的资源使用,对国家、对社会都是有害的。但最大的受害者是人,是公众。研究生产要素重新组合问题不能不注意到这些问题的存在。

经济学和管理学所涉及的领域都是广阔的,而且都和人有关系。应当注意到,在人群关系中,由于不同的人的目标有差异,或者由于不同的人对实际的了解不一致,从而会导致人与人之间发生冲突,有些冲突会在各方的误会化解后而不再存在,有些冲突则会长久存在,使误解越来越深,一直留给子孙后代。还有,人与人之间认识的差别和误解的积存,又同各自信息的来源和信息传递的范围有关,即独立的信息来源的数目越多,人们的认识越会有分歧,认识的差异也就越大。这就涉及一个同经济学研究和管理学研究有关的问题。也就是说,经济学和管理学的研究中,越来越有必要把人群之间的互谅互解以及和谐友爱作为目标,让信息及其传递成为有助于化解人与人之间的矛盾的方式,使人与人的误解和隔阂渐渐淡化,直到消失。这样,生产要素重新组合的意义就远远突破了传统学说中所说的生产要素重组的作用主要在于提高资源配置效率,在于促进 GDP 的增长和利润的扩大的界限,而把人与人之间关系的调整、和解、共赢放在重要位置上。这样一来,生产要素重新组合的意义就深化了,即不仅为了提高资源配置效率,还在于把握生产要素重新组合的方向,不至于扭曲生产要素重新组合的性质,遏制消极的、负面的生产要素重新组合,使得人与人之间的误解消失,使和谐社会成为现实。

第二节 现实原则和宏观经济持续发展

一、政府行为的非理想化

现实原则是同理想原则相对而言的。在工业化阶段,西方古典经济学和后来的新古典经济学,基本上持均衡论的观点,即认为只要市场充分发挥作用,总需求和总供给都可实现动态均衡或相对均衡。尽管绝对均衡是做不到的,但有相对均衡和动态均衡就很不错了,于是在决策理论方面着重的是理想原则,是最优决策,决策者遵循的是"经济人假设",即可以把生产成本最小化和利润实现的最大化作为目的,并认为只要市场充分发挥作用,理想原则可以实现。

凯恩斯在1936年以前是新古典经济学派的成员。他在20世纪20—30年代初期一直保持均衡论的观点,他在这段时间内所发表的著作就是这种观点的反映。1929年世界经济危机爆发后,他依然如此,直到1936年他出版了《就业、利息和货币通论》一书。这是凯恩斯个人经济思想的大转折,他从均衡论转向非均衡论,即认为资本主义经济是非均衡的,总需求不足不可避免,理想原则难以实现,市场也起不到应有的均衡作用,从而有必要依靠宏观经济调控政策,包括财政政策和货币政策,这样才能防止经常性的失业和通货膨胀。

凯恩斯学派在第二次世界大战结束后成为西方经济学中的

主流学派。现实原则也就替代了理想原则。现实原则之所以能在当代西方经济学界得到越来越多的支持者,就在于凯恩斯把政府的宏观经济调控政策视为有效的举措,代替了古典经济学和新古典经济学的市场万能的学说。

20世纪50—60年代内,在西方,凯恩斯主义被人们推崇为治国的基本政策。但反对凯恩斯主义的西方经济学并未销声匿迹,他们仍在不同的场合对凯恩斯主义进行批评,其中一个重要论题就是政府行为的非理想化。为什么政府行为是非理想化的?一般可以从五个方面来说明:

第一,政府在决策时不可能拥有全部信息,而只可能掌握一部分信息。这既是由于搜集全部信息需要有充足的时间,而且信息成本太大,政府难以承担。

第二,政府实行宏观经济调控时,调控的对象是企业和个人。企业和个人是分散的,他们各有各的利益所在。政府的某种举措可能引起这些企业和个人的反对或抵制,政府的另一种举措则可能引起另一些企业和个人的反对或抵制。这样,"上有政策,下有对策"的情况难以避免。

第三,政府实行的宏观经济调控政策的效果如何,政府很难及时地获得反馈。这同样是需要有反馈的渠道和方法。在较短的时间内政府不容易得到反对该项政策措施的信息,因为下级有种种顾虑,害怕反映反对意见会引起上级的不满。从而,等到政策错误已经严重了,政府才会考虑调整政策,但往往太晚了,损失已经很大了。

第四,政府各级下属单位很容易有"报喜不报忧"的作风,因此政府对下属单位报上来的反映政策效果的报告要有筛选的能力,这又与政府负责人的个人专业、个人能力、个人经历、个人作风有关。况且,下属单位报告的真实程度不是很快就能判断的,也许要有较长的调查时间和会议讨论时间。

第五,政府可以采取第三方评估的方式,但如何选择第三方,这又是一个难题,因为问题的关键在于第三方作为评估者能否尽职尽责,以及在同等情况和条件下可否采用随机抽签方法,以示公平。这样就存在着一定的风险。

二、多目标问题的提出

前面已经提到,凯恩斯主义在第二次世界大战结束以后的大约20年内已成为西方发达国家的经济学主流派。但当时凯恩斯主义作为政策制定的指导学说,主要是把充分就业作为政策目标。此后不久,物价基本稳定、经济增长、国际收支基本平衡也相继列入宏观经济政策目标之内。多目标代替了单一目标,成为20世纪60年代以来的政策目标体系。

在宏观经济政策上述四个政策目标中,究竟哪一个政策目标应排在首位,经济学家是有不同看法的。实际上分两种观点:一是从凯恩斯经济学成为主流派以来就存在的,即认为充分就业最重要,原因是失业人数突破了警戒线,社会就难以稳定,政局也可能动荡,所以有必要把充分就业目标列为重中之重;另一是根据20世纪60年代以来的西方国家的经验,认为有必要把经济增长作为最重要的政策目标,理由在于,GDP的增长是国力提升和社会矛盾缓解的物质基础,没有一定的经济增长率,就不可能有军事工业的发展,不可能有足够的经济建设的经费,也谈不上提高人们的生活水平,以及发展文化、教育、卫生、社会保障等事业,即使想缓解失业问题,也是困难的。因此,把 GDP 的增长视为宏观经济政策的首要目标的呼声,在 20 世纪 60 年代以后越来越占上风。

尽管如此,在西方国家,一直保持着宏观经济调控的多目标性。根据 20 世纪 50—60 年代的经验,尽管充分就业或经济增长都被看成是最重要的目标,但没有一个经济学家认为可以不顾其他目标而唯一突出某一项目标,因为各个宏观经济政策是相互联系的和相互配合的。到了 20 世纪 70 年代,西方国家,尤其是美国,经济中出现了一种异常的现象,即失业和通货膨胀的并发。失业和通货膨胀的并发又称滞胀。

滞胀现象按凯恩斯经济学的理论是解释不通的。这是因为,根据凯恩斯经济学,失业产生的原因是总需求或有效需求的不足,而通货膨胀产生的原因则是总需求或有效需求过大。因此,用凯恩斯经济学来解释,失业和通货膨胀不可能同时发生:总需求怎么可能既不足,同时又过大呢？凯恩斯的以需求调节为核心的宏观经济调控政策也就失灵了:怎么可能采用既扩大总需求的手段来解决失业问题,同时又用抑制总需求的手段来消除通货膨胀问题呢？这就是 20 世纪 70 年代内所谓"凯恩斯主义危机"论调出现的背景。

但问题既然已经出现,经济学界总得找寻应付失业和通货膨胀并发症的对策。不同的西方经济学流派各自提出了对策。凯恩斯主义者也在探寻新的解释。因此,20 世纪 70 年代是西方经济学不同派别激烈争论的年代。

凯恩斯经济学左派应运而生,代表人物是英国经济学家罗宾逊夫人等人。罗宾逊夫人认为凯恩斯主义的追随者们忘掉了凯恩斯经济学中的一个重要方面,即收入分配问题。她认为,凯恩斯本人一直关心资本主义社会的收入分配状况和收入分配演变的趋势。这就是:资本主义社会不能只顾经济的发展而忽视收入分配,而收入分配问题却迟迟未能解决,即使采取了宏观经济调控政策,仍然难以避免因收入分配不协调而导致的社会不稳定。

凯恩斯主流派则认为,失业和通货膨胀的并发主要由于美国经济中形成了两大垄断势力,一是工会,二是跨国公司。工会操纵工资水平,工资只能升,不能降,于是形成"工资刚性"。跨国公司操纵价格水平,价格也只能升,不能降,于是形成"价格刚性"。工资和价格在玩"跳背游戏",即所谓"蛤蟆跳",轮流上涨,于是失业不可能缓解,而通货膨胀因工资与物价的竞相上升,终于形成了失业和通货膨胀并发症。如果"工资刚性"和"价格刚性"不消除,"滞胀"难以避免。

凯恩斯经济学的追随者,包括凯恩斯主流派和凯恩斯左派都是强调政府干预的。同他们对立的,则是自由主义的经济学派,其中的货币学派最有影响。货币学派的主要观点是:政府不应直接插手经济,要让市场起调节作用,只要控制货币流量,就可以使经济运行趋于正常了。货币学派的主要代表人物是弗里德曼,主要阵地是美国芝加哥大学。货币学派兴起于20世纪50年代,经过60年代,到70年代时已经成为在经济学界能同凯恩斯主流派分庭抗礼的经济学流派了。

到了20世纪80年代,同货币学派在经济观点上十分接近的一些美国经济学家提出了从供给着手解决美国现实经济问题的对策,他们被称作供给学派。所谓的供给学派,是以经济自由主义为标榜的。他们不同意凯恩斯主义主流派所推行的宏观经济调控政策,认为这种经济调控政策会引起人们的预期紊乱,也使政府在经济活动中的干预色彩过浓,结果反而使经济陷入不断波动之中。他们认为最重要的政策是减税,只有通过减税,才能调动投资人的积极性,才能使经济恢复活力。这符合于80年代美国总统里根的主张,所以里根采取了供给学派提出的减税政策,终于美国经济逐渐摆脱了"滞胀"的困境。

由此可见,宏观经济调控政策即使到20世纪80年代以后仍在美国和其他西方国家被采用,供给学派的减税主张仍然是政府对经济的财政调控的内容之一,只不过把减税当作了实现经济政策目标的一种重要手段而已。

但20世纪70年代内所出现的"失业和通货膨胀并发症"却把政策的多目标性提到了经济政策体制的重要位置。从21世纪起,经济调控的多目标化,越来越引起人们的注意:环境保护、经济低碳化、收入分配、社会福利等目标相继列入了宏观经济调控政策的目标体系。这表明对民生的关注已经被更多的西方经济学家所认同。

三、社会经济二元结构和制度结构分析

在当代西方发展经济学产生和发展之前,古典学派曾经分析过经济发展问题,它强调资本积累和自由市场经济对经济发展的意义,从而也考虑到制度因素和结构因素在经济发展中的作用。后来,新古典学派也分析了经济发展,虽然它仍以研究资本积累问题为主,但较少考虑制度和结构因素的作用。新古典学派过于从事数量分析,这成为它的片面性之一。

但第二次世界大战结束以后,发展经济学越来越得到重视,这不仅是因为战后这些年内有一批亚洲和非洲的殖民地摆脱了殖民统治,成为新独立的发展中国家,而且因为有一批在19世纪内已经摆脱西班牙、葡萄牙或英、美、法、荷兰的控制,但经济一直落后的拉丁美洲国家,也想趁着第二次世界大战结束后的大好时机,把本国的经济向前推进。这些拉丁美洲国家也成了发展经济学研究和政策指导的样板。

然而,无论是第二次世界大战结束后的亚洲、非洲新独立国家,还是拉丁美洲的发展中国家,在发展方面都遇到本地的社会经济二元结构问题,这一问题对它们走上工业化和现代化的道路实际上是一大障碍,如果解决不了,它们很难步入中等收入国家的行列,或者即使经过较长时间的努力而进入中等收入国家行列,也是步履维艰的。

这里所说的社会经济二元结构是指这些新独立的亚洲、非洲国家或虽然已独立多年但经济仍落后的拉丁美洲国家的经济基本上由两个部分构成:一部分是"先进经济部分",另一部分是"传统经济部分"。其中,"先进经济部分"通常是殖民地时期宗主国或列强投资建立的,少数是本地的民间资本建立的,它们分布于城市内,或港口、铁路沿线,如采矿企业、冶炼企业、制造业企业等。"传统经济部分"则指广大农村,那里的经济落后,农民生活贫困,生产率低下,农民或者种地,或者以放牧为生。不少地区仍实行酋长统治。"先进经济部分"和"传统经济部分"是隔绝的,"先进经济部分"无法带动"传统经济部分"的经济增长,"传统经济部分"也无法向"先进经济部分"提供劳动力,因为地区之间隔阂很大,农村的居民对城市经济和工业服务业都不了解,无法适应城市对劳动力的需求。

从经济发展趋势来说,在社会经济二元结构之下,城市唯有依靠宗主国或其他西方国家的资本投入、技术投入和市场的开拓才能发展起来,而农村则一切照旧,农村地区只可能长期处于停滞的状态。

城市的"先进经济部分"和农村的"传统经济部分"在既定的殖民地体制之下,是难以协调发展的。这种状况一直延续到第二次世界大战结束以后。终于,到了20世纪60年代,即这些亚洲、非洲的许多殖民地独立之后,情况才有所改变,原来已经独立的拉丁美洲国家的经济落后状况也才发生变化。但所有这些亚洲、非洲、拉丁美洲国家依然是困难重重,因为制度因素、结构因素仍在发挥作用,社会经济二元体制未能转变。西方经济学家在他们的发展经济学著作中,不得不承认如下的实际情况,即发展经济学理论在制度结构因素依然支配着发展中国家的社会经济的前提下,几乎找不到可以使这些国家和当地的穷人摆脱现状的对策。

四、关于"中等收入陷阱"的讨论

由此,本章将转入所谓"中等收入陷阱"问题的讨论。

"中等收入陷阱"是指,有些国家在进入中等收入国家行列之后,经济却长期停留在中等收入阶段,原有的增长机制和发展模式中的矛盾爆发出来了,原有的发展优势渐渐消失了,它们迟迟不能进入高收入国家行列。亚洲的菲律宾、马来西亚、印度尼西亚就是这样的例子,拉丁美洲的墨西哥、阿根廷、智利也一样,它们都长期陷入"中等收入陷阱"。

关于"中等收入陷阱",世界银行2007年的报告,以东南亚和拉丁美洲一些国家为例,说明了"中等收入陷阱"的存在。但世界银行的分析还有一些不足,未能把部分东南亚国家和部分拉丁美洲国家为什么会陷入"中等收入陷阱"这个问题说透。因此有必要对此进行较深刻的论述。

针对部分亚洲、非洲和拉丁美洲国家进入中等收入国家行列后的经济状况和面临的困境,可以说它们还有三个重大的问题尚未解决。这三个重大问题分别是:"发展的制度陷阱"、"社会危机陷阱"、"技术陷阱"。正是这三个"陷阱"的存在和起作用,才使得这些发展中国家在进入中等收入国行列之后,落入所谓"中等收入陷阱",停滞不前。所以上述的三个重大问题又被称为"三座大山",越不过去其中任何一座"大山",都难以摆脱困境。[①]

(一)"发展的制度陷阱"

已经落入"中等收入陷阱"的国家在从低收入国家行列进入中等收入国家行列时,不一定经历了传统制度的激烈变革阶段,而可能还保留着较多的传统制度的特征,传统势力和传统社会组织还起着很大的作用。这些特征和旧势力往往在农村,尤其是在经济落后的山区、边远地区表现得相对顽强,它们成为这些国家发展的制度障碍,也就是"发展的制度陷阱"。

除了土地问题而外,发展的制度障碍还表现于以下五方面:

第一,传统组织和氏族、家族势力根深蒂固,阻碍了市场化

---

① 参看厉以宁:《跨越"三座大山"方可避免落入"陷阱"》,载《参考消息》,2016年4月4日。

的持续推行,地方政权大多数受到这些旧势力的操纵,成为大地主或大种植园主的代理人,市场秩序难以建立起来。

第二,在这些国家,传统社会对市场化的限制和土地制度不合理,农业生产率低下,农村收入少,农村购买力远远不足,以致内需远远不足,限制了经济的发展。

第三,发展中国家要进一步发展经济,必须有财政的支持,然而在这些国家,由于经济发展受到极大限制,以致财政通常十分困难,形成了财政赤字与经济增长率低下的恶性循环。

第四,在这些国家,金融业的发展通常是畸形的:一方面是资本严重匮乏,高利贷猖獗,另一方面是资本找不到合适出路。造成这种状况的主要原因是金融业或者被外资控制,或者被官僚权贵控制。

第五,在这些国家,发展的制度障碍还在于社会垂直流动渠道被严重堵塞了。这主要在于官僚、垄断集团、大地主等势力的把持,以及与社会上种族歧视、身份歧视、宗教和文化歧视、性别歧视等有密切关系。

这无疑必须从深化制度改革着手解决。但制度改革绝不是容易的事情。阻力越来越大,利益集团的力量越来越大,改革的难度也越来越大。

(二)"社会危机陷阱"

这里所谓的"社会危机陷阱",是指新独立的东南亚发展中国家和19世纪内相继独立的拉丁美洲国家,在进入中等收入国家行列之后,不仅因土地问题没有合理解决而使国内的收入分配差距越来越大,从而激起了低收入家庭的强烈不满,而且还因经济发展中的财政赤字增加和物价上涨经常遇到失业、通货膨胀的并发难题。

对发展中国家而言,就业压力始终是存在的。经济发展到一定程度后,农村中的青壮年,包括农村妇女,会走出农村到城市中寻找工作,因为早些时候离开农村走入城市的人对留在农村中的有示范效应,于是吸引更多的农村男女走进城市,求职人数大大超过了城市的就业岗位数。他们在城市中成为无业者、流浪者、贫民窟中的居住者。这样,不仅城市的治安状况恶化了,而且使这一类从农村中走出来的男男女女对自己的状况同城市中的富人生活状况相比较而产生巨大的不满。加之,由于他们在失业率不断上升的条件下,知道城市已难以吸收他们就业,在激进分子的煽动下,往往会参加示威、游行,成为政治上一股势力,甚至参加了旨在推翻现政权的异端派。

国家财政在这种状况下,只有依靠连年增大的财政赤字来缓解社会的对抗。而经济发展受阻,市场供给显然不足,于是必然发生通货膨胀。因财政赤字不断增大而引发的通货膨胀,同供给不足而引发的通货膨胀交织在一起,是很难抑制的。要缓解供给不足,必须有足够的资本和其他生产要素的投入;而要缓解失业,则又需要有合格的劳动力和资本投入。这些国家实现不了这些要求,一旦发生社会动乱就难以平息。这就是"社会危机陷阱"。

(三)"技术陷阱"

一些落入"中等收入陷阱"的发展中国家之所以长期停滞,摆脱不了困境,也同技术上没有重大突破有关。

要知道,发展中国家在技术创新方面通常最缺少的是两个重要条件:一是资本,二是技术人才(包括专业人才和技工)。但在资本不足的条件下,并不是这些国家真正缺少资本,而是本国的富人从来都把持有不动产视为首要目标,即使投资于工业,也一直把采矿业、冶炼业、建筑业和劳动密集型制造业作为投资对象,很少涉及高新技术产业,因此投资者认为风险大,不愿冒这种风险。

在技术人才方面,不少在西方发达国家留学的人才,由于工资、福利、工作环境的影响,不愿回国效力。而本国培养出来的人才受到同样的诱惑,也愿意流向海外。这样,技术专业人才的外流是很自然的。

此外,在发达的西方国家,从来都要依靠资本市场来为技术创新的产业融资,支持高新技术产业的发展。但在这些发展中国家,不仅本国的资本市场欠完善,而且有钱的投资者往往急功近利,只想从事房地产业的投资,而不愿支持本国的高新技术产业。所以终于形成了"技术陷阱"。一旦形成了"技术陷阱","中等收入陷阱"也就难以跨越了。

由此看来,如果新独立的亚洲、非洲发展中国家在经济发展过程中不能认真地解决社会经济的二元结构,找不到经济发展的支撑点,就不能消除在低收入水平上徘徊不前的状态,进入不了中等收入国家行列,始终是低收入国家行列中的一员。这也是亚洲、非洲一些新独立国家未能摆脱低收入困境的主要原因。而部分已经独立并且在经济发展方面取得一定成就,进入了中等收入国家行列的东南亚国家和拉丁美洲国家则因为未能跨越"发展的制度陷阱"、"社会危机陷阱"和"技术陷阱",只能停留在"中等收入陷阱",成为落入"中等收入陷阱"中的不幸者。

第三节　经济研究中的社会心理分析

一、社会心理分析的意义

根据马斯洛的需求层次学说,人的需求可以分为以下五个层次,即生理的需求、安全的需求、归属的需求、尊重的需求和自我实现的需求。这五种需求是分为由低到高的不同层次的。生理的需求是最底层的需求,安全的需求是较低级的需求,归属的需求是中级需求,尊重的需求是较高级的需求,自我实现的需求则是最高层的需求。当人们的生活水平从低级向中级、高级过渡时,低级需求的重要性开始下降,中级需求不断涌现,再往后,高级需求也开始上升。这些需求是每个发展阶段上人们经济活动的动力。

鉴于社会是由无数个处于不同需求层次上的个人组成,经济活动是由无数个有着不同需求的人每时每刻进行的,因此西方经济学家日益感到有必要把经济学研究同社会心理学研究结合在一起。他们指出,经济学不是自然科学,而是人文科学,社会不等于自然科学家的实验室,社会是复杂的集合体。数学分析虽然有用,但只能供参考,很多社会变动不可能用数学公式来精密地表述。因此,必须懂得人们的心理因素、社会因素和偶然因素往往起着很大的作用。[①] 有些经济学家在判断人们的经济

---

① 参看厉以宁:《体制·目标·人:经济学面临的挑战》,黑龙江人民出版社,1986年版,第316页。

行为和社会经济变动时常常不准确,主要原因可能来自单纯着眼于经济变量的分析而忽略了社会心理方面各个有关因素的作用。

于是有些经济学家提出,在现代社会经济中,由于行为主体(企业和个人)已经不同于工业化以前的行为主体了,甚至已经不同于工业化开始后较长时期内的行为主体了,因此,无论是企业还是个人,都越来越受到企业决策人的心理的影响,即使是一个个单纯的个人,他们的投资行为和消费行为,在动机、态度和愿望方面都不同于二百年前、一百年前甚至几十年前的祖辈、父辈。传统经济学虽然也考察和分析过如今个人的祖辈、父辈的欲望和需求等,但当时基本上是把人们作为无差别的群体来对待的,实际上当时的群体就是笼统的概念,群体的心理状态能代替不同个人的心理状态么?群体的行为能等同于不同个人的行为么?可以说,在现代社会经济中,再沿用传统的群体分析方法来分析现代的各界人们,准确程度究竟能有多大呢?今天,社会上各式各样的青年人中,究竟还有多少人深信传统经济学家关于群体行为的论断呢?

可以说,传统经济学在分析群体行为和愿望时,通常忽略了经济运行背后的某些重要因素的作用,以及经济运行背后的某些重要因素的真实含义。前面在分析马斯洛的需求层次中所提到的中高级需求(归属的需求、尊重的需求、自我实现的需求)可能就是很好的例子。现代社会中的年轻人,难道一定要在收入增长和生活状况改善之后才逐步产生归属的需求、尊重的需求、自我实现的需求么?现代社会中的年轻人不一定像他们的祖辈、父辈那样按部就班地出现中级和高级的需求,他们由于信息普及等原因,更有可能在收入不多和生活不富裕时就产生归属的需求、尊重的需求、自我实现的需求了。他们会把隐藏在经济运行背后的因素移到台前,自己作为和别人一样的平等的人:人虽穷,但同样要有归属感,有受其他人尊重的权利,同时也有自我实现的愿望。也许可以把这样的年轻人视为"心理早熟的一代",但无论如何我们不能忽视这对于社会心理分析的重要性。

二、"社会承受力"的限界

"社会承受力"是经济学中一个较新的研究课题,它也是经济学、管理学、政治学、社会学、社会心理学等学科共同的研究对象。尽管很久以前就已经有一些学者接触过这类问题,但在经济学领域内对它进行考察,则主要同第二次世界大战结束以后西方国家的宏观经济调控政策有关。

凯恩斯主义的需求管理学说在宏观经济调控政策目标中,主要有两大目标同"社会承受力"联结在一起。一是充分就业目标,涉及的是多高的失业率是"社会承受力"的限界,即失业率超过多大的限界是社会不能承受的,多大限界之下则仍是社会可承受的范围。二是物价基本稳定目标,涉及的是多高的通货膨胀率就到了"社会承受力"的限界,再往上就是社会无法承受的,而多大的通货膨胀率在"社会可承受"的范围内,这些还需要仔细分析,并要以不同国家的国情来定。至于在发生失业和通货膨胀并发时,"社会承受力"究竟有多大,更需要根据一国的实际情形做出判断,不要轻易下结论。有些西方经济学家提出了所谓"社会不安指数"概念,这一指数等于失业率与通货膨胀率之和。还有的西方经济学家提出了"社会业绩指数"概念,这一指数等于失业率与通货膨胀率之和除以实际的国民生产总值(GNP)或除以实际的国内生产总值(GDP)。"社会业绩指数"不同于"社会不安指数"之处是把 GNP 或 GDP 放进去,意义在于失业率的"社会可承受"能力和通货膨胀率的"社会可承受"能力都同经济增长率有联系。如果经济增长率较高,在同时发生失业和通货膨胀的情况下可能有较大的"社会承受力";如果经济增长率低,尤其是发生负增长时,那么"社会承受力"必然会降低,社会动荡的可能性则会增大。

尽管有上述这些可以凭统计数据来判断"社会承受力"的大和小的指标,但从经济学的角度来看,依然有以下四种情况留待进一步探讨。

第一种情况是:实际上,"社会承受力"在很大程度上取决于国民对政府的信任程度。如果失业率的上升或通货膨胀率的提高同国家遭到别的国家的侵略有关,或国民认为本国政府即使经济受到严重损失,但政府对外敌的抗击是正义的,那么他们对政府的支持程度、信任程度如故,他们对由此产生的困难的"社会承受力"就会提高。这是常理,本书的前面几章已经做过分析了。

第二种情况是:如果国家突然发生了巨大的自然灾害,如大地震、大洪水、大干旱等,社会经济受到严重破坏,灾民流离失所,而政府为了救济灾民、安置灾民,尽心尽力,扩大了财政赤字。在这种情况下,国民对政府是信任的,认为政府是尽职的,在救灾和善后工作中是有作为的、负责的,从而国民的"社会承受力"也会提升。

第三种情况是：出现了世界经济危机，源头在某一个或某几个对世界经济有巨大影响的大国，影响范围则把一些小国包括在内。在势不可挡的国际性的经济危机来临之时，已经在较大程度上卷入世界经济圈的小国，经济受到冲击难以避免，但只要国民认为这不是本国政府的错误，而应归罪于外国的经济渗透和外国金融监督无力等，那么就会冷静地支持本国政府的对策，国民的"可承受力"也就会增大。

第四种情况是：在一些发展中国家，或者一些发达的工业国家，由于国内体制方面有这样或那样的缺陷，政府决心进行体制方面的改革。但体制改革不可能顺利，比如说要触犯利益集团的既得利益，甚至会使经济发生动荡。在这种情况下，政府的改革措施有可能会关闭一些企业，从而增加了失业。或者，政府的改革措施会调整不合理的价格，从而提高了价格水平。失业率的上升和物价水平的提高，可能是改革的成果，也可能是既得利益集团撤资或把企业转移到外国的结果。国民如果认识到这种情况与改革的推进有关，他们有可能继续支持改革，要求政府把改革进行下去，于是他们对失业率的上升和通货膨胀率的提高会有较大的"社会承受力"。这一切都与推行改革的政府是否得到国民对改革的支持有关。

从上述四种情况来看，"社会承受力"本身就是一个富于弹性的概念：必须根据一国的具体情况做出判断，"社会可承受"的临界点是可变的，它不一定是某种指数（如前面提到的"社会不安指数"或"社会业绩指数"）就能解释清楚的。

关于国民对经济震荡的承受力的大小，还可以换一个角度来考察，这就是国民自身的经历所累积而成的个人经验。这是指：国民过去就经历过类似的社会震荡了,如他们经历过国际金融危机的冲击,经历过大失业和大通货膨胀,也经历过巨大的自然灾害等。假定一国的国民从未经历过上述这些社会震荡,一旦发生社会震荡,他们缺乏经验,对突如其来的社会震荡的承受力是较小的。假定一国的国民曾经经历过这样的社会震荡,心理上有了一定的准备,他们就会有较大的承受力。这种情况再一次表明,"社会承受力"的大小是因国而异、因民族而异、因人而异的。

三、个人偏好和共同行为准则

对任何一个个人来说,投资和消费二者应当都是自主的,但个人的投资行为受到的限制较大,个人的消费行为受到的限制相对说来要小一些,即使在市场经济体制之下也是如此。

在市场经济体制下,个人的投资行为会受到哪些限制,个人的消费行为又会受到哪些限制?需要有一定的资金和一定的精力与时间,这是个人投资和个人消费的必要的前提,这就不必细说了。但在这些必要的前提之外,还有哪些共同的限制?这就是法律限制和道德限制。无论是个人作为投资者还是个人作为消费者,必须遵守两条底线:一是法律底线,二是道德底线。法律底线和道德底线都是不可越过的。关于这些,本书在前面已经论述过了,这里无须重复。

除此以外,个人投资和个人消费还有以下不同的限制。

对个人投资者而言,成本和利润是一般需要考虑和斟酌的问题。个人作为"经济人",总希望成本越低越好,利润越大越好。如果成本高昂而利润有限,甚至得不偿失,个人作为投资者就会撤资,即使周围的人都认为"机不可失",但投资者仍会止步不前。

对个人消费者而言,个人作为"经济人",总希望在一定的消费过程中,花钱可以买到"满意"、"满足"、"快乐"。这与个人作为投资者希望能以最低成本、最大利润为目标是不一样的。这是因为,成本和利润都可以计算出来,赚得多少或是亏损多少也是可以计算的。然而个人的消费行为与个人的投资行为却有所差异,消费行为的目标"满意"、"满足"、"快乐"都是一种感受,而且取决于每个消费者的个人评价标准。比如说,一个消费者和另一个消费者花同样的钱买了一套时装,这个消费者可能感到结果是"满意的"、"满足的"、"快乐的",而另一个消费者的感觉却是相反:"不满意"、"不满足"、"不快乐"。为什么两个消费者对同一种消费行为的结果会有两种截然不同的评价? 那只能说明消费者行为的评价标准是可能截然不同的。

有一种传统的观点是:经济上合理的就是消费上合理的,经济上不合理的就是消费上不合理的。这种传统观点实际上是概括不了消费方面的合理还是不合理,因为人们在消费上受到的限制要比人们在投资上受到的限制少得多。也就是人们在消费方面的自由度要大得多。

如果一个人是用自己的钱进行消费的,那么只要不违背法律,又不违背道德规范,那么他的消费完全取决于自己的意愿。比如说,一个人虽然算不上富裕,但如果他到一家豪华的餐厅去就餐,谁也阻挡不了他。豪华餐厅对消费者的唯一限制条件只不过是"衣冠整洁"而已。消费者自己花钱消费,在这种前提下,他爱怎么花钱就怎么花,没有人会认为"他不能这样消费"。关于这个消费者个人的决策,他个人只要不认为"自己没有资格进入这样的餐厅",他个人又"衣冠整洁",别人就无法制止他的消费行为。当然,如果一个人的每月工资很低,但却到豪华餐厅去消费,熟人知道他上有父母,下有孩子,可以当面或背后批评他不养家,责备他不应当如此消费。但如果他只孤身一人呢?难道就不能对他批评了吗?

这就涉及个人偏好与共同行为准则问题。在判断个人消费行为的合理性时,不能单纯从个别消费者的行为及其建立的目标的合理与否出发,也不能根据某一类型的消费者人数的多少来判断消费行为的社会合理性。这里实际上涉及的是有关目标的双重利益标准问题。

在《西方福利经济学述评》一书中,我们曾经评介过德列诺夫斯基关于双重评价体系的观点。[①] 德列诺夫斯基认为,社会主义经济理论必须建立在双重评价体系的概念之上,因为在社会主义经济学体系之上,存在着双重评价体系,即国家偏好函数和个人偏好函数,于是两类决策是并存的。这里说的两类决策就是国家决策和个人决策,二者并存,可能不协调,但最终决策仍然以国家决策为主。

丁伯根在德列诺夫斯基分析的基础上,对社会主义经济中的双重评价体系做了进一步的论述。丁伯根认为,德列诺夫斯基的贡献在于分析了个人福利与社会福利之间的关系,至于国家偏好和个人偏好之间的冲突和矛盾,则往往悬而未决。因此,丁伯根提出,这一方面要通过教育的发展来解决,另一方面则要

---

① 参看厉以宁、吴易风、李懿:《西方福利经济学述评》,商务印书馆,1984年版,第152—156页。

依靠国家满足集体的需要来解决。①

德列诺夫斯基和丁伯根的有关双重偏好的研究是有启发意义的。在现实社会经济生活中,个人偏好、个人利益、个人消费行为和个人目标之外,肯定还存在公共偏好、公共利益、公共消费行为和公共目标。后者显然代表了集体的意愿。这样,社会上每一个成员,不管是不是生活在社会主义经济中,都应当遵循共同的行为准则。共同的行为准则又可以称为"社会规范",也就是每一个社会成员都应遵守的。

那么,个人偏好和个人消费行为究竟怎样适应于共同的行为准则?这就涉及前面已经提到的两条底线,一条是法律底线,另一条是道德底线,任何个人行为,包括消费行为,都不能越过这两条底线。丁伯根提出的通过教育来协调个人行为和公共目标之间不协调,以及通过政府建设公共设施来满足社会成员的公共事业或公共服务需求,都是可行的。问题未解决之处是:人与人之间有个人行为的不同、个人偏好的实现程度不一,而公共行为准则或社会规范则不可能满足所有人的要求,这该怎么处理呢?

于是本书转入下一个问题的探讨。

四、如何看待个人行为和"社会规范"之间的差距?

如上所述,社会是由无数个个人组成的,人与人之间,既有个人偏好和个人行为的不一致,又有个人偏好和个人利益实现

---

① 参看丁伯根:《福利经济学对社会主义的意义》,载《政治经济学和经济计量学论文集》,1964年版。中译文载《经济学译丛》,1982年第5期,第64页。

程度的不一致;而公共行为准则或"社会规范"则是统一的,这样,不同的个人行为和统一的"社会规范"之间的差距如何缓解、如何淡化呢？如果这里涉及不同地区或不同民族的风俗习惯问题,那就需要有一个依靠地区之间、民族之间的相互尊重、相互理解来缓解和淡化的过程,相处久了,隔阂就会消失,彼此也会趋于协调。例如,中国境内的犹太人在经历较长时间内的共处后,他们与汉族之间的关系趋于融洽,这个问题前面已经谈过,这里就不再重复了。

需要进一步探讨的,是在既有个人偏好、个人利益、个人目标,同时又有共同偏好、共同利益、共同目标的场合,如果前者与后者之间的差距一直无法消失,甚至差距有扩大的趋势,责任归于谁呢？一种简单化的处理方式是把责任完全归于个人。为什么这种处理方式过于简单了？因为它的前提是:在社会上,只要个人偏好和个人行为同公共偏好和公共准则不一致,责任都在于个人,个人利益与公共利益一旦发生冲突,责任必定在于个人。也就是说,个人偏好应当让位于公共偏好,个人目标应当让位于公共目标。换言之,公共一方与个人一方相比,公共一方永远是对的。

其实,这个问题仍有重新探讨的必要。在这里,需要对前面提到的两条底线(法律底线和道德底线)先进行讨论。无论是个人行为还是公共行为,都应当遵守这两条底线而不能例外。公共行为准则中,有一些是村寨、家族沿用下来的,成为某一村寨或家族祠堂的"祖训",这些难道都符合法律标准或道德标准吗？比如说,抓住小偷要毒打,男女通奸要把两人丢入江水中,即使在过去的年代里也是不符合当时的国法的,难道不该废除吗？

公共行为准则不同于法律法规,它是民间逐渐形成的。在公共行为准则形成过程中,村寨、家族的领导人起了很大的作用,正是他们把原来就流传的乡规民约收集在一起,选择了若干条文,或经文人修饰过,就在村寨和家族中通用了。有时,乡规民约不符合本村情况,更需要结合本村特点做些调整,从此代代相传。城镇中,也存在类似乡规民约的行会守则、职工团体的规定等,它们也可能是祖辈传下来的,不管怎样,只要居民们同意就被居民遵守。由此看来,从历史演变过程到现阶段,公共行为准则是随时代进步而不断调整、修改和补充的。但既然是从前人那里传承下来而又经历代修改,那么它们不可能尽善尽美。于是也就不能简单地认为,当个人偏好和个人行为同公共行为准则发生抵触时,必定责任在于个人。

还需要指出,历朝历代,尤其是到了近代和现代,文人参与地方公共行为准则的制定或修改、补充的场合越来越多,其中不乏理想主义者或接受了理想主义思想或学说的人。他们参与制定、修改、补充传统公共行为准则的动机中可能就包含了理想主义的成分,即改造现存的公共行为准则。实际上,理想主义者所提出的设想,也许动机是善良的,但却不一定带来幸福,因为他们越是忠实于自己理想中的目标,就越有可能干预和破坏在社会经济中起作用的自发力量,而自发力量越是遭到破坏,给村寨和城镇带来的破坏就有可能越大。理想主义者心目中的公共目标或者被引向错误,或者既没有改换旧的公共行为准则,又没有建立新的公共行为准则。不能否认理想主义者中有一些"心地善良"、"思想高尚"的人,他们把毕生精力用于树立"公共行为准则",自认"问心无愧",结果呢?他们把"理想"放到最高地位,最终脱离实际,陷于困境。一个最明显的例子就是19世纪后期到

20世纪初年俄国民粹派的农民村庄的改造规划,结果导致农民起来反对这些"到农村去"的民粹派成员,使他们的理想主义彻底破产。

公共行为准则既然能够长期存在于社会之中,必然有它们存在的理由。要修改一个地方的公共行为准则,是要经历较长时间的,因为当地的居民需要对修改之处有一个认识过程、认同过程、适应过程。不要操之过急,否则效果可能适得其反。

为了缩小个人行为与公共行为准则之间的差距,除了可以重新探讨公共行为准则或进行修改、补充和调整而外,还可以对个人行为有新的认识。让社会上越来越多的人认识到个人行为也是可以调整的,但这同样需要较长的时间,因为这毕竟是在法律底线和道德底线都未被突破的范围内,不能使用强制手段。可以采取的措施包括劝说、教育、示范、激励等,促使个人行为同公共行为准则之间的差距逐步缩小。但这些都不是短期就会结束的。社会在进步之中,经济在持久发展,人们对生活质量的认识在深化,旧的个人行为同公共行为准则之间的差距缩小了,而新的个人行为同公共行为准则之间的差距又产生了。这不用奇怪,因为这是常态,人们应了解这些,适应这些。

第四节 再论文化在经济持续发展中的作用

一、文化和市场竞争

首先应从程序决策和非程序决策谈起。

前面已经说过,市场调节是第一种调节,是靠"无形之手",即市场规律而发生作用的。市场调节应当在资源配置中起决定性作用。关于这些道理,本书前面相关章节都已经阐释。如果做进一步考察,那么无论是政府决策、企业决策还是个人决策,都可以分为程序决策和非程序决策两类。

程序决策是指:在经济中(包括日常生活中),大量出现的、重复出现的决策,它们是有例可循的、有规章制度可依的决策。例如,一个企业日常的原材料消耗量、日常的进货量的确定,就是已经程序化的、常规化的决策。一个国家在经济中的决策,有些也是有规章制度可依的。例如,全国粮食储备量是多少,缺粮的省(市、区)究竟缺粮多少,从何地调运,也都有例可循,这也是程序决策。

非程序决策是指:在经济中(包括日常生活中),有时出现的偶然性的、一次性的决策。比如说,一个企业在突然发生意外的情况下,原来从某原料产地会按期运送原料来的,因发生洪水或地震,铁路中断了,原料运不进来了,该怎么办?这就属于非程序决策。再如,全国粮食储备量多少是既定的,本应由何处调运粮食、从某省运出多少粮食以及通过什么运输手段运到某省,这也是列入计划的。但由于发生洪水或地震,铁路中断了,粮食如何调运到目的地,这又是非程序决策。当然,程序决策和非程序决策像光谱一样,作为两端而存在,但两端之间有一系列介于程序决策和非程序决策之间的中间性的决策,也应被考虑在内。

程序决策和非程序决策的区别,实际上是两种不同的决策技术的区别。程序决策中的程序是指标准操作程序和习惯操作程序,标准操作程序基本上是以书面形式记录下来的程序;习惯操作程序,则是以人的记忆方式保存下来的程序。非程序决策所依靠的,不是习惯,也不是固定的、有文字记载的标准操作程序,而是依靠决策者的经验、洞察力和直觉,以及由此做出的判断和部署。

非程序决策实际上更加依靠决策者的气魄、胆识和智慧,也就是较大程度上依靠决策者的创造力。

在市场竞争的环境中,投资者、管理者和决策者的知识、经验和创造力要通过实践以及事后的检验,才能最终判断决策的正确程度。这是市场竞争或市场环境的特点。

由此还可以进一步说明,市场的瞬息万变是经常出现的。真正能在瞬息万变的市场中认识到市场走向的,不是死读书本的人,而是富有洞察力、判断力和创造力的人。

从文化的角度看,程序决策和非程序决策都代表着一种文化。无论是政府决策层还是企业决策层都必须依据程序决策,而非程序决策者的最佳人选,是既能踏踏实实地遵守程序进行决策,又能根据突发情况,审时度势,按非程序做出判断并付诸实施的人。

在国外经济学界和管理学界中,普遍认为培养出能够做出非程序决策的人才要比培养出能够做出程序决策的人才难得多,因为能做出非程序决策的人不仅需要有智慧,更需要有胆识。市场变化不定,没有足够的智慧,怎样理解形势,怎能迅速做出判断和采取果断的应对措施？这实际上反映出在市场竞争中决策者必须有"敢于担当"的负责精神。这正是市场竞争复杂多变的环境最不易培养出来的人才。也许可以这么说:"三军易得,一将难求。"不在激烈竞争的市场环境中发现这样的人才,社会很可能使这样的人才被埋没。不进行国有企业的深层次改革,这样的人才很可能就一直被埋没下去。不实现民营企业的转型,同样可以认为,这样的人才永远不可能脱颖而出,并会长期受到家族制的束缚和排挤。

二、文化和政府管理

从理论上说,不管在发达国家还是在发展中国家,也不管市场经济体制发展到何种程度,一个合理的经济调节系统或者经济中的内在制约机制或内在制约系统通常由以下五个部分组成,它们是:①

1. 科学的决策程序;
2. 程序化的行政管理措施;
3. 经济调节手段的有效配合;
4. 健全的经济立法和经济监督制度;
5. 完善的信息系统。

这五个部分构成一个有机的整体,按一定的程序,常规地、有效地发挥作用。在政府管理中,一个重要的问题在于如何使宏观的经济管理和微观的经济管理彼此衔接,彼此协调,而不至于彼此脱节,彼此抵触。

要知道,宏观经济调控虽然是必要的,但并不是持久性的,甚至一直存在的,而宏观经济管理则是不可放松的、不可偏废的,正如任何一个微观经济单位,管理工作不论有形还是无形,

---

① 参看厉以宁:《体制·目标·人:经济学面临的挑战》,黑龙江人民出版社,1986年版,第86—87页。

都必须经常推行而不能懈怠。这才是宏观经济管理的要点。

实际上,在一些国家的宏观经济调控中却出现了经常化的趋势,以致养成了"宏观调控依赖症"。有些国家的政府适应了这种"宏观调控依赖症",甚至脱离了宏观经济调控手段的使用就不知道怎样治理国家,怎样管理经营了。这无疑是一种病态,但日积月累,采取宏观经济调控也成为习惯,离开宏观经济调控就不知所措了。这正是市场经济体制之下十分有害的政府行为。

简要地说,"宏观调控依赖症"至少有下述三大弊端:

第一,市场运行受到宏观经济调控手段的刺激或抑制,使分散的投资者、微观经济单位的决策者和管理层陷于被动,即失去了主动性。他们主要考虑的是如何在受政策影响下寻找对自己有利的对策,市场的灵活性和可供选择性淡薄了,市场竞争的限制使市场本身失去了应有的活力。市场份额在宏观经济调控一再变动的情况下必然造成预期的紊乱。在市场机制作用的发挥受限的场合,每个微观经济单位不得不处于先观望,再寻找对策的不正常的格局中。

第二,市场调节应当在资源配置中起决定性作用,这是市场经济体制的一个正常的职能。然而,一旦政府陷于"宏观调控依赖症"之后,市场调节在资源配置中的决定性作用也就难以发挥了。这是因为,如果政府长期依赖宏观经济调控手段来稳定经济,就不可避免会助长相关产业和相关地区的利益集团,甚至会有意无意地促进某些利益集团的壮大。政府如果有意这么做,那是政府的失职,但政府未必会承认这一点。即使政府并无帮助某些利益集团的意识,但后果却是促使这些利益集团的发展,这同样也是政府的失职。因此,政府长期依赖宏观经济调控,是不明智的、有害的。

第三,要知道,任何一种宏观经济调控政策措施都会有副作用,也会产生后遗症,所不同的是:有些宏观经济调控政策措施的副作用较大、后遗症较重,另一些宏观经济调控政策措施的副作用较小、后遗症较轻而已。但一旦形成了政府的"宏观调控依赖症"之后,副作用较小的宏观经济调控措施会渐渐变为副作用较大,后遗症较轻的也会变得较重。这是必须警惕的。因此,任何国家、任何政府,在采用宏观经济调控政策措施时,一定要防止出现过分依赖这些政策措施的现象,要懂得任何宏观经济调控政策措施都会有副作用和后遗症。

由此得出一个有重要政策意义的结论:如果经济运行确实出现难以依靠宏观经济调控政策措施而解决的问题时,一定要审视一下是否市场经济体制出现了较大的障碍。尽管在此以前若干年内市场经济体制曾经推动了经济增长,但这毕竟是若干年前的事情。这若干年内,难道不会遇到新情况么?难道市场经济体制不需要继续调整和深化改革,以求弥补当前体制方面的不足么?要知道,继续深化改革不等于以前的市场经济体制该摒弃、该推翻,而只是表明要通过调整和深化改革,以便不断完善运行中的市场经济体制。

从这个角度看,宏观经济调控政策措施仍是可以采用的,但应重在预调,重在微调,以及重在结构调控,而不要形成"宏观调控依赖症"。更为重要的是,不要忽视政府管理的作用。宏观经济调控是政府在特定情况下可以采用的政策措施,绝对不能用宏观经济调控替代政府管理。政府管理应建立在法制基础之上,法无授权,政府就没有权力进行管理。这才能使经济走上正轨。

政府管理是一种文化的体现。有了政府管理,社会经济也就可以循着法制的轨道前进。以预调、微调、结构调控为主的宏观经济调控,也应遵循法律法规,这同样体现了一种文化。政府管理和宏观经济调控都应建立在法制基础之上,这将保证经济持续发展的实现。

三、让文化成为生产要素的组成部分

本章第一节就已经论述了生产要素的重新组合对于创新的意义和对于经济持续发展的意义。这里需要指出的是:生产要素本身在经济持续发展中也是会变化的,而生产要素的变化又可分为两种趋势,一是生产要素中的人力资源的弱化,二是生产要素中的人力资源的强化。这两种变化的趋势分别与社会经济发展前景的悲观论和乐观论有关。当然,这里所说的悲观论和乐观论是两个极端,在两个极端之间还存在一些中间的看法,以及认为如果通过人们的努力,悲观的社会经济前景有可能转为乐观,或者与此相反,如果人们趋向了享乐、消沉、颓废,也有可能导致乐观的社会经济前景转为悲观。这就意味着,关键是人的努力与否。俗话说"谋事在人,成事在天",实际上却是"谋事在人,成事也在人"。

为什么会出现社会经济前景的悲观的论调?持这种论调的经济学家、社会学家和政治学家的依据是:

从自然条件方面看,是人口、资源、环境、气候问题,他们认为人口的增长、资源的消耗、环境的破坏、气候的变暖,都已经超出了地球所能承担的限度。即使人口增长率有所降低,但只要经济仍在继续增长,那么最终必将导致资源耗竭和环境的严重污染;而气候的变暖所带来的灾难仍会持续,届时,南极北极的冰层融化,不少陆地、岛屿会被海水淹没,更是人类无法承受的灾难。新资源的发展、新技术的采用虽然有可能推迟人类社会最终崩溃的时间,但不等于人类生存危机的消失。何况,有些新的发明仍会破坏环境,仍可能加速资源耗竭。

从社会条件方面看,主要涉及下一代、再下一代的观念和行为的变化。享乐主义、颓废主义、虚无主义在泛滥,以至于在西方发达国家,曾经有人把年轻人称作"垮掉的一代"。人生活在世界上,难道就是为了享乐么?社会责任感越来越淡化了,精神力量越来越消失了,吸毒成为一种嗜好,淫乱成为一种时尚,这样下去,社会经济还有什么希望可言?

那么,为什么会存在社会经济前景的乐观的论调呢?持乐观论调的人有什么依据呢?

从自然条件方面看,他们认为,从人们已经开始认识到环境破坏、资源枯竭的严重性之时起,最近四十多年来,各国政府和民众都已开始在保护环境、治理污染、节约资源等方面投入资金和人力,争取早日恢复环境,这些成绩不容忽视。虽然人们不可能把工业化以来所破坏的环境早日治好,但各国政府和民众的努力在近年来已取得一定的效果。

从社会条件方面看,他们认为,关键是要普及教育,改革教育体制,纠正社会风气,把迷失方向的年轻人引导到正确的道路上来。此外,科学仍在继续发展,技术仍在不断进步,从世界范围观察,扶贫工作也正在开展,并取得一些成绩。因此,没有理由对人类社会的前景、世界经济的前景持有悲观论调。再说,悲观论调能解决问题吗?为了解决自然条件方面和社会条件方面的问题,要有警惕性,要下决心进行治理,最后才能既防止环境的继续恶化,或社会风气的进一步败坏,更能够使环境和社会风气朝好的方向变化。

由此看来,只要能够正确对待有关社会经济发展前景的悲观论和乐观论,这两种论调其实都是有助于使各国政府和民众重视社会的自然环境和人文环境的改善的。

对于生产要素的结构和质量而言,同样要结合社会经济的发展来提高生产要素的质量和改善调整的结构。世界各国的共同趋势是:越来越多的人认识到文化的重要性,因为环境的改善、生态的恢复、人们素质的提高、科学的进步和新技术的采用,全是生产要素结构调整和质量上升的体现。今天的生产要素质量,尤其是人的素质,能同 50 年前、100 年前、200 年前相提并论么?今天,文化对人们的认识能力的影响远远大于他们的父辈和祖辈。换言之,今天的生产要素重新组合的成效绝不同于工业化初期、中期和后期,因为人力资源的水平提高了,设备和原材料的质量上升了,甚至生产的理念、发展的理念也都变化了。这就是文化对经济持续发展的作用的提升。

四、中国跨越"中等收入陷阱"的信心

本章第二节已经概述过有关"中等收入陷阱"的讨论,并大体上说明了一些拉丁美洲国家和东南亚国家在进入中等收入国家行列后却又落入"中等收入陷阱"之中的基本原因。这里需要进一步探讨的是:中国会不会同样陷入所谓的"中等收入陷阱"?

中国能从中等收入国家的行列中跨越"中等收入陷阱"吗？我们可以说：如果中国不汲取世界上某些发展中国家的教训，不深化从计划经济体制转向社会主义市场经济体制的改革，不调整结构，不缩小城乡之间的收入差距，以及不加大创新的力度，中国不是没有可能落入"中等收入陷阱"的。

一个关键性的问题是：经济发展方式在经济发展到一定阶段时，就必须转换。如果不能及时转入新的发展方式，依旧停留在靠廉价劳动力、靠粗放式的经济发展，那么原来的优势就会丧失，经济就会停滞不前，这是落入"中等收入陷阱"的前兆，不能不引起警觉。

进一步说，如果不迅速转型和更换经济发展方式，发展信心将丧失，后果是严重的。一个严重后果是：国内实体经济领域的投资者将会纷纷撤走投资，或把企业迁移到较晚发展起来的东南亚国家，国内投资额减少，发展经济遇到资本不足的困难。

与此同时，由于资本投入的不足，与实体经济发展有关的专业人才、技术人才也会流向国外。本来在原有的经济发展方式下专业人才、技术人员都是稀缺的，这时又因资本投入不足而引起专业人才、技术人才外流，从而导致专业人才、技术人才更短缺了。

国内实体经济因资本不足和专业技术人才的短缺，很快会形成国内实体经济的空心化或边缘化。这是因为，既然国内实体经济被投资者所看衰，资本、专业人才和技术人才除了会流往国外外，还有可能转向虚拟经济领域，使经济中的泡沫增加。经济中的泡沫不会持续很久，泡沫可能破灭，可能减少，从而使经济陷入波动、震荡的状态，经济持续发展也就更难成为事实。

人们都希望中国能够顺利地跨越"中等收入陷阱"。这虽然是一种愿望,但却是可以实现的。转变传统的发展方式是最重要的条件,而转变传统的发展方式则必须继续推进改革,消除制度性、体制性、结构性的障碍,缩小社会上的城乡收入差距、贫富差距,增加社会和谐程度。同时,还必须促进自主创新、产业升级、新兴产业壮大、尖端技术方面有重大突破等变化。应当认识到,如果资本市场依旧是不完善、不完整的体系,技术创新得不到资本市场的有力支持,那么即使跨越了"中等收入陷阱",进入了高收入国家行列,仍有可能在高收入阶段停滞不前,甚至会像某些国家那样又跌入新的"收入陷阱"之中。

我们说中国是有信心跨越所谓的"中等收入陷阱"的,但这种说法并不能反映中国经济发展的目标。难道跨越了"中等收入陷阱"就表示我们经济上已经成为强国了?就已经实现国民的"中国梦"了?远非如此。我们不仅要成为高收入国家,还必须成为世界上的"创造大国",在文化、科学、技术、人才培养、社会和谐等方面的领先国家。这才符合广大人民的期望。

因此,信心仍然是完成上述目标的支柱。信心立足于何处?信心来自我们的道路、我们的理论体系和我们的制度。简要地说,道路自信、理论自信、制度自信,是我们的力量所在,也是我们实现"中国梦"的依据。

新中国成立近70年来,特别是改革开放40年来,我们已经成功地实现从低收入国家向中等收入国家的跨越,现在正在实行从中等收入国家向高等收入国家的跨越。放眼未来,我们对中国的前景充满了信心。

第十章 文化传承和文化共享

第一节 文化传承

一、从韦伯的理论谈起

在讨论文化的深远影响时,不妨先从韦伯的理论谈起。马克斯·韦伯(1867—1920)是德国著名的经济学家、社会学家、历史学家,他是经济社会学的创始人,也是文化史观的著名代表人物。韦伯一生写了不少著作,涉及的范围很广,尤其是他的《新教伦理与资本主义精神》一书,是一部具有很大影响的世界名著。[①]

韦伯在这部著作中涉及了经济发展的精神动力问题。他一方面强调经济发展中物质因素的重要性,另一方面更加强调精神因素的作用。他认为,人们的精神动力来源于人们的伦理观念,来源于文化的传承和由此激发的热情。在欧洲国家,伦理观念和文化传承往往同宗教信仰联系在一起,于是产生了精神动力。正是在宗教信仰的影响下,经济发展加快了。

根据韦伯的论述,资本主义精神是资本主义社会产生的前

---

① 参看马克斯·韦伯:《新教伦理与资本主义精神》,生活·读书·新知三联书店,1987年版。

提。在欧洲国家经济和社会的发展过程中,如果没有宗教革命,不会形成新教;没有新教伦理、新教文化的传播和传承,就不会凝聚成资本主义的精神动力,也就不会产生资本主义社会。

在韦伯看来,在欧洲历史上,地中海北岸的一些南欧国家,经济发展较早,但为什么资本主义并非于南欧产生,而是最早产生于西欧呢?意大利各个城邦在14、15世纪就已经出现了繁荣的手工业和商业了,但南欧的经济始终没有越过封建主义的界限,跨不过资本主义入门的门槛。这是为什么?韦伯认为,这时仍处于宗教革命以前,罗马教会仍按照天主教的传统一代又一代地从精神上统治着欧洲各国。按照当时的天主教观念,人是上帝的仆人,人都是有罪的。那该怎么办呢?一是要苦苦修行,禁欲,把终生奉献给上帝,以便赎罪;二是把钱财捐献给教会,也是为了赎罪。教会利用信徒们的捐献,除了拿出一部分钱财兴办慈善、公益事业外,其余的用于建设教堂以及供教会挥霍。在这种伦理观念的支配下,经济怎能加速发展?韦伯的结论是:在旧教伦理观念和旧文化的引导下,是不可能产生资本主义的。

那么,为什么资本主义于16、17世纪产生于西欧国家(如荷兰和英国)呢?在韦伯看来,这与16世纪开始的宗教革命有关。宗教革命使当时的天主教(被称为旧教)和新教发生冲突,新教从罗马教廷分裂出来,欧洲国家(不包括东正教国家在内)分为两大教派,一是旧教,另一是新教。荷兰和英国是西欧国家,都信奉新教。南欧一些国家仍信奉天主教,即旧教。

新教伦理是这样的:人是上帝的仆人,人都是有罪的,需要赎罪。靠什么来赎罪?只能靠工作勤奋,生活节俭,积累财富。工作,是为上帝工作,所以必须勤奋,不怕艰苦。信徒们生活节俭,是为了积累财富,而积累财富又是为了把事业的规模越做越大。事业上的成就越大,表明为上帝服务的工作做得越好,工作越有成绩。至于个人的消费,那是服从于积累的。所以新教徒总是衣着朴素,不尚奢华,但他们不同于中世纪基督徒的苦行,后者的苦行只是表明赎罪,而不从事创造新财富。新教徒则认为,一辈子过节俭生活,但一辈子勤奋工作,积累的财富越多,在上帝面前的成就越大。

韦伯认为,西欧国家的资本主义正是在新教伦理和新教文化的有力影响下产生和发展起来的。"为上帝而勤劳致富",成为新教的伦理观和文化观。

二、文化的演进和文化的传承

按照韦伯的理论,资本主义之所以在西欧国家(荷兰和英国)最早产生和发展,应当首先归功于发端自16世纪初期的宗教革命。正是从宗教革命开始以后,新教产生了,新教的伦理观念才在西欧传播开来。但新教教义的形成和充实又经历了大约两个世纪的时间。这二百年来,新教文化一代一代地传承、一代一代地演进,终于使新教教义扩大到西欧社会各个角落。新教之中,又分成若干个教派,这些教派各有各的对新教教义的解释,彼此之间也有争执,这种争执经一代一代的传承和演进,信徒越来越多,信仰越来越巩固,新教和旧教之间的裂痕再也不可能合拢了。

文化传承和文化演进是相互结合的。但从新教的产生到18世纪大约二百年的时间内,新教的三大流派,即马丁·路德的正统派、加尔文派和英国国教派,虽然各有各的特色,彼此在教义上有不同的解释,但毕竟同旧教已划清了界限。彼此对新教教义有不同的解释,这是事实,但这也可以称作文化传承和文化演进的功绩。每一个新教徒,不管他归属于新教中哪一个教派,他们的执着,他们的信仰,他们对本教派的忠诚,无疑都为新教教徒队伍的壮大做出了自己的贡献。这就是文化传承的力量。

那么,旧教又发生了哪些变化呢?旧教虽然仍以罗马教廷为领袖,但旧教难道不再演进么?旧教的信徒们难道在旧教文化传承的过程中仍从原来的教义出发,不思演进么?并非如此。从 18 世纪后期起,旧教的伦理观念和文化同样在演进中。这是无可争辩的。没有文化的演进,就没有真正意义上的文化传承。

要知道,荷兰和英国是最早产生和发展资本主义的西欧国家,英国还是最早进行工业化的国家。它们都信奉新教。英国的工业化开始后,国力大大增强了。同样处于西欧的法国和北欧国家都受到英国工业化的影响。德国当时还是诸侯林立的局面,普鲁士是德意志境内最大的诸侯国家。北欧国家和德国境内的诸侯国家都信奉新教,它们仿照英国和荷兰的模式发展工业,在意识形态方面没有什么大问题。但南欧的法国、西班牙、葡萄牙和意大利,却与北欧国家和德国境内的诸侯国家不同,因为法国、西班牙和葡萄牙都是旧教国家,而意大利同德国一样,仍未统一,依旧是诸侯割据,而意大利又是受罗马教廷影响很大的旧教国家。因此,这些南欧的旧教国家要走上资本主义道路,都必须经历一个文化转型阶段,否则在发展资本主义和实行工业化的过程会在意识形态方面受到阻碍。这样,文化的演进自然而然地成为南欧国家面临的新问题。

法国的情况具有典型意义。在宗教革命以后,法国一直是坚持旧教的专制王国,杀害或驱逐新教徒。国王专制,贵族和主教高高在上,第三等级无权无势,农奴仍处于社会底层。在这种政治体制下,1789年爆发了法国大革命。接着法国处于内乱外战的环境中,直到拿破仑执政和称帝。拿破仑下台和被流放后,法国才加快资本主义社会的建设并积极推进工业化。作为法国在社会经济转变过程中的宗教(旧教),也开始有所演变。从这时起,法国的旧教已经历一代一代的传承而使观念也一代一代逐渐变化。法国人仍然信仰旧教,但旧教的伦理观念和旧教的文化观念却在逐渐变化。旧教信徒们受到法国大革命的冲击,这是毋庸置疑的。他们对于财富积累的看法,同英国、荷兰和北欧国家的新教徒的看法,越来越相似了,对资本主义制度的认识也越来越相近了。这同样是一种文化传存、文化演进,只不过披上一件旧教的外衣而已。

至于西班牙、葡萄牙、意大利,还有爱尔兰,那里一直是信奉旧教。虽然它们发展资本主义的时间比法国更晚一些,工业化的开始也更晚一些,但旧教伦理观念和文化观念的变化趋势仍同法国相似。换言之,旧教文化如果仍然同中世纪时的欧洲一样,上有罗马教廷的专制统治,下有敛财成性、胡作非为的主教执法,更有宗教裁判、火刑处死等行为,那么旧教徒在经历了资产阶级革命等风暴之后,还能像宗教革命开始前那样成为教皇和主教的驯服子民么?时代变了,旧教徒的信仰虽然未改,但已经不再服从罗马教廷和主教所制定的教规了。这就是说,在旧教教义一代一代传存的同时,对教义的解释变了,旧教徒的义务也变了,传存下来的旧教已经不同于宗教革命前和宗教革命开始后的旧教了。

文化传承将持续下去,文化本身却持续演进,在文化传承和文化演进的过程中仍将有新的规范、新的解释、新的含义出现。这是文化发展的规律,谁都无法改变它。

三、文化资源的发掘和保护

如上所述,文化是一代一代传承下去的,文化也是一代一代逐渐随着时代的变迁而不断演进的。由于历史的悠久,人们最初还没有关心文化遗址的意识,以致文化遗址不断被埋没。加之,由于某些文化根本没有文字记载,所以不少文化失传了,还有些文化遗址早已荡然无存。这是人类社会的巨大损失。

幸而有不少学者,包括考古学家、人类学家、历史学家,在这个广阔的领域内,根据古人的记述或传说,在文化资源的发掘中投入了大量的劳动、深入的调研和考古成果的整理,才使得我们多多少少了解到古人当初的生活状况、政治状况、经济状况和文化方面的成就。

文化资源是无价的。比如说,近年来我国的考古学家、文物学家、历史学家通过辛勤劳动,对江西南昌的汉武帝孙子海昏侯刘贺的墓地进行发掘,出土了大量汉代的器皿、首饰、陪葬物品等。论出土文物的价值,的确是难以估算的,只能用"稀世珍品"四个字来形容。而它们对西汉朝代的礼制、葬仪、风俗等的研究价值就更难说清了。类似的例子还很多,不胜枚举。

在西方也有许多重大的考古发现,为后人对远古时期的历史真相的了解提供了证据。就以《荷马史诗》的研究来说,荷马是确有其人,还是纯粹的神话?撰写《荷马史诗》的是什么人?

也许是集歌手与诗人于一身的行吟诗人,而荷马大概是这些行吟诗人中的一个。所有这些争论仍要根据不断发掘遗址来说明"荷马时代"究竟是什么样的时代。考古发掘出来的文物的解释大体上告诉后人,《荷马史诗》中所记载的,既有神话和传说,也有那个时期的阿卡亚人(希腊本土上的居民,他们建立了迈锡尼王朝)经历的社会实况。只有把文字的记载和考古发掘的成果结合在一起深入研究,才能使后人逐渐对《荷马史诗》的产生有一个比较符合历史真相的解说。

无论中外,都应当保护文化资源。有计划地、科学地发掘遗址和鉴定文物,是保护文化资源所必需的。也正由于文化资源本身是"无价的",所以在这方面应当更多地从社会财富的角度来看待。

那么,文化部门用于保护文化资源的经费应当来自何处呢?一般有四种方式:

第一,来自财政的拨款。财政上应有专门用于发掘文化遗址的经费、保护文化资源的经费,以及修建文化博物馆的经费。这是不可省略的财政拨款,而且随着社会经济的发展,财政对文化资源发掘和保护的经费在 GDP 中所占的比重应当逐渐增长,即随着国家经济力量的增强,国家应当承担更多的文化资源的发掘和保护费用。

第二,来自公益团体和关心文化资源的企业、个人的捐助。这些捐助不仅可以用于文化遗址的发掘和保护,还可以用于博物馆的建设。北京大学的考古博物馆就是一位美国人捐助建立的,捐助人是文物爱好者。他不仅捐助了北京大学的考古博物馆,还在其他国家有类似的捐助。在国内,随着企业的发展和企业对文化事业的关心,向文化事业这一公益事业的捐助是会越来越多的。而广大居民出于保护文化遗址和文物珍品的责任感,同样会参与到捐助者的行列中。可以预料,这种公益性的捐助金额会越来越大。

第三,对已有的文化遗址和新发现的文化遗址,仍然需要继续投资维护,可以鼓励企业投资于与文化资源有关的旅游业设施,前提是必须保护文化资源而不能损害文化资源。通往旅游景区的交通设施也应改善,这方面的投资也可以通过招标投标的方式来实现。

第四,条件成熟时,可以由金融机构发行文化资源发掘和保护债券(可以简称为"文化债券"),从民间筹集到更多的资金,这些筹集来的资金专门用于文化资源的发掘和保护。发行"文化债券",可以由财政做担保,也可以由文化旅游业的大型企业集团做担保,相信这种债券是有销路的,也是可以持续下去的。

在上述四种筹集文化资源发掘和保护资金的方式以外,可能还有其他筹资渠道。总的原则是,文化资源的发掘和保护是公益事业,不以营利为目的,这个原则是不变的。

四、潜在需求和潜在供给向现实需求和现实供给的转化

对文化资源发掘和保护,应该认为这是一种需求,而且是正常的需求。需求者是谁?国家、各级政府是文化资源发掘和保护的最大的需求者,它们有责任把已经被埋没的文化资源发掘出来并加以保护。广大居民和各个相关行业的企业同样是文化

资源发掘和保护的需求者,他们不愿让祖国的文化继续被埋没,而愿意让祖国的文化继续灿烂辉煌。人民群众愿意到祖国各地的文化景区去旅游、观光、欣赏,这种需求是遏制不了的。

在这个领域内,人们对文化资源发掘和保护的需求同一般的需求一样,都有相同的规律可循。这就是:需求分为潜在需求和现实需求,供给也分为潜在供给和现实供给;潜在需求可以转化为现实需求,现实需求又会带来新的需求;与此相似,潜在供给和现实供给也是转化的,即潜在供给可以转化为现实供给,现实供给又会带来新的供给。

以文化资源的发掘和保护来说,原来只是一种潜在的需求,即需求者(包括政府、企业和个人在内)对新的文化资源的发掘只是寄以希望,在某一文化遗址发掘之前只有潜在的需求。某文化遗址的发现可能是偶然的。例如,河南安阳殷墟、甘肃敦煌的石窟、陕西西安的秦兵马俑,这些文化遗址的发现都是偶然的。但一经发现,并组织遗址挖掘后,引起了全国上下的关注,发掘工作也越来越成为政府、企业、个人关注的焦点。等到文化资源发掘到一定阶段,成为可供旅游和观光的景点之后,对某个具体的文化遗址的旅游观光需求就由潜在的需求转化为现实的需求了,不仅如此,需求带动供给,需求增长后供给如果跟不上,需求就会受到限制,难以进一步增长。这里所说的供给的增长,包括交通的便利、旅客食宿设施的完善、导游人员和景点公共服务人员的增长,这样也就拉动了经济的发展,文化遗址所在的区县和乡村也就接着改变了面貌。

但发展并未到此结束。一方面,新的需求随之产生了。比如说,旅游者需要购买有关该文化遗址的研究著作,需要购买纪念品,乃至需要购买当地的土特产,并且在返回原来居住的城镇后把自己的旅游所见所闻告诉亲友熟人,从而带动更多的旅游者。供给方面也必须继续增加,如果交通、食宿、购物、导游等设施跟不上,又会形成新的"瓶颈",不利于某个文化遗址继续成为吸引游客的场所。

从这里可以清楚地看到,只要坚持不懈地进行文化资源的发掘和保护工作,需求和供给就能不断地相互带动,这既有利于文化资源的继续发现、发掘和保护,更有利于人们对文化的认识的深化、对传统文化的热爱和对人类文化演进的尊重。

文化传承是无止境的。文化的传承在有利于人们对历史的重视的同时,也教育了广大青少年,使他们受到教育。

如果我们的眼光放得更远些,更宽广些,世界各国对自己国内文化资源的发掘和保护,是有利于各国人民之间的相互了解和相互学习的。每一个国家,不管是发达国家、已经工业化的国家,还是发展中国家、经济落后的国家,都有自己的历史,有自己的文化遗址,包括现存的和已在战乱中被破坏的。文化是各国人民自己创造和传播的。在某些文化遗址之上,这里曾经建立过陵墓、宫殿、城堡、城市,也曾经有过宽敞的广场、店铺、学校、居住区和大道。是战争破坏了这一切,有的地方经历过多次战火的浩劫,建了又毁,毁了又建;有的地方,在战争破坏后成了废墟,一直没有恢复过来。所有这些文化遗址,不仅向后人展现了昔日的繁华,同时也告诉后人,战争是怎样无情地把它们变为废墟的。所有这些废墟,实际上告诉后人,和平是多么可贵,侵略者、破坏者是历史的罪人,是理应受到后人的谴责的。总之,所有这一切文化遗址都能教育后人,必须珍惜和平,珍惜文化的传承。

第二节 共享是一种文化

一、共享的含义

对"共享"这个词,可以从经济、政治、社会三个不同的角度来解释。

从经济学的角度来解释,主要是指:无论是经济的增长还是经济体制改革的推进,发展和改革的成果是属于全社会的,因此"共享"意味着全社会都应当得到发展和改革的成果,而不能使得社会上一部分人获得发展和改革的成果而让另一部分人被排除在发展和改革的成果之外。如果是这种情况,那就谈不上"共享"。

当然,在经济增长过程中,不同地区和从事不同职业的人,由于地区差异和行业差异,不同地区和从事不同职业的人在发展和改革过程中,人们在获得发展和改革成果方面会有一定的差别,这是难以避免的,但政府应当注意到这种情况,采取其他方式使那些未能享受到成果的人也能"分享"利益。这就是政府的第二次调节的作用。此外,在有的场合,一部分人获得发展和改革成果在先,另一些人获得发展和改革成果在后,这是正常的现象,不必认为不正常。一个明显的例子是1979年以后农村进行了家庭承包制改革,农民先得到好处,他们的积极性大大提高了,紧接着是几年之后,城市里的粮票、油票、肉票、鸡蛋票等票证也取消了,城市居民也普遍得到好处。

从政治学的角度来解释,主要是指:无论是政治管理的规范化,还是政治体制改革的推进,必定会在公民的权利和义务方面有所反映。如果人们的权利增长了,比如宪法和其他法律中所规定的公民权利落实了或项目增加了,相形之下,对公民的义务也有明确的规定,而不像以往那样不明确。可见,这就是政治的进步,也是政治成果的"共享"。从政治学角度对"共享"的解释与从经济学角度对"共享"的解释之间的区别在于:经济学家可能更加侧重于经济发展和经济体制改革的成果的"共享",而政治学家则可能更加侧重于权利和义务的平等化,也就是更加侧重于等级制、身份制传统的消除,侧重于不能只使一部分人享受到宪法和其他法律所赋予的权利和义务,而使另一部分人无法享受宪法和其他法律所赋予的权利,或被加上更多的义务。这是不公平的,也是不符合"共享"原则的。举一个例子,在中国改革开放之后的较长时期,仍然采用计划经济体制下实行的城乡二元户籍制度,就是未能实现政治学意义上的"共享"原则的突出现象。至少这种城乡二元户籍制度从1958年算起,已有五十多年历史了。直到最近才着手考虑城乡户籍一元化的改革。尽管城乡二元户籍制度可能有必要分阶段地转变为一元化的户籍制度,但改革一旦启动,就不可能停顿下来。这就是希望。

从社会学的角度来解释,社会学家考虑得最多的是收入分配协调问题。经济学家在考察"共享"原则时,虽然也涉及收入分配问题,但重点主要在于经济发展和经济改革过程中如何使不同区域和不同职业的人都能享受到发展和改革的成果,其中也包括了收入分配差距的缩小;而社会学家在研究收入分配时,视野可能更广阔些,对社会背景和个人就业状况的关注更多一些,还可能对如何缩小社会收入分配的差距有更多的社会调查资料。但经济学家和社会学家关于缩小社会收入分配差距的政策建议则基本上是相同的,即不仅要依靠政府扶贫,还需要有社会扶贫、全民扶贫,以实现"共享"。

然而有一个共同的难题却是经济学家和社会学家都没有真正解决的,这就是对收入差距的合理性的解释。下面,本书将转入这个难题的解释。

二、收入分配差距合理性的讨论

关于收入分配差距合理与否的问题首先来看收入分配本身是否合理,然后才涉及人与人之间收入分配差距是否合理的问题。

问题的难点并不仅限于此。问题的难点还在于:客观上存在着经济意义上与社会意义上收入分配差距合理性的差别。这才是收入分配差距讨论中的关键所在。

我曾在1995年出版的《经济学的伦理问题》一书中对这个问题做了如下的分析:[①]

从经济上说,假定生产要素供给者都是在同一条起跑线上参与市场经济活动的,竞争的结果使他们的收入有一定的差距,这种收入分配差距是机会均等条件下按效益分配原则起作用的产物。因此,经济意义上收入分配差距合理性存在的条件有二:一是生产要素供给者的机会均等,他们之间参与市场经济活动的出发点是相同的;二是生产要素供给者按效益分配原则取得

---

① 参看厉以宁:《经济学的伦理问题》,生活·读书·新知三联书店,1995年版,第27—41页。

各自的收入。也就是说,经济意义上收入的合理差距,或者来自生产要素供给者之间的机会不均等,或者,生产要素供给者并非都按照效益分配原则取得收入;或者这两种情况兼而有之。

从社会意义上说,收入分配差距的合理与否,并不能套用经济意义上判断收入分配差距合理与否的标准(即机会均等还是不均等,以及生产要素供给者是否按效益分配原则取得各自的收入),而要视经济运行背后的指标,比如以社会安定程度或不安定程度作为判断标准。但需要注意的是:导致社会安定还是不安定的原因是很多的,有些原因不一定同收入分配直接有关,例如司法不公正而又申诉无门;环境恶化,政府听之任之,不进行治理,等等。收入差距的存在只不过是引起社会不安定的原因之一。因此,研究者只可能在假定其他情况为既定的前提下把收入差距的存在作为导致社会不安定的因素来进行讨论,而且往往同物价上涨幅度较大结合起来加以研究。

我在《经济学的伦理问题》一书中采取了三个指标进行分析:[1]

第一个指标是"个人绝对收入满意度"。这是指:个人作为生产要素供给者,对于自己提供生产要素所得到的收入同期望值的对应程度。也就是说:如果个人所得到的收入同期望值相比,等于期望值或高于期望值的,个人绝对收入满意度就较高或很高;如果个人所得到的收入同期望值相比,低于或大大低于期望值,个人绝对收入满意度就较低或很低。

第二个指标是"个人相对收入满意度"。这是指:个人作为

---

[1] 参看厉以宁:《经济学的伦理问题》,生活·读书·新知三联书店,1995年版,第27—41页。

生产要素供给者,对于自己提供生产要素所得到的收入与他人因提供生产要素而得到的收入的比率同期望比率的对应程度。如果这种比率同期望的比率是对应的,个人就对自己的相对收入感到满意。如果这种比率大于期望比率,个人的相对收入仍会满意。如果这种比率小于期望的比率,个人就会对自己的相对收入感到不满意。

第三个指标是"社会平均绝对收入和相对收入满意度"。为什么会选择这样一个指标?我的考虑是:社会由众多成员所组成,各个社会成员的个人绝对收入满意度不一样,个人相对收入满意度也不一样,但某一个社会成员的个人绝对收入满意度低或个人相对收入满意低,并不会导致社会的不安定,而只有多数人的绝对收入和相对收入满意度都低下时才会导致社会不安定。这样才有必要提出"社会平均绝对收入和相对收入满意度"作为社会安定与否的参考指标。同时,在这里还需要提出"临界值"这个概念。当社会平均绝对收入满意度低于"临界值",或社会平均相对收入满意度低于"临界值"时,就必须考虑如何在收入分配政策方面进行调整。

三、社会不安定的累积过程和文化共享

"共享"概念和"共享"的实现都是政府应当深刻认识和理解的问题。要知道,社会不安定往往是累积而成的。从社会的相对安定到社会的不安定,再到社会的剧烈动荡,总有一个较长的过程。如果以社会平均绝对收入满意度和社会平均相对收入满意度作为判断社会相对安定、社会不安定和社会剧烈动荡的指标,那么对"临界值"的掌握将是一个十分重要的问题。在"临界

值"以下,各级政府有很多机会可以缓解社会矛盾,化解社会的不安情绪,以及改善各级政府与群众之间的关系。但越过了"临界值"并不等于局势就不好收拾,只要各级政府找到适当的与群众交流、协商的方法,问题依旧是可以平息的。其实,"共享"并不仅限于社会收入分配问题,也包括政府干部作风、环境治理、司法公正、政府廉洁等问题在内。政府往往需要从源头上了解实际情况,把共享作为一个重要原则和目标,这样,社会不仅可以恢复安定,而且可以使社会治理工作越来越有成绩。

因此,文化共享自然而然地就提到议事日程上来。文化共享的内涵,远远超出了收入分配的范围。一般地说,文化共享可能包括以下五个方面的共享:

第一,文化传统的共享。正如前面已经谈到的,对一个民族来说,从很遥远的过去直到现在,民族的文化传承就是人们共同的文化遗产,"共享"是指全民族对这些文化遗产的"共享",人们不但有权利共享,而且有承担保护文化遗产、发掘文化遗产和继续弘扬文化遗产的责任。不应当把一部分居民排斥在文化传统教育以外,也不应当只让一部分人有可能接受文化传统的教育。

第二,文化共享中包括了对权利义务的认同。这意味着,人和人之间在权利的获得、权利的使用方面应当处于平等的地位,而在义务方面,社会上任何一个成员都有承担义务的责任。这就是文化共享的内容。等级制、身份制、血统论、性别歧视、民族歧视、财产歧视等,都是违背共享原则的,也都是不公平的。如果在历史上曾经出现这种不公正、不平等的对待,那早就应该废除了。共享,意味着公正和平等的实现。

第三,文化共享也体现于经济中。文化共享,根据前面所分析的,至少体现于以下两大领域:一是经济发展和经济体制改革的成果应当让全国各个地区、城市、农村、少数民族聚居地都能共享,使人们普遍有获得感,而不能让一部分地区和一部分居民被排斥在外;二是在社会收入分配方面,要关心低收入群体,不要让社会收入分配的差距越来越大,尤其不能让那些低收入者感到自己的绝对收入和相对收入的满意度越来越下降。在这里,共享无疑是全面小康、进而共同富裕的同义语。关于这一点,前面也已做了分析。

第四,文化共享还意味着全体人民的社会保障状况、生活质量状况都能逐渐改进、提高。随着经济的持续发展和其他发达国家的经验的推广,福利措施已经成为西欧许多国家的施政要点。当然,一个发展中国家,在福利措施方面要根据本国的国情,量力而行,循序渐进,但总的趋势应当是福利措施的全民性,哪怕每个国民得到的福利金额少一些,但福利措施的普惠是符合共享原则的。福利措施的项目可以随着经济的发展和财政收入的增长而增加,但受惠者资格不能另设门槛,而应以"共享"为准,如免费义务教育、公费医疗、养老保障等,都应逐步做到。

第五,即使对发展中国家而言,共享的另一重要内容也应当是"耕者有其田,住者有其屋"。"耕者有其田"是针对农民来说的。用经济学的术语说,就是农民应当有一份耕地,并且有一块可以建筑自己家园的建设用地,并享有这块耕地、建设用地的财产权。这里所说的财产权是落实的而不仅仅是名义上的。有了落实的耕地财产权,土地可以流转,可以抵押。有了建设用地的财产权,农民可以在此建房,安心地居住。在农民看来,这是最重要、最有实际意义的"共享",他们安心了,心里踏实了,耕地不怕被他人圈定,自建住房也不怕被他人强行拆毁,沦入无家可归状态。在落实了耕地财产权和自建住宅的财产权后,农民的财产权得到了法律的保护,他们也就能安心地经营和居住,只要自己努力,不愁经济状况不改善。至于城市中的居民,虽然有些人家还没有财力购买住宅,但只要有购房信贷,仍可以买房,或者政府有廉租房可租,那样也就安心了。对城市居民中的低收入家庭而言,这也是"共享"。

通过上述五个方面的分析,可以清楚地认识到,"共享"实际上是消除社会不安定,促使社会越来越走向和谐的基本原则。无论是经济学家、政治学家还是社会学家,对"共享"的上述意义都是没有争议的。

四、休闲娱乐同样是文化共享的组成部分

在谈到权利平等时,不应当忘记除了在行使选举、言论自由、宗教信仰自由、教育权、社会福利措施的共享权等而外,休闲娱乐同样是文化共享的组成部分。这里所说的居民有休闲娱乐的权利,包括全社会所有的居民(如退休人员、自谋职业或自行创业的人员等),他们可以在法定的节假日去休闲娱乐,也可以平时参加各种休闲娱乐活动。

休闲娱乐实际上是一种文化共享的活动。对退休人员来说,已经辛辛苦苦工作一辈子了,当时,或由于工作缠身,抽不出时间休闲娱乐,或由于处于边疆地区、山区、矿区、林区、海岛上而没有休闲娱乐的可能,那么只好留待退休后才有闲暇。至于自谋职业和自行创业的人员,很多人在创业阶段是非常忙碌的,

即使想休闲娱乐也难以做到。加之,过去交通不便利,食宿也比较拥挤,休闲娱乐条件不好,即使想休闲,想旅游,也难以如愿。

文化是代代传承的。文化既能教育人,也能培养人的性格。从这个意义上说,休闲不仅仅是休息,也是一种知识传播的活动和性格锻炼的活动。文化共享,无疑包括了知识的传播、性格的锻炼等内容。至于旅游中的乐趣,那更是只有亲历者才能领悟的。换言之,共享也是一种乐趣。

在不少城市,近些年来群众性的文艺活动有很大进展。这些活动可能是街道、社区组织的,也可能是工会、妇联、文化站组织的,还有可能是群众自发组织的。文化内容包括歌唱、戏曲、舞蹈、秧歌、书法、绘画、刺绣、手工编织、厨艺等。起始活动人数少,但坚持下去,人数会越来越多。有些文艺活动还聘请了教师,如音乐老师、舞蹈老师、书法老师、绘画老师。各地的老年大学也很受欢迎,它不仅把老年人聚集到一起,学习各种知识,更重要的是让老年人有一个共同的家园,把教育、娱乐、互助精神融为一体,使入学的老人感到温暖。

一个社会,不管经济多么发达,公共服务业多么普及,但一般都会使老年人有一种孤独的感觉。没有子女孙辈的老人家庭固然会产生老年孤独感,即使有子女,有孙辈,但在现代社会条件下,一家人可能分居于各个不同城市或乡村,一个家庭可能细分为若干个家庭,家庭成员之间靠手机或网上留言来联系。老人家庭实际上成为"空巢"。老年孤独感的产生似乎是不可避免的。因此,文化共享逐渐具有新的含义,即在休闲、娱乐以外还具有"消愁"的功能。有了闲暇,家庭中老人同子女、孙辈相聚的时间多了,子女、孙辈前往老人家中相聚的机会也多了。在老年化的过程中,那种把老人送进"养老院"的方式不一定适合老人的心愿。我们在一些地区的养老院调研时发现,除了失去自理能力的老年人而外,一般有子女、有孙辈的老年人,尤其是还有自理能力的老年人,更愿意住在家里,非到不得已的情况一般不愿意到养老院去住。为什么?因为老年人喜欢同子女、孙辈交往和相聚。这是人之常情,是很自然的。

这样,文化共享实际上又增添了新的内容:家人相聚,几代人时常往来,不仅有天伦之乐,而且家庭成员同老年人的交流会增添生活的幸福感。甚至可以认为,这将使家庭的历史经历或创业史成为后代的共同财富,尽管这是一种无形的财富,但可以留给子女、孙辈,甚至重孙辈共享。

第三节　家族企业的继承问题

一、家族企业的继承制

在本书第七章"文化制衡"第二节"'经济人假设'和'社会人假设'"中,曾经就家族企业"两本账"问题做了分析,指出家族企业并不是仅仅依靠"经济人假设"而兴盛起来的。家族企业从它创业之时起,就负有双重使命。家族企业的第一个使命是创业者要遵循市场规则行事,诚信守法。在经营中力求做到"成本最小化,效益最大化"。但家族企业还有第二个使命,即家族企业一开始就担负了照顾家族成员中弱者的责任,不要让这些弱者得不到家族企业在发展中获得的红利。这就表明家族企业的领导人家长心中始终有两本账:一是"经济账",二是"家族账",后者也可以称为"家族群体的责任账"。

家族企业有责任帮助家族中的弱者,如果弱者确实是孤儿寡母、老弱病残,用家族企业的红利来帮助他们,其他家族成员不会有多大意见,但有的家族后代之所以穷困,是因为染上了恶习,吃喝嫖赌、吸毒而把自家的房产、地产卖掉了,对此,家族中的其他成员是有意见的。怎么办?于是他们吵闹着要分家析产,把分家析产后的家族企业变小,各个分支自己经营,自立门户。

又过了一段时间,随着子孙的繁衍,家族企业的规模又扩大了。家族企业依旧是"两本账"并存,即既有"经济账",又有"家族群体的责任账"。若干年前曾经出现过的分家析产的风波再度发生。结果又不得不再一次分家析产。这是家族企业兴衰过程中屡见不鲜的现象,也是"经济人假设"和"社会人假设"二者既共存,又抵触的现实。

在本书第七章第二节,我探讨了家族企业如何走出上述困境的转型之路,即从传统的家族企业制过渡到现代企业制度,重在产权清晰、法人治理建构完善、聘用职业经理人。

本章中,在重新提及家族企业在"经济人假设"和"社会人假设"之间的矛盾以外,准备从家族企业继承问题着手,对家庭企业的前景进行较深的探讨。

家族企业通常指一个企业是一个家族在家长的率领下建立起来的。家长是长者,而且是一个能人。是长者,有威信,能使家族成员信服。是能人,有经营才能,熟悉市场交易,才能把家族企业做大做强。这样,家族企业就兴盛了。

家族企业创办后,向来是十分注意继承问题的。创业者会年老,会死亡,所以任何家族企业在兴办一定时间之后就必然会考虑继承问题,正如一个朝代必须早日确立继承人那样。如果继承人迟迟不能确定下来,那就必定会出乱子,从而影响朝代能否延续下去。家族企业的处境与此有类似之处。

家族企业的继承问题,不仅关系到家长本人,也不仅关系到家长周围的、在家族中有影响的家族主要成员,而且关系到所有的家族成员。因为这里有利益关系,涉及同未来家族企业掌门人关系的好坏、亲疏,所以这是一场表面上似乎没有大的风波、实际上却是相当激烈的斗争。对于任何一个家族企业来说,不管继承人以何种方式产生都是关系到家族企业未来前景的大事。

长子继承制是从古代一直流传下来的继承规则。这被认为是最符合家族企业传统的做法。它通常有三个最能说服家族其他成员的理由。一是长子继承合乎惯例,无可指摘。二是在家族企业创业初期,长子是父亲的最得力的帮手,他同父亲一起了解创业的艰辛,熟悉企业状况和市场状况。三是他同父亲手下的负责经营管理的管理人或经理人有过接触,他如果接班,掌握大权,会有这些管理人或经理人的支持、合作。正由于这三点理由,长子继承制度在不少家族企业中被家族成员们所接受。

但长子继承制的采纳也许会遇到困难。通常认为长子继承制遇到的困难有以下四点:

第一,长子本人不一定具有他父亲的品质。如果长子没有他父亲那样的品质,比如不能勤俭办企业,不能任用虽然能干但却有不同建议的管理人或经理人,岂不是成为刚愎自用的掌门人了吗?

第二,长子虽然可以成为家族企业的接班人,但如果他本人对经营企业不感兴趣,而愿意从事其他职业(如公务员、律师、教员、医生等),那该怎么办?

第三,家长有几个儿子,长子与其他儿子相比,经营管理家族企业的才干不如另外的某个儿子,家长和家族成员难道就不会考虑让长子以外的其他某个儿子接班么?

第四,如果发生了如本书第七章第二节中所提到的家族内部要求分家析产的纠纷时,家长老了,病了或去世了,长子作为继承者,他有能力克服这样的困难吗?

这表明,尽管按传统的规则有可能实行长子继承制,但在实际情况下,长子继承制不一定被家族企业成员们无条件地采纳。

家族企业的继承问题究竟怎样实现,看来只有根据每一个具体家族企业的情况而决定。这才是常态。

在一般情况下,家族企业的继承制不可避免地将在"亲中求贤"和"贤中求亲"这两种方式中做出选择。"亲中求贤"是指:家族企业的掌门人从自己认为同自己最亲的家族成员中挑选最能干的、最孚众望的人作为继承人。"贤中求亲"是指:家族企业的掌门人从自己认为最能干的、最孚众望的家族成员中挑选出同自己在血缘关系方面最亲的人作为继承人。这两种选拔家族企业继承人的方法的共同之处在于:无论是"亲中求贤"还是"贤中求亲"都离不开血缘关系,离不开家族成员,而不可能跳出家族的圈子来提拔今后本家族企业的接班人。

未来家族企业的继承人和管理人、经理人不是一个概念。继承人必然涉及财产继承关系,进而涉及血缘关系。而管理人或经理人,也许可能拥有家族企业的一定份额的财产权,但也可能是外聘的,或从家族企业原来的雇员中产生。因此,单纯以"亲中求贤"或"贤中求亲"两种方式来考虑继承人的人选,仍然没有摆脱血缘关系的考虑。而只有超越血缘关系来选拔家庭企业的管理人或经理人才是家族企业真正的转型之路。

二、家族企业的管理人或经理人的选择

家族企业关于继承人、管理人(经理人)的选择,如果从以前的继承制过渡到"亲中求贤"或"贤中求亲",固然比传统继承制有所改进,但与现代企业制度的建立相比,仍有一段较大的距离。家族企业仍有必要继续改革、转型。

家族企业要真正转变为现代企业,除了要产权清晰、产权多元化以外,还必须建立完善的法人治理结构,即建立股东会、董事会、监事会和总经理聘任制、责任制、任期制。总经理由董事会聘任,有一定任期,他是公司业务经营管理的负责人,是公司业务的执行者,即一般所说的企业的管理人或经理人。

西方工业国家的职业经理人制度大约在19世纪中后期形成,并在20世纪30年代以后有较大发展。新中国成立前的中国也开始建立职业经理人制度,但很不规范,它是同家族经营制相适应的,而不是现代企业制度的产物。这一时期中国的职业经理人,或者是本企业的学徒、店员、部门主管一步步升上来的,或者是店主的亲戚好友推荐来的,得到店主的信任,并委以管家、账房之类的职务。但这些管家、账房,不管称不称经理,都是责任不明、权力不清的。

新中国成立以后,建立了不少国有企业。1956年公私合营后,一些私营企业先后变成了公私合营企业,以后又变成了国有

企业。在国有企业中，实际上采取的是行政管理模式，经理由上级主管机关委派，都有一定的行政级别，企业生产什么，销往何处，也都由上级主管机构决定，这种情况下，不仅没有职业经理人，甚至不需要有什么职业经理人。这就是典型的社会主义计划经济体制下的情况。

改革开放以后，国有企业曾相继采用承包制。承包制之下，同样不需要职业经理人，只要有承包人就行了。承包制使被承包的国有企业行为短期化，拼设备，拼短期效益，以致企业失去发展潜力，使国有资产遭到损失。因此，承包制终于被政府中止，并陆续实行股份制改革，国有企业转而成为股份有限公司或有限责任公司，有些股份制企业还成为上市公司。但由于国有企业在股份制改革过程中一般都由国有资本控股，股份制只起了市场融资作用，企业运行机制未变，法人治理结构也未真正建立，股份制改革前的行政管理模式基本上未变，所以不需要建立职业经理人制度。

国有企业如何深化改革？这个问题直到中共十八大以后才再度受到重视。国有企业因行业不同而有不同的对策。在竞争性行业中，国有企业，包括已改为股份制的企业和上市公司，进一步改革是要改为混合所有制企业，国有资本的比例不设底线，根据企业所在的行业和企业自身的状况而定。健全法人治理结构则是任何国有资本参股的混合所有制企业所必需的。职业经理人制度虽然任务繁重而且困难颇多，但这已经成为共识。关键是如何使之规范化。

与此同时，中国目前还有许多民营企业（包括家族企业）也正在考虑如何转型为现代企业的问题。这里所谈的民营企业转型,主要是大中型的民营企业,包括有一定规模的家族企业在内。规模小的民营企业是否转型,由企业自己决定,听其自愿。至于微型企业则更由它们自定,因为这些微型企业会有它们自己的考虑。

民营企业(包括家族企业)的转型,正如前面已经提到的,一要产权清晰。二要股权规范化,包括股份多元化。当然,家族企业如果股权明晰,也就是股权多元了。三是要把民营企业、家族企业的法人治理结构逐步完善,使股东会、董事会、监事会都建立,"麻雀虽小,五脏俱全"。这样,企业就规范化了,可以防止以后种种纠纷的产生。四是聘用职业经理人,包括在企业内部聘,在家族成员中聘,也包括在社会上聘。已经有些民营企业、家族企业这样做了,这会对其他民营企业、家族企业起示范作用,所以前景是看好的。职业经理人实行聘任制,有责任,有聘用期间,有考核,到期可以解聘,也可以续聘。职业经理人也可以辞职而不续任。

中国目前实行职业经理人制度所遇到的最大困难,是职业经理人市场尚未形成,职业经理人供给不足。在西方工业国家,职业经理人制度是经过多年的探索和试行才逐渐形成的。职业经理人既然采用聘任制,而聘任者是董事会、董事长,那么聘任的总经理应有明确的责任和清晰的权利,这样,总经理才能充分展开企业的经营管理工作。

西方工业国家经过长期的经验积累,已经形成了把职业经理人的供给方同职业经理人的需求方联结在一起的中介机构。要知道,职业经理人就是企业的高管,他们在企业界和商界都是有一定地位的人,他们没有找到适当的职位时,作为择业者,是不会像一般的雇员那样到处递申请信、递履历表,他们认为这样做只会降低自己的声誉,丢自己的面子。那么,怎样把职业经理人的供给方和需求方联结在一起呢?靠的是中介机构,例如"猎头公司"、"企业咨询公司"、"高级管理人员介绍公司"等,这些公司就是从事职业经理人介绍的中介机构。

因此,在现阶段的中国,要解决职业经理人的供给以及供给方和需求方的协调,还是个难题,不能立刻产生效果。然而,民营企业可以在这方面先试行,因为相对而言,民营企业,包括家族企业,还是较容易招聘到职业经理人的。

三、人力资本奉献和利润共享制度

我们在浙江进行调研时,曾经同民营企业、家族企业的创业者、投资者讨论过职业经理人问题。他们说:民营企业、家族企业是可以招聘有能力的职业经理人的,但能不能长期聘用,那就说不准了,因为能干的、有眼光的又廉洁奉公的人,别的民营企业、家族企业常会来"挖人",例如许诺给他更高的待遇,聘约一过期,他就走了,于是企业不得不另找人。我问他们:"那该怎么办?怎么留住人才?"他们回答说:"只有一个办法,拉他入股。职业经理人一旦成为本公司的股东,他们就不会被拉走了!"这样,让我们在这里接着讨论"共享"问题。

经济学界一直认为,财富和利润是物质资本的投入者和人力资本的投入者共同创造的,但为什么利润分配时,利润只归物质资本投入者所有(利润由物质资本投入者按股分成),而人力资本投入者只能从生产成本中的工资支出部分分享收入?这显然是不公平的、不合理的。因此在经济学界早就有人提出利润应当由物质资本投入者和人力资本投入者共享,因为没有物质资本的投入固然不可能产生利润,而没有人力资本的投入同样不可能产生利润。

经济学界有关利润由物质资本投入者和人力资本投入者共享的理论,得到了不少经济学研究者的赞成。

这里所说的物质资本的投入者是指货币资本的提供者,因为企业有了货币资本的投入,才能建立厂房,购置机器设备和原材料,才能着手生产,向市场提供商品和劳务,最终通过市场销售才能使企业获得利润。

这里所说的人力资本的投入者,是指在人力资本方面为企业的生产、销售、服务活动贡献了知识、技能、经验和智慧的管理人员、生产人员、销售人员和服务人员。他们的奉献可能是有形的,也可能是无形的;可能是以数字计算的,也可能是无法折算、无法计量的。但没有人力资本的奉献,企业将无法获得利润。

这样一来,共享的概念就扩大了。这是因为,不仅物质资本的投入者应该按股分红,而且人力资本的投入者同样有参加分红的资格。漏掉了人力资本的投入者的贡献,企业的利润分配方式既不全面,更不公平、公正。

于是企业(包括国有企业、混合所有制企业、民营企业、家族企业)都应重新考虑利润分配的方案。高管和技术上做出特殊贡献的人理应享有企业的产权激励制度下的产权激励;所有有一定企业工龄的职工理应成为职工参股制度的参加者,以便合理地分享利润的分配。

让高级管理人员、在技术发明或市场营销方面为本企业做出杰出贡献的人才得到激励的做法,已被实践证明是有效的,激励可以分为奖金、职务提升和产权激励等形式,可以兼用。激励的多少由企业根据本行业和本企业的具体情况而定,不必照搬其他行业或其他企业的做法。主要有两点需要注意:一是必须奖励给为本企业做出贡献的人;二是必须公开化,防止个别领导人说了算,或为了平衡企业内部矛盾而违背当初实行激励制度的初衷。如果那样做,很可能产生消极作用,即一部分职工会认为有失公平而对企业领导层产生不满和怨恨,甚至促使他们离开本企业。

相对说来,国有企业或国家控股的混合所有制企业在实行产权激励时,要比民营企业、家族企业困难得多,因为这涉及国有资产是否流失和国有企业、国家控股的混合所有制企业对资产的评估是否科学、是否合理的问题。如果没有细则,在操作过程中企业领导层不敢轻易推行产权激励的做法。这是可以理解的。

再说,推行员工持股制,特别是上市公司下的员工持股制更会遇到困难,即使是民营企业、家族企业也不例外。

20世纪90年代以及21世纪初期,国有企业前后两次推行过员工持股制度,都失败了。大体上有以下这些问题:①

一是资产评估不精确,以致国有资本因低估而大量流失;

二是当时的国有企业管理层占有大股,他们往往以较小的出资比例,对员工持股后的企业实行实质上的控制权;

三是国有企业的管理层有时自己几乎不出资,而是利用商

---

① 参看北京青年报特约评论员:《员工持股是深化国改的真挑战》,载《北京青年报》,2016年4月10日。

业银行的贷款来收购国有企业的股份;

四是对外实行利益输送,这是指:让外部人员,特别是相关官员购买"职工内部股"或"原始股",等企业上市后溢价转让,从中捞取暴利;

五是员工股的转让无规则可循。

因此,20世纪90年代和21世纪初期的国有企业的员工持股做法是失败的,其教训值得牢记。今后必须先有规章制度,严格按规章制度推进,要按程序办事。国有企业不能再像过去那样采取"人人持股"、"免费赠股"、"企业内部自愿转让"、"企业职工可以任意将股票出售给非本企业职工"等不规范的做法。

民营企业、家族企业的员工持股制可以推行,但同样需要有规章制度,否则不但起不到凝聚职工、调动职工积极性的作用,还会影响职工团结、加大部分职工对企业领导层的不满情绪,甚至辞职离厂他去。

第四节 共享作为一个目标将持续存在

一、文化共享的目标

文化传承和文化共享,无论对国家或对社会而言还是对各个地区和各类企业而言,都是长期目标,它们将持续存在。不仅如此,文化传承和文化共享是相互依存、相互配合的。

为了说明文化传承和文化共享之间的依存和配合关系,我们可以从"生活中的希望"谈起。

社会成员总是希望生活渐渐好起来,希望子女的生活能过得比自己这一代好一些,希望孙子一代的生活能过得比儿子这一代更好。这就是"生活中的希望"。经济发展的动力,实际上来源于此,至少部分来源于此。文化传承中,要传承的很多,可以说举不胜举,但其中不可避免地包括了"生活中的希望"。社会上自古流传的一些品德教育的格言就这样代代传承下来,如诚信、宽容、助人、扶贫、勤奋、律己等,便成为传家的信条。

但"生活中的希望"不仅体现于文化传承,而且还体现于文化共享之中。正如前面已多次提及的,文化共享的内容是十分丰富的,共享的范围是宽广的,人们也就自然而然对共享增添了新的认识。正因为对共享有了新的认识,所以"生活中的希望"就越来越超越了一个家庭、一个家族、一个地区、一个群体的界限,而成为社会的共识,这就是文化共享的新高度。虽然家长心中的"生活中的希望"已经越来越变成共享原则指引下对社会公益的关注而不再局限于给子女留下多少遗产,但这并不一定会挫伤子女对父母的感情。这是因为,下一代人可能在较大程度上摆脱了传统观念的影响,从而他们对个人的前途的看法也可能有较大的变化。比如说,今后必将有越来越多的下一代人懂得生活的富裕主要靠自身的努力而不是依靠上一代留下的遗产;上一代主要是为下一代人的受教育和发展提供适当的条件和机会,但下一代人必须通过自身的努力才能使自己的生活日益改善。自己不努力,上一代人提供的条件再好,机会再多,生活水平的提高依然无望。上一代人对公益事业、慈善事业、教育事业的热忱和捐赠,特别是他们的社会责任感和信念,都将为下一代人做出良好的榜样,对下一代人起着示范的作用。① 从这个角度看,这既是文化的传承,又是文化共享观念的延续和深化。

最后,我们可以明确地说,文化共享的目标究竟是什么,不妨扼要地做一小结。文化共享的目标在于:把文化传统和文化创新成果作为人类的共同财富,不断传播,不断研究,使之成为人们共享的内容。文化传统和文化共享之间的关系,可以做这样一种比喻:文化传承好比一条直线,从古至今,不断丰富,因为文化资源一直在被人们发掘,一直在被人们保护,一直在被人们研究;文化共享好比一条横线,从古至今,不断向两端延伸,因为人们的认识在不断深化,应该列入共享的领域不断增加。这一纵一横的两条线概括了文化传承和文化共享的相互依存、相互融合的长久性。

二、试论"社会的安全阀"

"社会的安全阀",又称"社会经济运行中的安全阀",是指在社会经济运行过程中,如果社会矛盾比较尖锐,社会上一部分人的不满情绪比较大,应当使这些矛盾和不满情绪得到政府和社会的重视。矛盾宜化解而不宜蓄积,社会上的不满情绪宜疏导而不宜堵截。因此,社会应当有一种内在的缓冲机制、疏导机制。"社会的安全阀"就是针对这种内在的缓冲机制、疏导机制而言的。②

人们不禁要问,不是有市场调节和政府调节么?为什么市

---

① 参看厉以宁:《超越市场与超越政府:论道德力量在经济中的作用》(修订版),经济科学出版社,2010年版,第161页。
② 同上书,第187页。

场调节和政府调节都不能消除社会的不满情绪呢？道理是清楚的。市场调节在处理与市场有关的纠纷时是起作用的，市场有自己的规则，有自己的秩序，但社会不满情绪不一定来自市场参与者。在市场竞争中如果在价格上或交货失约方面发生纠纷，可以通过市场规则处理，但更多的不满情绪却不一定是由一方破坏市场规则或不遵守市场秩序而引发的。这就表明，仅有市场规则是不够的。

政府调节也会遇到类似的问题。政府调节的最重要依据是法律、法规和规章制度。而社会上不满情绪的产生，可能并未触犯法律、法规和规章制度。政府只能解释、规劝甚至警告：不要越过法的界限。社会的不满情绪可能因此化解，但也有可能依然存在。政府调节的局限性就显现出来了。

这表明，要化解社会的不满情绪，仅靠市场调节和政府调节是不够的。为此，有必要进一步探讨缓解社会矛盾和化解社会不满情绪的方式。应当承认，客观上是存在社会内在缓冲机制、疏导机制的，这些机制存在于公众对社会事务的关心和参与之中。公众越是关心社会事务，越是积极参与社会事务，就越有助于化解社会矛盾，疏导社会的不满情绪。而公众关心社会事务，积极参与社会事务，则又以公众对社会秩序的重视，对公共目标和公共利益的关心并愿意为之而努力作为前提。因此，公众越有社会责任感，越有公益精神，越关心社会事务，那么就越有可能形成"社会经济运行中的安全阀"，越有可能形成社会内在缓冲机制、疏导机制。[1]

---

[1] 参看厉以宁：《超越市场与超越政府：论道德力量在经济中的作用》（修订版），经济科学出版社，2010年版，第194—195页。

众所周知,社会上的个人都是相互影响的。小到一个家庭、一个朋友圈、一个校友圈或一个同乡会,人们之间有积极的影响,也有各种消极的影响。假定社会上有较多的人重视公共目标和公共利益,并用自己的实际行动来促进社会的协调,那么在他们的影响下,就会有更多的人关心社会事务,社会的缓冲机制、疏导机制就能发生作用,使社会的不满情绪渐渐化解。社会上产生的不满情绪也能通过对话、通过协商,从产生的源头上得到解决。

有了公众的参与,对缓和社会矛盾有一定效果的缓冲机制和疏导机制也有可能纳入正式的渠道,这就是社会协商制度。社会协商制度在中国已有多年的实践经验,它有助于政府与民众之间的沟通,而社会协商制度的中间环节则是公众中的关心公共目标和公共利益的有代表性的人物和相应的社会组织。在他们的参与下,下情上达,便于解决。这就是有中国特色的"社会经济运行的安全阀"。

如果再做进一步的分析,那么有中国特色的"社会经济运行的安全阀"又可以分为有形的"安全阀"和无形的"安全阀"两大类。

有形的"安全阀"中,除了上面已经提到的从中央和各个省市县的社会协商机构和由它们吸收的公众代表人物参与的协商会议以外,还有社区组织、慈善组织、公益组织。社区组织实际上就是居民的自治组织,它们是最基层的能够反映居民意见和建议的组织,也有社会救济的功能,即给予有困难的居民家庭以适当帮助。至于慈善组织和公益组织,则通过自己的奖金发放,既有助于贫困人民得以早日摆脱困难处境,脱贫致富,又有助于帮助贫困地区推行公共设施的建设,使"共享"的目标早日实现。这说明,上述有形的"安全阀"能够发挥积极的作用。

也许更加有效的"安全阀"是无形的"安全阀"。我在《超越市场与超越政府:论道德力量在经济中的作用》一书中曾指出:"人们心理上的、精神上的'安全阀',也许是一种比有形的社会'安全阀'更为有效的安全阀。"[①]至今我仍坚持这一看法。

具体地说,人们心理上的、精神上的安全阀是指人们对社会这个大群体的认同,对社会发展前景和生活前景的信心,即认为只要经过共同努力,社会发展目标是可以实现的,社会公益性的目标也是可以实现的,人们的生活状况会越来越改善,人们的聪明才智就会有更多的施展机会。人们对社会这个大群体的认同还体现在:如果现实生活中还存在着各种不尽如人意之处,那么这不要紧,通过改革,通过调整,通过社会制衡机制的建立与完善,不尽如人意之处将会减少或消失。总之,有了心理上的、精神上的"安全阀",社会矛盾可以化解,社会思潮也会有正确的导向,这就是文化的作用,这也是市场调节、政府调节都无法替代的。

文化的作用不仅不可能被市场调节、政府调节所替代,而且它的作用在于促进人们观念的转变,在于对人们的激励。从社会经济运行的角度看,应当把是否关心人、培养人、尊重人、爱护人作为是非判断的标准之一。这是消除一些人对社会有绝望心理的一种有效的方式。把一些人从绝望的心理状态中解脱出来,同样是文化的重要功能之一。

[①] 厉以宁:《超越市场与超越政府:论道德力量在经济中的作用》(修订版),经济科学出版社,2010年版,第197页。

三、试论道德重整

关于文化对社会经济的影响,我们可以归结为以下三点:

第一,人类之所以不同于动物,其中一个特征就是人类有文化传承,人类把对自身存在的认识和对社会的认识用文化记载下来,作为唯有人类才有的文化资源。

第二,人类懂得个人的生命是有限的,但宗族、家族的生命可能是无限的,因此生存和繁衍后代便成为人类最原始的目标。但有了文化传承之后,人类的认识大大提高了,他们把生存和繁衍的目标逐渐转变为理性目标,即把发展和创造作为共同目标。发展和创造成为共同目标后,人类生活的内容也就越来越丰富。

第三,文化和伦理观念同样是不断创新的、不断充实的。从原始社会晚期起,直到现代,文化不断进步,不断更新,人类社会在一再摒弃旧文化的同时,终于建立了新文化和新伦理观念,强调科学、知识、自信、自尊、共享和法治。

人类的进步和文化的进步基本上是同步的。文化的进步最重要的标志,不仅是科学的发展、技术的突破,而且是观念的转变、道德的重整。科学技术的发展和观念的转变、道德的重整往往是相互促进的。

就道德重整而言,它集中了当时的科学技术的进步成果,也集中了人们对旧伦理观的转变的果实。在过去漫长的年代里,旧伦理观强调的是等级制和身份制,强调的是以神为中心,以官为中心,人对神是无限崇拜的,对官是既害怕又服从的。人不仅依附于神,也依附于官。于是新文化同旧文化的决裂首先反映于伦理观念的变化和新伦理观念的建立上。道德重整首先是人不再是神的奴仆,也不再是官的依附者。人就是人。

道德重整是一个漫长的过程。翻开中外历史书看看,道德重整经历过多少岁月,有血腥的杀戮,有严刑的拷打,有整村整镇的血洗,也有彻头彻尾的谎言欺世。但人们历尽苦难,终于一关又一关地闯过了。道德是在不断重整的过程中才使后人取得现在的认识的。

新伦理观以人为本,以人为核心,这是道德重整的伟大成就。但道德重整的任务尚未完成,它也不可能迅速完成。这是因为,道德重整涉及国民素质的提高问题。这是一个难点,但必须下大力气,从提高国民素质做起。

要知道,在很长很长的时期内,在传统社会制度的统治下,道德是扭曲的:在不容许说出真相和说真话的大环境中,社会上大多数人为了自保,被迫虚伪,即口是心非地说假话,另有少数人则出于个人获取私利的意图而自觉虚伪。被迫虚伪可以称为"道德的扭曲",自觉虚伪则可以称为"道德的沦丧"。传统社会制度下的"道德扭曲"和"道德沦丧",是有其社会制度基础的。那么,在传统社会制度已经被推翻以后,为什么"道德扭曲"和"道德沦丧"现象会继续存在呢?这只能用道德重整的艰巨性来解释。

在今天的中国,道德重整和提高国民素质依然是迫在眉睫的任务。需要重视的是:任何社会都有道德败坏现象,有无恶不作的人,只是有的时候多一些,有的时候少一些,有的地方多一些,有的地方少一些,为什么会有这样的差别?无非是三个原因:一是法治的贯彻与否,二是教育的成效多大,三是群众的道德自律的强弱程度。

简单地说,良好的社会风尚是会褪色的,而社会良好风尚的褪色往往从虚伪开始,从说假话开始,或从言不由衷、口是心非开始。因此要重整道德和提高国民素质,就必须从法治、教育和自律做起。这是社会的共同愿望,谁也不能违背这一愿望。

四、试论社会信任重建

人总是生活在一定的群体之中的,群体有大有小。但不管群体的大小,群体的存在和人际关系的维持,都离不开信任。没有相互间的信任,是不可能产生和谐的人际关系的。

市场是靠社会信任才能长久维持,任何企业要在市场中生存和发展,也必须靠自身的信用和他人的信用才能持续存在。这是因为,交易活动只有在企业和个人之间相互信任时才会开展。企业与企业、企业与个人、个人与个人之间的市场交易往来,无非是商品和劳务的买卖,雇用和被雇用,货币借贷,不动产租赁或转让,信托、保险、并购、重组、委托代理等,都以交易双方的信任为前提。此外,在社会生活中,非交易领域通常远远多于交易领域。在非交易领域内,人与人之间的关系包括了家庭关系、家族关系、亲戚关系、街坊邻里关系、同乡关系、同学关系、师生关系、校友关系等,尽管全都不按市场交易规则办事,但信任却是永远存在的。没有信任,这些人际关系全都会受到损害。

实际上,社会信任也是一个过程。在这个过程中,人与人之间的交往、企业与企业之间的交易活动,都是依靠相互信任的不断累积而开展和扩大的。在交易领域,如果社会信任丧失了,市场秩序必定紊乱,交易者的预期无法确定,结果经济将会倒退,即信用交易会退回到现金交易,甚至现金交易会退回到实物交易,最后,连实物交易可能都难以存在。而在非交易领域内情况可能更加严重,更加难以想象。一旦社会信任丧失了,人人自危,谁都不敢相信别人,谁也不被别人信任,这样一来,一切人际关系都瓦解了,崩溃了,一切社会组织都解体了,还有什么社会安定可言?

由此可见,社会信任的重建和道德的重整不仅是相互联系的,而且同等重要的。以社会信任重建来说,所有的人只要一进入交易领域,便都以交易者的身份出现,他同对方的关系都以交易领域通行的规则为准,不能逾越法律底线和道德底线。本书前面已引述过,西方谚语是:"他骗了所有的人,最后他才发现,原来他被所有的人骗了。"这个谚语是有深意的。骗人的人在交易活动中绝不会得逞,他迟早会被众人所摒弃。再以非交易领域来说,道理是一样的,不讲信用的人会被众人看成是没有道德的人,谁愿意同他打交道?更不必说谁愿意帮助他了。最后,他可能被家庭、家族、亲戚朋友所唾弃,被认定为没有信用、没有道德的人,没有人会同情他、帮助他。

经济学界经常有这样一种说法:现代经济是一种信用经济。这句话并不错,但对现代经济的理解深度还不够。为什么这样说?经济学家主要是从金融业的影响越来越大、金融业对经济增长和稳定的作用越来越重要的角度来判断的。应当认为,现代经济之所以是信用经济,不仅是由于金融业越来越重要,更由于现代经济已经实现了从工业化时期转向到信息化时期,在信息化经济中,信用必然成为人们最关注的问题。信息工具的使用越来越普及,融资渠道越来越广,投资创业的人也越来越多,这些都是信用经济和信息化之间关系越来越紧密的体现。即以电信诈骗案件来说,手段越来越新,涉及金额越来越大,被害人数也越来越多,这已经成为信息时代的一大祸害,作案和破案的较量也越来越令人关注。这些事件都反映了信息时代信用经济的新情况、新问题。因此如今讨论信用经济时,以前的概念已经远远不够了。

"信用经济"这四个字依旧可用,但必须及时加上新的理解。在现阶段,即信用经济已成为信息化时代的新概念之时,无论是道德重整还是社会信任重建,都更有必要。

我们是不是应当对现代经济有新的认识呢?工业化时代或信用经济刚开始时,人们对道德重整和社会信任重建的重要性,肯定没有当代人这样高度和深刻的认识。认识必须随时代的进步而深化,这是不以人的意志为转移的。学习和创新并进,科学技术和道德重整、社会信任重建并重。这是大趋势,谁也无法阻挡。展望今后,道德重整和社会信任重建也一定会伴随着科学技术一起进步。道德重整和社会信任重建,今后依然是重要任务。

道德重整和社会信任重建都是文化建设的任务。如果把前面几章提及的文化启蒙和文化创新(本书第三章)、文化调节(本书第四章)、文化包容(本书第五章)、文化自信(本书第六章)、文化制衡(本书第七章)、文化和管理的最高境界(本书第八章)、文化和经济持续发展(本书第九章),加上本章的文化传承和文化共享,我们能不能说,未来的人文经济学也可以称为文化经济学?文化经济学概括了经济学人文方面的基本内容,突出了道德力量在经济中的作用,也强调了第三种调节和第三次分配的重要性。这些都是迄今为止尚未引起人们重视的问题。

谨以上述这段话作为本书的结束语。

后 记

我从20世纪90年代中期开始,一直在北京大学光华管理学院历届EMBA班、MBA班和研究生班为学生讲授"超越市场和超越政府"这门专题课,在有些班级还讲过有关文化和经济之间关系的课程。2010年,经济科学出版社出版了《超越市场与超越政府:论道德力量在经济中的作用》一书的修订版(初版为1999年)。在该书的修订版前言中,我写了这样一段话:

"不久以前,曾经有一些学生问我:'在您已经出版的若干部著作中,能告诉我们哪三本书是您认为最能反映自己学术观点的代表作?'"我的回答是下述三本:

一、《非均衡的中国经济》(经济日报出版社1990年版,广东经济出版社1998年版,中国大百科全书出版社2009年版);

二、《超越市场与超越政府:论道德力量在经济中的作用》,经济科学出版社1999年版,2010年修订版;

三、《资本主义的起源:比较经济史研究》,商务印书馆2003年版。

摆在广大读者面前的这本《文化经济学》,则是我的最新著作,是应商务印书馆之约完成的。写作时间是从2015年到2016年。现已将书稿交给了商务印书馆。我想说,这本书可以列入我的另一本代表作。

我之所以撰写《文化经济学》这本书,是同我晚年对文化在经济中的作用甚为关注分不开的。我一直关注文化建设在中国特色社会主义建设中的重要性,因此决心从更宽阔的领域内对文化和经济发展、经济改革、经济转型进行探讨和阐述。从这个角度看,我不仅在写作本书时具有探索性,而且怀有一种希望,即希望读者们认识到文化研究的意义,继续进行探讨、发掘和总结。

路总是一步步走出来的。在这方面,没有人是先知先觉者,大家都在探索的道路上前进。后人超越前人,既符合规律,也是历史赋予的使命。我衷心地希望有更多的有关文化经济学的新著出版。

在本书撰写的过程中,我得到学生们的不少帮助。他们是:程志强、童光毅、蒲宇飞、罗青、刘建新、刘焕性、蒋承、张文彬、刘玉铭、李金波、滕飞、郑少武、赵锦勇、傅帅雄、尹俊、刘海北、郝阳、陈骐、黄顺魁、王福晗、刘丽文、赵秋运、吴宇晨、白烨、孟明毅、李赫然。

商务印书馆的编辑、校对同志为本书稿的编辑和出版花了许多精力,在此一并感谢。

附 录

厉以宁有关文化与经济之间关系的著作目录

1. 《教育经济学》,厉以宁著,北京出版社,1984年版。
2. 《体制·目标·人:经济学面临的挑战》,厉以宁著,黑龙江人民出版社,1986年版。
3. 《社会主义政治经济学》,厉以宁著,商务印书馆,1986年版。
4. 《国民经济管理学》,厉以宁著,河北人民出版社,1987年版(第一版)、1997年版(修订版)。
5. 《环境经济学》,厉以宁、章铮著,中国计划出版社,1995年版。
6. 《经济学的伦理问题》,厉以宁著,生活·读书·新知三联书店,1995年版。
7. 《经济·文化与发展》,厉以宁著,生活·读书·新知三联书店,1996年版。
8. 《转型发展理论》,厉以宁著,同心出版社,1996年版。
9. 《超越市场与超越政府:论道德力量在经济中的作用》,厉以宁著,经济科学出版社,1999年版(第一版)、2010年版(修订版)。
10. 《资本主义的起源:比较经济史研究》,厉以宁著,商务印书馆,2003年版。
11. 《厉以宁北京大学演讲集》,厉以宁著,经济科学出版社,2003年版。

12.《厉以宁经济评论集》,厉以宁著,经济科学出版社,2005年版。
13.《厉以宁论文精选集》,厉以宁著,经济科学出版社,2005年版。
14.《厉以宁改革论集》,厉以宁著,中国发展出版社,2008年版。
15.《厉以宁自选集》,厉以宁著,学习出版社,2008年版。
16.《一番求索志难移:厉以宁论文选 2008—2010》,厉以宁著,中国大百科全书出版社,2011年版。
17.《中国经济双重转型之路》,厉以宁著,中国人民大学出版社,2013年版。
18.《经济低碳化》,厉以宁、傅帅雄、尹俊著,江苏人民出版社,2014年版。
19.《山景总须横侧看:厉以宁散文集》(增订版),厉以宁著,商务印书馆,2014年版。
20.《只计耕耘莫问收:厉以宁论文选 2011—2014》,厉以宁著,中国大百科全书出版社,2015年版。